KB038778

SIGMUND FREUD

지그문트 프로이트

정신분석의 창시자

지그문트 프로이트

Michael Jacobs 지음
이용승 옮김

학지사

SIGMUND FREUD - 2nd Edition
by Michael Jacobs

Korean Translation Copyright © 2007 by Hakjisa Publisher
This Korean edition was published by arrangement with
Sage Publications, Ltd.

English language edition published by Sage Publications of London,
Thousand Oaks and New Delhi, © Michael Jacobs, 2003.

| 역자 서문 |

   Sigmund Freud가 창시한 정신분석으로부터 현대의 심리치료가 시작되었다. 이후로 정신분석을 비판하고 반박하는 과정에서 다양한 심리치료 학파가 생겨났고, Freud의 탄생 150주년이 지난 오늘날까지 정신분석 자체 내에서도 많은 이론적이고 치료적인 발전이 있어 왔다. 현대의 정신분석 임상가들은 추동 이론(drive theory)과 자아심리학(ego psychology)뿐만 아니라, 대상관계 이론(object relations theory), 자기심리학(self psychology) 등의 관점을 적절히 통합하여 내담자를 이해하고 치료하는 데 활용하고 있다.

   역자가 정신분석에 대해 처음 본격적으로 접하게 된 것은 독일에서 정신분석가 자격증을 취득하고 임상 활동을 하시다가 귀국한 윤순임 선생님의 수요 세미나에 1990년부터 참석하면서였다. 이후로 선생님의 강의와 세미나를 통해 Freud의 원전을 비롯하여 많은 정신분석가들의 책과 논문

을 접하게 되었고, 개인분석도 시작하게 되었다. 당시 임상
현장에서 심리치료를 제대로 배우고 싶었고 이에 목말라 했
던 우리들에게는 너무나 절실했던 경험이었다.

  윤순임 선생님께 정신분석을 배우기 시작하면서 역자가
느낀 것은 그동안 배웠던 Freud와 정신분석에 대한 이해가
너무나 왜곡되어서 그 진의가 잘 전달되지 않았다는 점이
다. 이 책의 저자도 Bettelheim의 글을 인용하여 독일어를
영어로 번역하는 과정에서 있었던 많은 오류와 오해를 지적
하고 있다. 이러한 과정에서 Freud의 진정한 인간에 대한
관심이 잘 전달되지 않았고, 정신분석이 추상적이고, 비인
격적이며, 기계적이 되는 경향이 있었다. 아무튼 2002년 이
후로 Freud의 새로운 영어 번역이 시도되고 있는 것으로 아
는데, 이를 계기로 Freud 정신분석의 진수에 가까이 다가
갈 수 있는 기회가 되었으면 하는 바람이다.

정신분석은 참 어려운 학문이다. 그만큼 인간을 제대로 이해하기가 어렵다는 말일 것이다. 매일 한계를 경험하면서도 심리치료를 함께 배우고 내담자를 치료해 가면서 많은 것을 느낄 수 있는 것 같다. 이 책을 번역하면서 번역이 어렵다는 것을 새삼 느꼈다. 심리치료를 하느라 바쁜 와중에 시간이 부족한 탓도 있었지만, 역시 글을 쓰거나 번역하는 것은 나름대로 글재주가 있는 사람이 해야 할 것 같다는 생각이 든다. 번역은 가능한 한 문장에 충실하고자 했는데, 그중에서도 특히 1장이 어려웠다. 여러 번 보고 또 보았지만 해석이 되지 않는 부분이 많아 애를 먹었다. 그러므로 적잖은 오류가 있을 것이다. 이에 대해서는 너그러이 봐주기를 바라고, 기탄없이 지적해 주시기를 바란다.

이 책을 소개해 주시고 번역하는 데 박차를 가해 주신 권석만 선생님께 감사드린다. 그리고 심리학 책 출판에 지속적인 관심을 가져 주시는 김진환 사장님, 편집 과정에서 도움을 주신 이지혜 과장님께 감사드린다. 또한 이 역서의 첫 독자로서 성실하게 교정 작업을 도와준 아내에게도 고마운 마음을 전한다.

2007년 7월 서초동 서울정신분석상담연구소에서

이용승

독자들이 곧 알게 되겠지만, 나는 이 책에서 Freud가 중심이 되어 그의 저술이 논지에 맞게 제시되기를 바란다. Freud의 책을 읽어 본 많은 독자들처럼 나 자신도 그의 의견, 폭넓은 생각, 생동감 있는 스타일에 매료되었다. 그리고 내가 소개한 책을 읽고 학생들이 Freud에게 빠져들고 종종 마음을 빼앗겼다는 것을 알았기 때문에 독자에게 이 책을 알리는 것을 미루고 싶지는 않았다.

Freud에 관한 저술이 방대하기 때문에 세 가지 관례에 주의해야 할 것이다. 그의 수많은 논문과 책에서 인용했기 때문에, Freud 출간 당시의 표준판 분류 외에 다른 것을 참고하기는 불가능하였다. 모든 저술을 인용하지는 않았지만, 나 자신이 추가한 체계는 혼란을 야기할 수 있을 것이다. 출간 연도에 덧붙여진 문자는 총서의 목록을 나타낸다. 필자가 개정판을 다시 쓰고 있을 때 Penguin Classics에서

Freud의 주요 저작이 새로 번역·출간되어서 그 책을 우선 참조하였고 연구업적에 있는 다른 책에도 관심을 두었다. 그리하여 나는 표준판에 우선하여 대부분 Penguin Freud Library에서 출간된 책을 인용하였다. 부록 뒤의 전체 참고문헌을 보면 어떤 판을 사용했는지 분명할 것이다. 이 책의 초판이 출간된 이후로 또 다른 중요한 사건은 표준판이 페이퍼백으로 출간된 것이다(Virago, 2001). 이는 Freud의 논문을 더욱 쉽게 접할 수 있도록 하였지만, Penguin Freud Library에서는 발췌되지 않았다. 이것은 또한 Penguin Classics의 새 번역에도 나타나는데, 때맞추어 이 번역을 나의 책에 포함시켰다. 전체 참고문헌은 다시 관련 출처를 분명하게 하였다. 특히, 페이지가 중요한 경우에 그러하였다.

철자법에 대해서는 두 가지 결정을 해야 했다. 나는 'psychoanalysis'와 이와 관련된 것의 철자법을 표준화하였고, 심지어 원저자나 편집자가 몇몇 제목과 문장에서 'psycho-analysis'를 선호했을 때에도 그러하였다. 나는 두 표현방식 중 더 일반적으로 사용된 것을 근거로 이렇게 결정하였고, Penguin Freud Library와 Penguin Classics에도 이와 같은 방식을 사용하였다(하지만 표준판은 다르다.).

　'phantasy'와 'fantasy'의 철자법에 대해서도 어떻게 할 것인지는 더 어려웠다. 최근의 책은 'fantasy'를 선호하였지만, 영국의 정신분석 전통에서는 'phantasy'를 사용하였다. 이러한 차이는 중요하다. 'phantasy'는 원래 내재화된 (internalized, 사적인) 상상적 구성과 생각, 소망이나 두려움을 구분하기 위해 사용되었고, 'fantasy'는 동화, 과학소설 등과 같은 외재화된(externalized, 공적인) 창작물에 사용되었다. 예를 들어, Freud의 죽음 추동은 'fantasy'라고 할 수 있지만, 그의 생각에 대한 끊임없는 저항과 관련된 신념은 'phantasy' 라고 할 수 있다. 나는 이 판에서 전통적인 채택을 거부하기로 결정하였고, 원래 사용된 형태를 유지한 인용을 제외하고는 'fantasy' 를 사용하였다.

이 시리즈의 편집자인 Windy Dryden에게 감사한다. 그는 나에게 Freud에 대해 탐구할 수 있는 기회를 주었는데, 이로 인해 나는 다소 훈련된 독서가 필요하였다. 정보가 부족한 상태에서 다른 사람이 쓴 것을 참고로 하여 Freud와 같은 인물의 이론이나 치료 실제를 기술하는 것은 쉽지 않다. 내가 생각했던 것과 Freud가 완전히 일치하지는 않았다는 것을 발견하는 것은 항상 새로웠고, 때로 뜻밖의 발견을 한 경우도 있었다. 그리고 Freud의 생각을 독자에게 전달하려고 하기 이전에 그에 대해 조심스럽게 이해하려는 시도를 하였다.

초판 이후에 나는 Leicester 대학에서 은퇴하였고, Dorset에서 휴가를 보내면서 아내 Moira Walker와 함께 마무리 작업을 하였다. 그녀는 Freud의 사고에서 의심이 가는 부분에 대해 유익한 비판을 하였고, Freud에 대한 나의 설명에 개방적이었으며, 초판을 저술하는 데 활기를 띠게 하였다. 초판은 특별히 그녀와 첫 손자 Laura를 위한 것이었다. 2판 역시 Moira를 위한 것인데, 그녀의 변함없는 사랑과 지지에 감사한다. 그런데 나의 두 번째 손자인 Joshua도 누나 옆에 언급되기를 원할 것이다.

Michael Jacobs

Swanage, August 2002

| 목 차 |

역자 서문 _ 5
2판 저자 서문 _ 9

1 Sigmund Freud의 생애 _ *19*
독립이 존재하는가 / 19   어린 시절 / 30
파리에서의 연구 / 37   정신분석을 향한 첫걸음 / 39
성(sexuality)의 의미 / 46   정신분석의 성장 / 48
전쟁의 영향 / 54   슬픔, 고통 그리도 죽음 / 56
Anna Freud / 60   이후의 연구들 / 64
오명과 명성 / 67   인간으로서의 Freud / 71

2 Freud의 주요 이론적 공헌 _ *81*
네 가지 초석 / 82   무의식 / 83   꿈 / 87
말실수와 농담 / 92   억압 / 94   승 화 / 98
추 동 / 99   성: 목표와 대상 / 106
Freud의 발달 이론 / 111   오이디푸스 콤플렉스 / 121
성별과 여성심리학 / 127   성격의 구조 / 134
사회, 종교 그리고 문화 / 140

15

3 Freud의 주요 치료적 공헌 _ *147*

Freud와 정신분석 치료 / 147

초기 기법들 / 150   저항의 만남 / 156

사례 연구: Elisabeth von R. / 161

세세한 것을 보는 안목 / 180   전 이 / 184

Freud와 내담자의 관계 / 190   설명과 해석 / 194

분석의 한계와 제한 / 197   종 결 / 202

4 비판과 반박 _ *207*

정신분석 비판과 Freud의 비판 / 207

Freud 성격의 비판 / 212

내부에서의 비판: 첫 탈퇴 / 220

Freud와 그의 추종자들 / 225

내부에서의 비판: Freud 이후의 Freud 학파 / 228

사실과 환상 / 234   페미니스트 비판 / 240

인지행동주의의 비판: 치료의 결과 / 249

정신분석은 과학인가 / 256   Freud 이론의 연구 / 264

정신분석 담론의 위치 / 267

5 심리치료와 세상에 미친 Freud의 영향 _ 275

Freud에 대한 평가 / 275   정신분석의 발달 / 280

자아심리학 / 282   Klein 학파 / 284

대상관계 이론 / 287   집단치료 / 292

Freud와 페미니스트 치료 / 294

정신분석, 사회학 그리고 철학 / 297

정신분석, 문학, 예술 / 301

Freud 영향의 중요한 특징 / 305

보다 넓은 세계 / 308

Sigmund Freud의 주요한 연구업적 목록 _ 311

참고문헌 _ 313

찾아보기 _ 329

1 Sigmund Freud의 생애

사람들은 매일 죽는다.

우리에게 좋은 일을 한 사람들은,

결코 충분하지 않았다는 것을 알지만

삶이 조금이나마 나아지기를 희망하였다.

W. H. Auden, 'Sigmund Freud를 기리며'

독립이 존재하는가

'당신 밖으로 그것을 드러내고 보여 주고 활용하라. 당신
과 독립적으로 존재하게 하라.' 이것은 Freud가 그의 영역
본 번역가이자 한때 피분석자였던 Riviere에게 한 충고였다

(Riviere, 1958: 146). Freud는 그녀와 함께하였던 정신분석적 설명에 대해 말하고 있었다. 이러한 언급을 통해 Riviere는 Freud가 자신의 생각에 어떻게 접근하는지를 보여 주었다고 생각했는데, 그것은 종이에 쓰거나 혹은 그의 말로 하자면 '드러내는' 것이었다.

Freud는 분명히 자신에게서 많은 것을 다양한 의미로 드러내었고, 그를 지지하는 사람이나 비판하는 사람에게 그가 '발견한' 많은 것이 자신을 이해하려는 시도에서 나왔다고 당당하게 주장할 수 있다. Freud가 Riviere에게 제시한 바로 그러한 제안과 그가 출간한 책 때문에 나는 인간의 존재와 밀접하게 관련된 생각을 한 한 사람에 대해 직접 쓰게 되었다. 나의 목표는 독자의 마음에 독립된 존재로서 Freud를 제시하는 것이다. 하지만 이 과제는 이러한 기획이 독립적인지에 대해 의문을 던지는 많은 딜레마도 제공한다.

Freud의 삶과 연구에 대해 숙고하는 것은 복잡할 수 있다. 그의 말로 하자면 이는 '이 세상의 몇몇 미스터리를 이해'하고자 열망한 한 사람을 이해하려는 것이다(Freud, 1927a; 2002: 165). 이러한 몇 가지 복잡한 면은 Freud에게만 국한된 것은 아니며, 실제로 과학이나 예술문화에 중요한 공헌을 한 사람을 연구할 때 부딪히는 것이다. Freud가 저술한 자료와 그에 관한 자료를 보면 성실한 연구자라 하더라도 독립적으로 평가하는 작업이 불가능할 수 있다. 영어로 된 표준판은 23권으로 된 Freud의 논문, 색인과 목록으로 구성되어 있고 짧은 논문으로 된 5권의 책이 더 있다. Freud와 Fliess, Freud와 Jung 그리고 Freud와 많은 다른 사람들 간의 서신 교류가 여러 책으로 나와 있다(예: Freud, E., 1961; Masson, 1985; McGuire, 1974). 포괄적이면서도 자료가 풍부한 전기가 있는데, 그중 수백 페이지에 달하는 Peter Gay의 것이 가장 괜찮은 것 같다(Clark, 1980; Gay, 1989; Jones, 1964; Roazen, 1979). 정신분석 비평가와 Freud 추종자의 책은 수천 권에 달한다. Freud의 연구에 비판적인 심리학과가 있는 일반 대학의 도서관에도 다른 어떤 심리학자의 연구보다 Freud에 대한 연구가 더 많다. 이러한 문헌(이것은 문헌 현상이라고 부를 수 있다)은 해가 갈수록 많아지기 때문에, Freud와 그의 사고가 낳은 지적 산실을 통해 길을 찾으려고 하고 앞으로 Freud를 연구하려고 하는 학생이 핵심적인 것을 요약한 얇은 책을 선택하는 것은 당연하다. 그리고 이것은 Freud에 대해 더욱 많은 책이 나오도록 장려할 것이다.

이 책이 집대성한 지식과 가설을 독립적으로 표방할 수는 없다. 나의 한 가지 목표는 Freud의 표준판 논문을 포함하여 원하는 만큼 충분한 문헌들을 독자에게 소개하는 것이다. 대부분의 독자가 Freud를 잘 알지 못하더라도, 인간의 마음에 대해 공부하려는 사람만은 그를 알아야 할 것이다.

특히, 종종 대중적인 형태로만 이해된 내담자에 관한 방대한 양의 자료의 영향을 상담자나 치료자가 무시하는 것은 불가능하다. 16세기의 유럽을 연구하기 위하여 역사가가 천주교 신자 혹은 청교도 신자가 되거나 심지어 기독교 신자가 될 필요는 없지만, 개혁 신학과 반개혁 신학을 알지 못하면 빈약한 학자가 될 수 있기 때문에 그 시대의 문화에 끼친 영향을 아는 것은 중요하다. 마찬가지로 치료자는 치료를 하기 위해 Freud 학파가 될 필요는 없지만, 옳든 그르든, 좋든 나쁘든 간에 20세기의 서구 문화에 미친 Freud 사고의 영향에 대해 잘 알지 못하면 빈약하게 훈련된 것이다. 이제 우리가 경험하는 어려움 중 하나는, 특히 내담자의 말에서 Freud의 생각을 분명하게 뒷받침하는 것을 발견할 때 우리의 관찰이 Freud의 인식과 동일한지를 확신할 수 없고, 또 사람들이 그의 저작에 영향을 받아서 (심지어는 대중적인 출판물일지라도) 그의 개념을 사용하여 무의식적으로 자신을 표현하였는지를 확신할 수 없다는 것이다. Momigliano(1987)는 '1925년 [비엔나에서] 오이디푸스 콤플렉스(Oedipus complex)에 대해서 서로 묻지 않거나 말실수 또는 실수 행동을 해석하지 않는 상류사회 모임이나 지식인 모임은 없었다.'고 상세하게 기술하였다. 그러한 비공식적인 자기 분석이나 상호 분석은 심지어 오늘날의 큰 집단 모임에도 널리 퍼져 있다.

나는 Freud의 관찰, 이론과 치료에 대한 지침이 그것의 단점에도 불구하고 오늘날까지 여전히 상담과 심리치료에 중요한 공헌을 하고 있다고 생각한다. 이것은 모든 정신역동적 치료자에게 명백하다. 나는 Freud의 생각이 다른 치료 학파를 성장하게 해 줄 수 있었다고 확신하며, 대부분의 학파는 Freud의 이론과 치료 실제의 영향으로 다양하게 발전하였다고 생각한다. 나는 Freud에 대한 나의 이해 정도에 따라 선택적이기는 하지만 충분히 Freud의 저술을 소개했다고 믿고 있으며, Freud 자신을 잘 이해하기 위해 그에게 찬성하고 반대하는 수많은 글에 관심을 가졌다. 자신의 생각을 드러내고 독립적인 존재가 되도록 노력한 사상가 Freud의 이러한 측면은 예전이나 지금이나 그의 가장 중요한 측면이다. 이러한 이해의 노력이 어떤 면에서는 비록 시대에 뒤떨어진 면이 있지만, 지금의 그 사람을 있게 한 이유에 대해 혼란스러운 많은 치료자와 내담자에게 여전히 호소력을 가지고 있다. 치료 영역에서 그가 남긴 유산은 이러한 미스터리에 관한 퍼즐 찾기다. 많은 사람이 치료관계의 발달과 다양한 대안적인 기법에 기여하였지만, 인간의 본성과 기원에 대해 지속적으로 논의한 사람은 별로 없었다. 상담과 심리치료는 종종 지금-여기(here-and-now)에서의 즉시성 및 치료와 완화에 관심이 있기 때문에 인간 이해의 깊은 함의에 대해서는 별로 주목하지 않았다. Freud는 일반적으로 치료에 유용한 일련의 기법을 개발하였지만, 정신분석은 치료방법으로서의 효율성보다는 인간의 마음과 세계가 어떻게 작용하는지를 밝히려는 시도가 더 중요하다고 생각하였다(Freud, 1924f: 181; 1940a: 416).

Freud는 자신의 생각, 꿈, 환상과 인생사에 대해 더욱 세심하게 개인적으로 오랫동안 고찰함으로써 이러한 큰 세계로의 여정을 시작하였다. 그것은 '힘든 작업이었고 신나면서도 좌절되는 것이었다.' (Gay, 1989: 98) (비록 처음에는 대부분이 준과학적인 용어로 쓰인 것처럼 보이지만) 그의 모든 저술에는 그의 삶을 읽을 수 있는 무언가가 있다. 물론 Freud의 사적인 내적 경험에는 많은 미스터리가 있다. Barron 등(1991: 143)이 주장하였듯이, '비밀을 밝히려는 Freud의 열정적 시도는 그의 인생을 통해 주된 동기로 작용하였고' 그의 성격과 연결되었다. 이는 '역설적인 태도를 드러내는데, 정신분석을 진보시키기 위해 한 사람의 본성에 대한 정보를 공유하는 쪽으로 개방하면서도, 그의 사생활, 특히 개인사와 부부생활에 대해서는 비밀을 선언하였다.' Freud가 쓴 것처럼 우리는 그에 대해, 그리고 때로 상담실에서 그와 함께 어떤 일이 일어났는지에 대해 어렴풋이 알 뿐이다. 분명한 것은 그의 사고와 스타일에 대해 그렇게 신선하고 기지에 넘치며 분명하고 설득력 있는 영상을 발견하는 데 그의 에세이와 강연만한 것은 없다는 것이다.

Freud는 많은 논문과 책에서 자신의 생각에 '독립적인 존재'를 제공하려고 하였기 때문에, 그의 저술은 어느 정도 그 자신의 내면을 숨길 수 있었다. 자신보다는 자신의 생각으로 더 기억되고자 하는 그의 소망은 전기 작가에게 어려움을 주었는데, 그는 전기 작가의 자료로 쓰일 수 있었던 몇몇 사적 기록을 파기하고 싶어 하였다. 예를 들면, 1885년에 그는 '지난 14년간의 모든 노트뿐만 아니라 편지, 과학적 발췌물과 원고를 없애 버렸다.'(Gay, 1989: xiii) 이러한 행동은 그의 생애에서 몇 번이나 반복되었다. 그의 서신과 많은 논문들은 사라져 버렸다. 게다가 몇몇 사적인 편지와 논문이 기증자의 요청에 따라 금지되었는데, 다행히도 1992년에 80% 이상의 Freud 문서에 대한 제한이 풀려서 런던의 프로이트 박물관이나 워싱턴의 국회도서관에서 학자들이 열람할 수 있게 되었다(Blum, 1992).

Freud는 『자서전적 연구(*An Autobiographical Study*)』(1925d)에서 그를 한 인간으로 이해하려는 사람들에게 도움을 주었지만 제목이 다소 잘못되었다고 할 수 있다. (그의 표현에서 독자는 삼인칭을 사용한 것에 주목하겠지만) 그것은 '정신분석의 발달에서 그가 개인적으로 공유한 것에 대한 설명'(1925d: 186)이라고 할 수 있다. 시간과 장소 그리고 그의 지적인 발달에 영향을 준 사람의 이름이 있지만, 자신의 양육과 가족관계의 영향과 같은 개인적 자료는 최소한만 유지되었다. Riviere는 Freud가 수줍어하거나 내성적이지는 않았지만 '품위와 절제'가 있는 사람이라고 하였다. 그에게는 겸손함이 있었고, 그는 많은 비밀을 유지하려고 했던 시대에 살았다. 이후에 그는 내담자와의 세심한 작업을 통해 이것을 드러내었다. 때로 그는 나폴레옹이나 모세와 같은 위대한 지도자를 언급하면서 어느 정도 그들과 동일시하기를 바라는 것처럼 보였지만, Riviere가 보기에 '그는 사람들에게 인상적으로 보이거나 자신의 견해를 다른 사람이 확신하게 만드는 데 관심이 없는 것 같았다.' 그럼에도 불구하고 '그는 결론을 제시할 때 마치 독자가 받아들일 수 있도록 전념한 것처럼 이러한 특별한 능력을 발휘하였다.' (1958: 145-146) 그녀 생각에 Freud는 자신이 아는 것을 독립적으로 바깥에 창조함으로써 이것을 이루었는데, 때로 이는 그에 대해 더 많이 아는 것을 방해할 수 있다.

하지만 이렇게 자신을 드러내는 데서의 명백한 겸손과 주저함에는 다른 측면이 있다. 자서전적 연구에서 Freud는 대중이 그의 '개인적인 사건(투쟁, 실망과 성공)을 알아야 한다.'는 주장을 거부하였다(1925d: 258). 다음 문장에서 그는 "어쨌든 당대나 후대를 위해 자신의 삶을 기술하는 대부분의 사람보다 …… 나 자신의 저술에서 더욱 개방적이고 솔직하였다. 나는 그것에 조그마한 감사를 표하였고, 내 경험으로는 누구에게도 내 예를 따르라고 권할 수 없었다."라고 하였다. 그는 특히『꿈의 해석(*The Interpretation of Dreams*)』 (1900a)과 『일상생활의 정신병리(*The Psychopathology of Everyday Life*)』(1901b/2002)에서 이것을 언급하였는데, 그가 제공한 많은 예는 자신의 꿈과 자신의 과거 및 일상생활의 경험에서 가져왔다. Freud가 자기 분석을 하면서 보낸 수년을 망각하기는 쉬울 것이다. 그는 인간 경험에 대해 첫 해석을 하는 자료를 자신에게서 끌어 왔는데, 그가 분석가의 중요성을 강조하였으나 이인칭 관점에서 내담자의 저항을 해석하는 것은 불가피하게 자기 분석을 통해 얻을 수 있는 객관성의 정도를 의문시하게 하였다. 전기 작가들 또한 Freud를 분석하려는 시도에서 동일한 꿈과 기억을 끌어 왔다. 그리하여 (특히, 분석가이기도 한) 작가들에 의해 상이한 시도가 있었다. 그들은 Freud의 유명한 꿈인 '이르마의 주사(Irma's injection)'를 재해석하였고, 1890년대 그의 친한 친구이자 서신 왕래자인 Wilhelm Fliess와의 관계의 중요성과 성질을 이해하려고 하였다. Freud의 방법을 적용한 전기 작가는 Freud 자신의 글에서 실수의 예를 찾았는데, Freud가 Jung에게 보내는 편지에서 소문자 'i'를 (독일어) 대문자 'I'로 바꾼 것이었다. Gay는 이것이 '그들(적대자들)을 패배시키려는' Freud의 바람을 '너를 패배시키려는' 것으로 바꾸어서 젊은 동료에 대해 '억제된 불편감'을 보여 주었다고 주장하였다(1989: 213).

분별 있는 독자라면 비록 참고문헌이 생략되고 과거 기억과 현재 경험에 대한 더욱 엄격한 분석에서 때로 자기 검열적인 각색이 있어도, 독립적으로 보이는 Freud에 대해 자주 통찰할 기회가 있을 것이다. Freud의 연구를 독특하게 한 것은 그를 연구하는 데 몇몇 해석의 범위에 대해서는 유보하더라도, 우리가 전적으로 그의 방법을 받아들인 것처럼 Freud 자신의 생각과 이론을 사용하는 것이다. 레오나르도 다빈치와 미켈란젤로와 같은 위대한 인물에 대한 그의 연구에서 예술가와 예술의 분리가 불가능했던 것처럼, 우리는 그의 생각에 독립적인 존재를 제공할 수는 없었다. 그리고 그의 생애에 관한 이 장은 솔직하게 사실적인 전기로 볼 수 없다. 그는 우리에게 독특한 유형의 질문을 던졌다. 누가 혹은 무엇이 그렇게 생각하도록 만들었는가?

이러한 질문을 함으로써 (주제가 무엇이든 간에 대부분의 전기 작가처럼) 우리는 Freud를 공정하게 대할 수 있을 것이다. 이를 통해 우리는 그의 생각이 옳다는 것을 즉각 긍정하는 것처럼 보이고, 그의 생애와 이론에 대해 더욱 깊은 이해를 할 수 있다. 이러한 사고의 순환은 예술가에게는 어느 정도 이해된다 하더라도 철학자, 논리학자와 과학자를 못마땅하게 만든다. Freud 자신을 비추는 거울을 그가 잡도록 한 것은 일종의 나르시시즘(narcissism)이다. 심지어 여기에는 일종의 근친상간적인 것이 있다. '나르시시즘'과 '근친상간적'과 같은 용어를 사용함으로써 나는 옳든 그르든 우리를 괴롭히고, 우리의 많은 비판적인 용어에 나타나는 Freud의 사고방식을 다시 드러내고 있다. 우리는 Freud의 용어에 무비판적으로 의존하는 것을 피하기 위해 의식적인 노력을 해야 하지만, 그가 강조한 특별한 통찰을 피하기는 불가능하다. 한 인간의 삶과 그의 태도, 일과 내적 욕구 간에는 어떤 역동이 있다. 또 다른 역동은 과거 경험과 그러한 경험에 대한 해석이 현재 경험의 해석에 영향을 미치는 방식이다.

나는 Freud의 이론이 다 옳다고 독자에게 확신시키려는 의도는 없다. Freud가 제시한 자신과 다른 사람의 경험에 대한 특별한 해석이 옳다고 가정할 이유는 없다. 하지만 나는 Freud가 현재의 우리 문화에 어떤 영향을 주었는지를 설명하지 않고서는 그의 생애와 연구에 대한 요약이 불가능하다는 것을 알았다.

Freud의 전기들을 보면 종종 그의 이론과 치료 실제가 뒤섞여서 주변의 다른 중요한 인물에 대한 설명과 함께 연대기적으로 전개되었다. 그의 이론적 전개는 제2장에 제시하였고, 기법은 제3장에 제시하였다. 몇몇은 이 시리즈의 다른 책에서 다루어졌지만, 다른 중요한 인물에 대해서는 별로 언급하지 않았다(Casement, 2001; Jacobs, 1995; Segal, 1992). 이 장에서는 Freud의 아동기와 전문가로서의 삶을 기술하는데, 초기 시절이 이후의 사고에 어떤 영향을 끼쳤는지를 주의 깊게 살펴본다. 문화적 배경 또한 중요한 부분으로 비엔나에서의 반유대주의와 Freud의 유대주의에 대한 의문이 제기된다. 이러한 의문과 Freud에 미친 중요한 지적 영향에 대해서는 다음 장에서 다룰 것이다.

어린 시절

Freud는 자신의 출생을 이렇게 기술하고 있다. "나는 1856년 5월 6일, 지금은 체코슬로바키아에 있는 조그마한 마을인 모라비아의 프라이베르크에서 태어났다. 내 부모는 유대인이었고, 나 자신도 계속 유대인으로 살았다."(1925d: 190) 그의 가족은 그가 네 살 때 비엔나로 이사를 왔고, 1938년에 Freud와 분석가인 그의 딸 Anna가 나치가 점령한 도시를 떠날 때까지 그곳에 머물렀다. 그는 1939년 9월 23일 런던 햄스테드에서 죽었다.

그가 유대인 가계에 대해 언급하였고 '유대인이기 때문에 자신이 열등하고 소외되었다고 느끼게'(1925d: 191) 한 대학에서의 경험을 언급한 것을 보면, Freud가 자신의 배경을 중요하게 여겼다는 것을 알 수 있다. 이것은 생각만큼 반대가 그렇게 심하지 않은 경우에도 자신의 생각을 거부하는 것으로 보는 이유 중 하나가 될 수 있을 것이다. 그는 다음과 같이 썼다. "유대인이라는 사실을 결코 숨기려고 하지 않았던 유대인으로서의 나의 성격이 정신분석 환경에 대한 반감을 자극하지 않았는지에 대해 문제를 제기를 할 수 있다." (1925e: 273) 유대인이라는 사실은 Freud에게 들려준 아버지의 회상에서도 강하게 나타난다. Freud가 열한 살이었을 때쯤 그의 아버지가 갈리시아를 걷고 있을 때, 한 기독교 신자가 그의 아버지의 모자를 쳐서 진흙탕에 빠지게 하고는 "이 유대인아, 인도에서 꺼져."라고 외쳤다. Freud가 아버지에게 무슨 일이 일어났는지를 물었을 때, 그의 아버지는 그냥 차도에 떨어진 모자를 주웠다고 말하였다. 아버지의 반응에 대해 느낀 Freud의 수치심은 이후에 복수를 하려는 그의 소망과는 대비되었다. 이 기억은 모든 종류의 해석에 대해 풍부한 자료를 제시하는데, 그중 하나는 이교도의 세계에서도 받아들여질 수 있는 어떤 체계를 만들려는 Freud의 소망이다. "아이 때부터 지적인 독립성의 단호한 표현, 통제된 분노, 신체적 용감함, 유대인으로서의 자기 존중은 상당히 개인적이고 굳건한 Freud의 성격으로 자리 잡았다."(Gay, 1989: 12) 몇몇 사람은 '아버지를 향해 정서적 동요가 있었던 이 사건은 오이디푸스 콤플렉스의 생성을 설명하는 데 도움을 줄 수 있을 것'이라고 주장한다(Clark, 1980: 13).

몇몇 기억이 그리 정확하지 않고 주로 이후의 삶에서의 꿈에 기초하였지만, Freud의 아동기와 관련된 장면들은 그의 이론에 영향을 미치는 다양한 사건을 생각하게 한다. 그 기억 중에는 Freud가 태어난 지 일 년이 지나서 그의 남동생이 태어났을 때 유아적인 질투심을 생생하게 느낀 것인데, 동생은 몇 달 후에 죽었고 Freud에게 죄책감을 남겼다. 그리고 어린 소녀의 꽃다발을 훔친 사촌과 함께 있었던 두 살때의 기억이 있고, 그의 신경증의 '일차적 기원'으로 두 살반쯤에 Freud에게 성적으로 문제를 일으키게 한 보모에 관한 기억이 있다(Bonaparte et al., 1954: 219). 이 보모가 도둑질로 체포되어 감옥에 가게 되었을 때 Freud는 그녀의 사랑을 잃었고, 비슷한 시기에 그의 어머니는 그의 여동생을 임신하여 눕게 되었다. 두 어머니 상을 동시에 '잃으면서' 그는 그들에게 어떤 일이 일어날지에 대해 혼란스러웠다.

Freud는 이것을 기억하면서 더불어 (나중에 네 살이 되었을 때라는 것을 알았지만) 어머니를 향한 성적인 소망을 기억하였다. 그것은 야간열차 여행을 하면서 침대칸에서 옷을 벗은 어머니의 모습을 보았을 때였다. 지금 시대에는 이것이 그다지 놀라운 경험이 아닌 것처럼 보이지만, 이러한 광경이 얼마나 금지되었는지는 Freud가 독일어 대신에 라틴어를 쓴 것을 보면 알 수 있다(Freud는 'matrem'과 'nudam'이라는 단어를 썼다.). 이 사건이 그의 친구인 Fliess에게 쓴 편지에 기록되었다는 것을 주목하면, '비록 Freud는 금지된 성 영역에서 가장 인습적이지 않은 41세의 탐험가였지만,

안전하게 거리를 두는 라틴어를 쓰지 않고서는 그렇게 흥분되는 사건을 기술할 수 없었다.' (Gay, 1989: 11) 마지막 한 예는 Freud가 7, 8세경에 있었던 일로 침실에서 오줌을 싸서 아버지에게 심한 꾸지람을 들은 것이다. 그때 아버지는 Freud에게 결코 중요한 사람이 되지 못할 것이라고 하였다. 이 일은 그에게 예사롭지 않은 야망이 생기게 하였다. Freud는 잘못한 일을 거의 하지 않는 총애받는 아들로 성장하였다.

그의 후기 사고를 이해하는 데 관련될 수 있는 가족사에 관한 다른 측면이 있다. 예를 들어, 그의 아버지는 할아버지가 될 만큼 나이가 많았고, Freud는 아버지의 세 번째 아내의 첫째 아들이었다. 이 젊은 여인(그는 젊고 아름다웠다고 쓰고 있다)은 Freud의 이복형제인 Philip과 나이가 같았고, Freud의 '조카'는 Freud보다 한 살이 더 많았다. 적어도 나이 측면에서 Philip은 나이 든 Freud의 아버지보다는 어머니에게 더 적합한 파트너인 것처럼 보였다.

특별히 흥미로운 점은 Freud가 자기분석에서 어머니보다 주로 아버지에게 집중했다는 점이다. 이러한 이유는 아버지의 죽음이 영향이 컸기 때문일 수 있다. 하지만 어머니의 영향에 대한 관심의 부족은 그의 입장에서 (그의 용어로) 어떤 저항(resistance)일 수 있다. Amalie Freud에 대한 자료는 충분하지 않지만, Carvalho의 주장에 따르면 신사적이지만 다소 무능한 아버지는 Freud를 '과도하게 관여하는(all-

too-present) 어머니'에게 노출시켰을 것이다(1982: 343).
Freud의 사고에 끼친 어머니의 영향에 관한 연구에서,
Estelle Roith는 Amalie가 함께 지내기 어렵고 '불평이 많
으며' '폭군적이고' '훈육적이며' '권위적'이었다고 보았다
(Roith, 1987: 110-111). 그는 Freud가 여성성에 대한 글을
어머니가 돌아가신 이후에야 썼다는 것을 발견하였다.
Orgel(1996: 47) 또한 "그의 어머니의 죽음은 어머니와의
동일시에 대한 두려움을 완화시킨 것 같으며, 어머니와 여
성들과의 초기 관계에서 어린 소년에게 무시되었던 측면을
자유롭게 인식하게 해 주었다. 그는 소녀와 여성에 대한 주
관적 경험이 소년과 남성에 대한 경험과 어떻게 일치하는지
에 대해 새롭게 고려할 수 있었다."고 주장하였다. Gay 또
한 Freud는 "그렇게 지시적인 인물과의 강렬한 무의식적
유대의 의미를 충분히 다루지 못하였다."(1989: 11)라고 하
면서, 이것이 그에게 여성이 그렇게 어둡고 모호한 주제로
남아 있는 이유 중의 하나라고 주장하였다. Barron 등
(1991: 151)은 Freud와 그의 어머니에 대한 설명을 유사한
맥락에서 요약한다.

변덕스럽고 완고하며 요구가 많은 Freud의 어머니는 그
를 귀한 아들로 여겼다. 그에 대한 그녀의 관여는 계속되는
출산에 의해 제한되었고, 대리모인 보모에게 그를 돌보게

하였다. 그는 첫 번째 형제를 질투하였고, 두려워했는데, Julius가 죽어서 보이지 않았기 때문이었다. 이러한 무서운 비극에 더하여 어머니가 다음 아이인 Anna를 출산할 즈음에 보모가 갑자기 사라졌다. 그는 이제 깊이 상심하였고, 누가 누구의 아버지인지에 대해 상당히 혼란스러웠다. 그의 오이디푸스기 발달은 오이디푸스가 당면한 것보다 더 수수께끼처럼 와닿았다.

Freud는 비엔나에서 교육받았는데, 이는 영국의 그래머스쿨과 동등한 교육이었다. 이곳에서 그는 "나는 7년 동안 일등을 하였다."(1925d: 190)라고 하였다. 그는 그 시대에 전형적인 고전 교육과 함께 그리스 신화, 철학, 문학을 공부하였다. Freud는 항상 공부를 잘하였고, 과학뿐만 아니라 예술에도 관심이 많았다. 그의 아버지는 Freud가 직업을 선택할 때 자기가 하고 싶은 것을 해야 한다고 주장하였다. 하지만 Freud는 "그 당시나 이후에도 나는 의사라는 직업을 특별히 좋아하지 않았다."(1925d: 190)라고 쓰고 있다. 실제로 그는 다윈 이론에 관심이 있었지만, 그의 첫 야망은 법을 연구하는 것으로 이후에 이 분야에 관심을 가졌다. 그리고 그의 17세 생일 즈음에 공개 강연에서 들었던 자연에 관한 에세이는 그가 '의학도가 되도록 결심하게 하였다.'(1925d: 191) 그의 선택 동기를 정확히 알기는 어렵지만, Freud가 제시한 이유는 적어도 두 가지다. Gay가 밝혔듯이, 배제하기 어려운 충동 중 두 가지는 '복수 욕구와 자기 변호 욕구'였다. 반면에 Gay는 Freud가 '알고자 하는 욕구'에 의해서도 움직였다고 말한 것을 인용하였다(1989: 23). Barron 등 (1991: 144)은 Freud가 들었던 에세이에서 어떻게 "자연이 매혹적인 것으로 묘사되는지, 즉 변덕스럽고 신비로우며 단호하고 강력하며, '그녀가 좋아하는 것'에 대한 위대한 사랑을 가능하게 하는지"에 대해 해석하였다.

Freud는 대학에서 철학과 동물학도 공부하였지만 결국 의학을 전공하였다. 그러나 그는 '정신의학을 제외하고 의학의 다양한 분야만으로는' 행복하지 않았다(1925d: 192). 그리하여 그는 6년 넘게 연구 실험실에서 일하였고, 1881년에 의학박사 학위를 받았다. 연구를 하는 동안 Freud는 뱀장어의 생식기와 물고기의 중추신경계를 연구하였다. 그는 비엔나의 가장 권위 있는 인물들과 함께 일하고 배울 수 있었다. 또한 그는 첫 협력자인 Josef Breuer를 만날 수 있었다. Freud의 가장 초기에 출판된 논문은 이 시기까지 거슬러 올라간 '하찮은 것이 아닌 상세한 발견'이었는데(Gay, 1989: 36), 때로는 중요한 성취 업적이 될 만한 연구를 놓치기도 하였다. 전기 작가인 Ernest Jones는 'Freud가 자신의 생각을 논리적 결론으로 강하게 밀고 나가지 않아서 인생 초기에 세계적인 명성을 얻을 기회를 잃었다.'고 보았다

(Gay, 1989: 36).

Freud에게 명성을 가져온 첫걸음은 1882년 이후였다. 1882년에 그는 실험실에서 벗어나서 복잡하지만 생동감 있는 종합병원으로 자리를 옮겼다. 그는 아내가 될 Martha Bernays를 만났고 2개월이 지나 약혼을 하였다. 그리하여 생활비를 버는 것이 절실하였다. 그러나 그는 우선 정신분석의 발달에 필요한 새로운 방향을 제시한 지적이고 지리적인 여행을 시작하였다.

파리에서의 연구

3년 동안 Freud는 비엔나의 종합병원에서 여러 분야의 경험을 쌓았다. 그는 코카인의 성질에 대해 관심이 있었다. 그리고 우울할 때의 자극제로, 사회적 스트레스 상황에서 이완하게 해 주는 것으로 이 약물을 복용하기 시작하였다. 코카인에 관한 일화는 자신의 생각을 계속해서 추구하는 데 실패한 예인데, Freud는 코카인의 마취 성질을 발견한 것을 발표하지 않은 자신의 부주의를 기분 좋게 인용하곤 하였다. 대신에 Freud의 생각을 알려 준 한 동료가 국소 마취를 발견한 사람으로 알려졌다. 그가 이 약물에 중독되었는지에 대한 증거는 없다. 하지만 그는 암 발생과 관련된 흡연을 오랜 기간 즐겼고 이에 중독되었다. 그 자신은 흡연이 자위의 대체물이라고 생각하였다. 시가를 피우면서 기차에서 내리고, '시가는 또한 시가'라고 말하면서 누군가의 미소에 반응한 Freud의 일화는 그가 상징적인 것과 함께 구체적인 것을 인식하였다는 것을 보여 준다. Joseph이 관찰하였듯이, '일단 Freud의 세계에 들어가면 다시 액면 그대로의 가치를 갖는 것이 극히 어려워진다. 시가는 단지 시가가 될 수 없다.' (1989: 498)

1885년에 Freud는 비엔나 대학에서 신경병리 강의를 맡았다. 그리고 신경병리 교수인 Charcot 밑에서 연구하기 위해 장학금을 받고 파리로 갔다. Freud에게 Charcot 연구의 중요성은 많은 의미가 있었다. Charcot는 손발과 감각의 마비와 같은 증상을 유발하고 치료하기 위해 (종종 단지 연극적으로 보이는) 최면을 사용하였다. 그리하여 그는 소위 '히스테리 현상'(혹은 전환 히스테리)이 심리적 기원을 가진 진짜 고통의 호소이고, 꾀병이나 기질적 손상에 의한 것이 아니라는 것을 보일 수 있었다. 히스테리는 자궁과 관련된 것으로 생각되었고, 증거가 있는데도 불구하고 남자는 자궁이 없기 때문에 남자에게 히스테리가 있을 가능성은 배제되었다. "Freud에게 가장 중요했던 것은 [Charcot가] 환자의 이상한 행동을 심각하게 받아들일 준비는 되어 있었지만 더이상 이상한 가설을 받아들일 준비는 되어 있지 않았다는 것이다."(Gay, 1989: 51) Freud에게 또한 중요했던 것은

Charcot가 이론보다는 실제를 더 선호하였고, '이론은 모두 훌륭하지만 그렇다고 사실이 존재한다는 것을 가로막지는 못한다.' 는 것이다. Freud는 이것을 결코 잊지 않았다.

Charcot가 Freud 사고의 발달에 영향을 미친 다른 세 가지가 있다. 우선은 최면 암시의 효과가 무의식에 영향을 미친다는 명백한 중요성이다. 두 번째는 최면 사용에 따른 '부작용' 으로 환자가 의사에게 애착을 느끼는 것이다. '최면의 열정' 은 때로 자식같이, 때로는 어머니같이, 때로는 성애적인 사랑으로 경험되었다. 이러한 현상은 Freud의 전이(transference) 개념의 발달과 상당한 관련이 있다. 세 번째는 Charcot가 Freud에게 성과 신경증 간의 어떤 관련성을 시사한 것이다. Charcot 집에서의 한 연회에서 Freud는 그가 한 사례에 대해 흥분하여 논쟁하는 것을 무심코 듣게 되었다. "그런 경우 항상 성기가 문제다. 항상, 항상, 항상." Freud는 Charcot가 이것을 공개적으로 말하지 않은 이유에 대해 의아해하였다(1914d: 71).

정신분석을 향한 첫걸음

Freud는 기본적으로 배운 것을 실제로 활용해 보고자 비엔나로 돌아왔는데, 자신에게 의뢰된 내담자에게 최면을 걸어서 증상을 완화시키려는 시도를 하였다. 그는 1886년에 결혼하였고 자신과 아내를 위해 개업을 하였다. 그들은 9년 동안 6명의 자녀를 두었는데, 막내인 Anna는 나중에 아동 심리치료를 선구적으로 이끌었고 Freud의 주된 해설자가 되었다. Freud의 아내 Martha는 지적인 동반자라기보다는 주부였고, 동반자 역할은 그녀의 동생인 Minna가 하였다. 그녀는 1890년대 Freud가 외로웠던 시절에 그의 두 번째 친밀한 친구(첫 번째는 독일인 의사 Fliess)였다. Minna는 1890년대 중반 이후로 Freud와 계속 함께 살았다. Freud 와 Minna 사이의 소문(이것은 Jung에 의해 시작되었는데, 몇몇 은 Jung과 Sabina Spielrein 관계의 투사라고 주장한다)은 Gay 의 전기(1989: 752-753)에 길게 다루어졌고 그에 의해 당분 간 기각되었다. 다른 전기 작가인 Clark가 Freud와 Fliess 의 관계를 참고하기 위해 그랬던 것처럼, Gay는 Freud의 여러 관계를 알기 위해서 그의 서신이 공개되는 것을 기다 려야만 하는 좌절이 있었다고 이야기한다. 1990년대에 있 었던 Freud와 Minna Bernays의 서신 공개에서는 어떠한 부정도 입증되지 않은 것처럼 보인다.

Freud의 개인 연구는 그에게 이론뿐만 아니라 치료를 발달시키는 기회를 가져왔다. 이러한 실험 동안에 Freud보다 나이가 많았던 Josef Breuer와 (지적으로) 나이가 적었던 Wilhelm Fliess와의 관계는 정신분석(그는 이 용어를 1896년에 처음 사용하였다)과 관련된 사고에 매우 중요하였다.

Breuer와는 내담자에 대해 토론하였고, Fliess와는 수백 통에 달하는 서신 왕래를 시작하였다. 이것은 그에게 자기분석을 반영해 주는 기회를 제공하였다(Masson, 1985). Fliess가 숫자학과 주기성에 관한 이상한 이론에 빠지게 되면서 Freud는 그를 지적인 동료로 분명히 선택하지 않을 수 있었지만, Freud가 논란이 될 수 있고 잘못될 경우 의학적으로 파문당할 수도 있는 생각을 하고 그런 방법을 사용하였을 때 Fliess는 '이해와 격려와 지지'를 아끼지 않았다(Clark, 1980: 97). 신경증의 성적 기원에 대해서 처음으로 주장한 사람은 Freud지만, Fliess는 Freud에 앞서 유아의 성(infantile sexuality)과 양성성(bisexuality)에 관한 생각을 한 적이 있었다.

많은 작가들이 Freud가 Fliess와 가졌던 강한 전이관계에 대해 언급하였다. Freud의 유명한 꿈인 이르마의 주사는 전문가의 부주의와 관련된 부담에 대해 스스로를 보호하려는 소망으로 해석되었는데, 이후의 많은 분석가는 이것을 전문가의 무책임으로 인한 고소로부터 Fliess를 보호하려는 소망으로 이해하였다. 실제로 Freud는 코피 때문에 괴로운 한 젊은 여성을 수술하기 위해 Fliess를 부른 적이 있었다. 이후에 이 환자가 출혈로 거의 죽을 뻔했을 때, Fliess가 환자의 상처 속에 50센티미터나 되는 거즈를 남겼다는 것이 발견되었다. Freud는 이후의 서신에서 Fliess가 비난받지 않도록 노력하였고, 꿈에서는 Fliess를 '제외하고' 관여된 모든 의사가 비난을 받았다. 히스테리적이고 관심을 추구하는 젊은 여성의 지속된 고통에 대한 설명뿐만 아니라 『꿈의 해석』(1900a: 180-199)에서 제시한 설명에서, Freud는 자기기만으로부터 안전하지 않았으며 Fliess를 보호하면서 자신과 환자에 대해 잘못된 해석을 하였다. 하지만 두 전기 작가는 『꿈의 해석』의 한 문장에 중점을 두었는데, 거기서 Freud는 꿈의 다른 함의에 대해 알기 시작했지만 출판할 준비가 되지 않았다는 것을 시사한다(Clark, 1980: 146-152; Gay, 1989: 80-87).

(친한 동료에 앞서 수년간 함께했던 많은 사람 중 하나인) Fliess와의 관계가 깨진 것은 훨씬 이후에 일어났다. 첫 번째 결별은 Breuer에게서 시작되었다. Freud와 Breuer는 『히스테리 연구(Studies on Hysteria)』(1895d)를 공동 집필하였는데, 1880년대에서 1890년대 초까지의 사례에 대해 공동으로 작업한 연구였다. Breuer의 한 가지 사례와 Freud의 네 가지 사례가 제시되었지만, 여기에 Freud는 다른 많은 사례도 언급하였다. 정신분석의 역사에서 첫 번째 사례는 실제로 1880년대 초까지 거슬러 올라가는 Breuer의 사례로, 독자에게 'Anna O.'로 소개된 젊은 여자의 사례다. Breuer는 Freud와 이에 대해 의견을 나누면서 많은 것을 배웠지만, 어떤 측면은 합의에 실패하고 해결되지 않은 채 남겨졌다.

Freud는 Charcot에서 배운 것과 자기 분석에서 나온 것을 통합하여 히스테리의 기원에 관한 새로운 이론과 치료관계를 다루는 새로운 체계를 제시하였다. '젊은 친구인 Freud에게 Anna O.에 관한 매혹적인 이야기를 털어놓으면서' [Breuer는] 자신이 품은 것보다 더 혼란스러운 생각을 Freud에게 생기게 하였다(Gay, 1989: 63).

Anna O.는 다양한 증상을 보였다(Freud & Breuer, 1895d: 73-102). 부분마비, 시각장애, 환각, 언어장애, 심지어는 다중성격도 있었다. 증상은 아버지의 치명적인 질병으로 촉발된 것처럼 보였다. 그녀는 아버지가 죽기 전 마지막 2개월간 그를 돌보았다. 비엔나의 젊은 여성이 아버지에게 보이는 애착과 돌봄은 다른 사례에서도 나타나는데, Freud는 부모와 자식 간의 친밀감을 중요하게 보았다. Breuer는 매일 Anna O.를 보았고, 종종 그녀는 자기 최면 상태에 있었다. 그녀는 자신은 말하고 Breuer가 경청하는 이러한 것에 대해 '말하기 치료(talking cure)' 혹은 '굴뚝 청소(chimney sweeping)'를 하는 것이라고 하였다. 특히, 그녀는 기억을 회상하고 평상시에 접할 수 없었던 감정을 방출할 수 있었던 정화 효과(cathartic effect)에 대해 언급하였다. 기억과 그에 부착된 강렬한 감정의 방출은 각각 '해소(abreaction)'와 '정화(catharsis)'라고 불렸다(1895d: 59).

Breuer는 Anna가 최면에 걸려 있을 때 증상의 기원을 추적하는 것이 도움이 된다는 것을 알았다. 그는 사례의 마지막 부분에 "그녀는 자신의 심리적 균형을 완전히 되찾았다."라고 보고하였다(1895d: 95). 하지만 Breuer는 그녀의 치료가 완전하지 않은 사실을 가볍게 다루었고, 사례에서 몇몇 현란한 증상은 성적인 기원을 가졌다는 것을 인정하기 어려워서 얼버무렸다. 여기에서 빠진 요소는 수년 후 Freud가 보완하였다. 1932년에 쓴 편지에서 Freud는 Breuer가 말한 것을 전하였다. Anna의 모든 증상이 통제되었던 것처럼 보였던 어느 날 저녁, 그녀는 히스테리적인 복부 경련을 경험하였고 Breuer의 아이를 가지고 싶다고 말하였다. Breuer는 Anna의 환상을 감당하기 어려웠고 사례를 서둘러 종결하고는 다른 사람에게 의뢰하였다. Freud는 Breuer가 '자신의 손에 열쇠'를 가지고 있었지만 그것을 사용할 수 없었다고 언급하였는데(Gay, 1989: 67), 그 열쇠는 '전이(transference)' 현상이었다. Clark가 기술하였듯이, Anna O. 사례는 '분명치 않은 기록'이지만 '정신분석 역사에서 그것의 중요성에는 영향을 미치지 않는다.'(1980: 105) Breuer가 보인 내담자에 대한 반응은 Freud에게 잠재적으로 중요한 새로운 치료방법으로 가는 문을 열어 주었다.

  이렇게 어떤 사건에 머무를 수 있는 능력과 억제하기보다는 시도해 보고 이해하려는 능력은 아마도 Freud의 천재성의 버팀목일 것이다. 그는 내담자에게서 열심히 들었고, 점차 최면을 사용하기보다는 '압박기법'을 선호하였다. 그것은 내담자의 이마에 손을 얹고 증상의 기원에 관한 다양한 질문에 대답하도록 요구하는 것이었다. 그는 질문을 하지 않고 그냥 단순히 듣는 것이 더 낫다는 것도 내담자에게 배웠다. 이러한 초기 몇 년 동안의 실험에서 Freud는 적극적 개입을 하는 의학 모델(medical model)에서 소극적으로 내담자에게 주의를 두는 관계 모델(relationship model)로 변해 갔다. 내가 보기에 경험이 점점 풍부해지고 자신의 해석이 정확하다고 상당히 확신하면서, Freud는 때로 더욱 적극적인 방식으로 내담자의 증상이나 꿈이 무엇을 의미하는지를 말하게 하는 의학 모델로 되돌아갔다. 그럼에도 불구하고 그의 기법에 관한 논문은 이러한 초기 실험에서 나타난 핵심 요소를 강조한다. 그것은 기본 규칙으로, 내담자는 어떤 것도 검열하지 않고 자유롭게 이야기해야 하고(자유연상, free association), 치료자는 자신의 생각에 고르게 떠 있는 주의를 두어야 한다. 초창기에 Freud는 또한 '자유연상'의 지시가 강력한 저항을 받을 수 있다는 것과 바로 이 저항 지점에서 가장 중요한 기억이 나타나기를 기대할 수 있다는 것을 알았다. 『히스테리 연구』가 출판된 전후로 수년 동안 전이의 이해와 함께 Freud의 기법이 발달하였는데, 이에 대해서는 제3장에서 충분히 검토할 것이다.

성(sexuality)의 의미

Freud의 아버지는 1896년에 사망하였다. Gay에 의하면 이것은 'Freud가 보편적인 의미를 이끌어 내었던 심오한 개인적 경험으로, 고요한 연못에 던져져서 생각지도 않게 동그랗게 점점 퍼지는 파장을 일으키는 조약돌처럼 작용하였다.' (1989: 89) 자기 분석을 통한 아버지와의 관계에 대한 성찰은 부분적으로 오이디푸스 콤플렉스를 강조하는 것과 관련된다. Gay가 중요하다고 생각한 것은 Freud가 오이디푸스 콤플렉스가 있다고 생각했는지가 아니라, 모든 사람이 이 콤플렉스를 거친다는 주장이 입증될 수 있는지다. 하지만 Freud는 '자신의 경험이 자동적으로 모든 사람에게 적용된다고 생각하지는 않았다.' (Gay, 1989: 90) 그의 연구는 그에게 양가적이었다. 한편으로는 개별성을 인식하였지만, 다른 한편으로는 일반화하려는 경향이 있었던 것이다. 이러한 일반화 경향은 과학적 원리를 수립하고자 하는 그의 소망에서 비롯되었을 것이다. Freud의 사례를 읽어 보면 마치 개인사를 읽는 것 같다. 그 자신도 "내가 쓴 사례는 나 자신에게도 짧은 이야기를 읽는 것처럼 낯설게 다가온다."고 언급하였다(Freud & Breuer, 1895d: 231). 그는 이것을 일반적인 가설을 세우는 데 사용하였다.

일반화하는 것이 위험한 초기의 한 예는 히스테리의 기원에 실제로 유혹이 있었다는 Freud의 이론에서 야기되었다. 1896년 의사들의 지역 모임에서 히스테리의 기원에 대해 이야기하면서, 그는 18개의 인용 사례 모두에서 아이에 대한 부모의 성적 학대가 증상의 원인으로 시사된다고 언급하였다. 그는 이 이론으로 조롱거리가 되었는데, 이것이 신경증을 설명하는 하나의 이론으로 유혹 이론(seduction theory)을 개정하는 데 부분적으로 기여했을 것이다. 하지만 그가 마음을 바꾼 데에는 다른 이유가 있다. 예를 들어, 그는 자신의 신경증을 알고 있었고, (우리는 아마도 그의 유모가 그랬을 것이라고 생각하지만) 자신을 학대한 아버지에 대해 비난할 수 없었다. 그리하여 그는 1897년에 Fliess에게 보낸 편지와 이후 1904년의 출판물에서 일반적인 설명으로 유혹이론을 포기하였다. 그는 '이러한 유혹 장면은 일어난 적이 없고, 내담자가 지어낸 환상(fantasy)이거나 아마도 나 자신이 강요한 환상에 불과하다.'는 설명으로 대체하였다 (Freud, 1925d: 217).

아동 학대 문제의 규모에 관한 보다 최근의 인식은 Freud가 유혹 이론을 취소한 것이 현명한 것이었는가 하는 의문이다. 이 책의 제4장에서 그가 이것을 취소한 것에 대한 엄격한 비판을 검토하였다. 그리고 이 비판이 과장되었다고 주장한다. 그가 취소하지 않은 것은 신경증의 기원에서 성의 중요성이었는데, 그는『성에 관한 세 편의 에세이(*Three Essays on the Theory of Sexuality*)』(1905d)에서 유아의 성 발달에 대해 자세하게 검토하고 있다. 그가 아동기의 성적 감정에 대해 처음으로 주장한 사람은 아니었지만, Freud의 책은 '수류탄처럼 그리고 폭발물처럼 꽉 쥐고'(Gay, 1989: 148) 많은 독자에게 새로운 분야를 개척하였고 유아기와 아동기의 성적 감정이 정상적임을 시사하였다. 당시의 (그리고 이후에도) 일반적 견해는 어린아이가 성적 관심을 보이는 것은 '퇴폐 혹은 조숙한 타락의 지표이거나 기형적 소산'으로 경시되었다(Freud, 1925d: 216).

정신분석의 성장

이후 10년과 20세기가 시작하는 즈음에는 상당히 고립되었던 Freud의 선구적 입장이 끝나게 된다. 하지만 그는 이전의 시기를 '영광스러운 영웅적 시대처럼' 회고하였다(1914d: 79). Freud는 또한 1900년에『꿈의 해석』을 출간한 것을 중요하게 여겼다. "정신분석은 20세기와 더불어 태어났다고 할 수 있다."(1925d: 161) Fliess에게 이 책에 대해 기술하면서 Freud는 가이드를 동반한 여행 이미지를 사용하였다.

전체는 산책로처럼 펼쳐져 있다. 처음에 (나무를 보지 못하는) 저자의 어두운 숲은 희망이 없고 잘못된 길이 많았다. 다음에 내가 독자를 데리고 지나가야 하는 감추어진 조그마한 길이 있고—독특하고 상세하며 경솔하고 악의적 농담이 있는 나의 전형적인 꿈—갑자기 정상이 나타나고 전망이 생기면서 질문을 한다. 이제 당신은 어디로 가고 싶나요?(Gay, 1989: 106에서 인용)

Freud는 『꿈의 해석』을 그의 연구 중에서 가장 중요한 것으로 여겼다. 하지만 이 책은 출간된 이후에 매우 적게 팔렸으며, 1909년까지 2판이 필요하지 않았다. Freud는 이 책이 '거의 논평되지 않았다.'고 하였지만(1925d: 231), 초기에 11개의 저널에서 논평되었다.

그렇지만 이 책은 주목을 받았고 추종자가 생겼다. 20세기 들어 첫 10년 동안 정신분석은 이론 기법 그리고 운동으로서 느리지만 점진적인 발달을 하였다. Freud의 집에서 수요일 밤마다 5명의 의사가 정기적으로 모였던 첫 모임에서 시작하여, 다른 의사들과 의사가 아니지만 관심이 있는 사람들이 모였고, 1908년에는 국제 협회를 만들게 되었다. 이시기에 Freud는 몇 년 동안 바라던 대학 교수직을 맡게 되었고, '사회적 지위, 대중의 공명, 열렬한 추종자 그리고 논쟁'이 생겨났다(Gay, 1989: 136).

여기에서 늘어나는 추종자들의 목록을 보는 것은 지루할 것이다. 그중 정신분석가로 간주되는 몇몇 사람은 일종의 사도적인 계승으로 자신의 정통성을 간절히 증명하고자 할 것이다. 누가 누구를 분석하는지는 때로 불필요하게 훈련 분석가의 중요성을 가정한다. 정신분석 운동의 역사학자는 실제로 종교와 비교되는 것에 주목한다. 예를 들어, 예언자적 지도자로서의 Freud, 용어에 대한 논쟁, 정통과 이단, 개인적이고 이론적인 불일치에서 생겨나는 파벌 등이 있다(동일한 이유로 현재의 훈련에 대한 Kernberg의 비판을 보라, 1996). 취리히에서 Jung의 선임자인 Bleuler는 국제정신분석학회에서 사임했을 때 다음과 같이 항의하였다. "이렇게 '찬성하지 않는 자는 반대하는 자' '전부 아니면 전무'는 내가 보기에 종교적 공동체에 필요하고 정치적 집단에 유용하다고 생각한다. 하지만 과학으로서는 해롭다고 생각한다."(Gay, 1989: 215)

Freud와 논쟁을 벌였던 많은 사람들은 정신분석 모임의 안과 밖에서, 그리고 심리치료의 역사에서 나름대로 고유한 위치를 차지하고 있다. 출생 외상으로 Freud에게 인정을 받지 못했던 Otto Rank는 수요 모임의 간사였다. Alfred Adler는 Freud와 결별했던 1911년까지 얼마 동안 비엔나 정신분석협회의 회장이었다. Freud는 Adler가 성의 중요성을 전적으로 거부하였고, 성격과 신경증 형성을 '남자들의 권력 욕구와 기관 열등을 보상하려는 욕구'로만 보았다고 하였다(1925d: 236). 그러한 부정적인 기술은 Adler의 개인심리학에서 지속된 생각을 정당하게 평가하지 못하였고, Erich Fromm(예: 1966)과 Karen Horney(Rubins, 1978)와 같은 신 Freud 학파의 연구를 통해 1930년대에 다시 나타나게 되었다.

유럽의 다른 도시에서 정신분석을 수립하는 데 중요한 역할을 한 사람들이 있는데, 그들은 이론과 치료 실제에서 고유한 공헌을 하였다. Karl Abraham은 베를린에서 정신분석 훈련과 치료의 선구적인 역할을 하였다. 부다페스트에는 Sandor Ferenczi(Ferenczi와 Abraham은 Melanie Klein의 분석가였다), 캐나다와 이후의 런던에는 Ernest Jones가 있었다. Carl Jung(Casement, 2001) 역시 1912년에 관계가 단절되었지만 취리히에서 활동하였다.

Jung과 Freud는 1906년에 첫 서신 왕래가 있었다. 그들은 1907년에 만났고 곧 친구가 되었다. Freud는 Jung을 좋아했고 자신의 후계자가 되기를 바랐다. Gay는 "Freud가 Fliess를 이상화하였듯이 누군가를 이상화할 필요가 있었다."고 언급하였다(1989: 201). 1910년에 Jung은 국제정신분석학회 회장으로 선출되었는데, 이후 3년이 안 되어 Freud와 완전히 결별하게 된다. 두 사람은 다른 동료와 함께 1909년에 미국을 여행하게 되었고, Freud는 매사추세츠의 클라크 대학교에서 다섯 개의 대중 강연을 하였다. 이 강연은 매우 성공적이었고, 여전히 분명하고 매력적인 형태로 정신분석의 핵심 요소를 표현하고 있다(1910a/2001). Freud와 Jung 사이에 뿌려진 의심과 알력의 첫 씨앗은 대서양 여행에서 비롯 되었다. Jung은 Freud의 꿈 중 하나를 해석하였고 Freud의 사생활에 대해 더 자세한 것을 알고 싶었다. Freud는 Jung에게 분석당할 수 없다고 거절하였는데, 그것이 자신의 권위를 실추시킬 수 있기 때문이었다. Jung의 견해에 따르면, "과학적으로 솔직하다고 스스로 선언한 Freud는 개인적인 권위를 진실보다 우선시하였다." (Gay, 1989: 225) Jung은 여전히 Freud의 충실한 '후계자(son)' 모습을 유지하였지만, 두 사람은 점점 다양한 주제에서 다른 의견을 보였고 성 관련 주제에서는 특히 더 그러하였다. 그들은 심리생활에서 종교적인 생각과 감정이 어떤 위치를 차지하는지에서 많이 달랐는데, Jung은 심리건강에서 영성(the spiritual)이 중요한 차원이라고 생각하였다. Freud의 19세기 실증주의는 초자연적이고 신비적인 것을 사용하지 않았다. 많은 다른 요인들이 점점 Freud와 Jung을 갈라놓았다. Jung은 Freud의 이론을 개정하는 데 점점 대담해졌다. 틀림없이 다른 개인적 요인도 그들을 갈랐을 것인데, 둘 다 영향력 있는 사람이었고 창의적이고 독립적인 사상가였기 때문이다. Jung은 창시자와 함께 연구하기 어렵다고 쓴

적이 있다. 두 사람 간의 친밀함과 Jung이 일종의 해방으로 기술한 이후의 헤어짐은 여러 전기 작가가 언급하였듯이 오이디푸스적 성질을 가지고 있다.

　이러한 주요 논쟁은 Freud를 지치게 하였다. 그는 비엔나에서의 논쟁에 대해 Ferenczi에게 털어놓았는데, "나는 혼자였을 때가 종종 더 기분이 좋았다."(1989: 221)고 Gay는 기록하고 있다. Jung과의 결별은 그를 피곤하게 하였고, 그를 더욱 염세적이고 방어적이게 만들었다. 이런 분위기에서 그는 비밀위원회를 만들려는 Ernest Jones의 계획에 희생되었다. 이것은 정신분석에서 가장 기본적인 것(억압, 무의식적 혹은 유아적 성)을 위반하는 모든 시도에 반대하면서 Freud의 주위에 모이는 것이었다. Freud는 다음과 같은 생각을 좋아하였다고 Gay는 기록하고 있다. "내 생각을 즉각 사로잡은 것은 정신분석의 발전을 보호하기 위해서, 그리고 내가 없을 때 여러 사람과 사건에 대한 주장을 방어하기 위해서 우리 중 가장 믿을 만하고 능력이 있는 사람으로 구성되는 비밀위원회에 대한 당신의 생각입니다."(Gay, 1989: 230에서 인용) Freud는 '프로젝트'라고 부른 것을 『히스테리 연구』의 출간 이후에 시작하였다. '프로젝트'는 점차 '명분(Cause)'으로 바뀌어서 정신분석이 기관화되었고, 한 조직으로서 궁극적으로는 약화되는 사고의 편협성과 구조의 경직성으로 가는 단계를 밟게 되었다. 고맙게도 정신분

석은 Freud의 이론과 실제와 관련된 원래 조직의 외부에서
충분한 영향력이 있어서 심리치료와 상담의 발달에 긍정적
인 영향을 끼쳤다.

전쟁의 영향

Freud와 관련된 심각한 주제이고 정신분석 내에서의 알
력보다 더 영향력이 있었던 것은 제1차 세계대전이라고 알
려진 유럽에서의 갈등이었다. Freud는 1915년까지 10년
동안 Gay가 '엄격한 일정'이라고 한 연구기간을 가졌다. 그
의 임상 연구는 힘들었는데, 하루에 8명의 내담자를 각각 한
시간씩 보았다. 그는 '문학, 법률, 종교, 교육, 예술, 윤리학,
언어학, 민속학, 신화학, 고고학, 전쟁, 학생의 심리학에 관
한 논문'을 썼다(Gay, 1989: 306). 이 에세이 중 몇 개는 상
당히 탁월하였고, 다른 것도 거의 환상적이었다. 그는 또한
몇 개의 사례와(Penguin Freud Library 8, 9권과 Penguin
Classics 번역을 보라) 기법에 관한 중요한 논문을 출간하였다
(Penguin Classics). 이것은 부분적으로 '분석이 아닌 분석
(wild analysis)'이 범람하는 것을 막기 위한 것이었다.

그러한 바쁜 일정에도 불구하고 Freud는 정확하게 1시에
가족과 규칙적으로 식사를 하고 카드놀이를 하였으며, 매주
어머니를 방문하고 산책하고 즐기고 때로 오페라를 관람하

기도 하였다. 그는 컨퍼런스뿐만 아니라 일반 청중을 위한 연설 요청을 받아들였다. 또한 비엔나 대학에서 대중 연설을 하였는데, 1916~1917년에 이를 쉽게 읽을 수 있는 문장으로 출간하였다(『정신분석 강의(*Introductory Lectures on Psychoanalysis*)』). 매년 그는 가족과 산에서 충분한 휴가를 보냈다. 이제 그 당시 Freud가 50대 후반이라는 것을 기억할 필요가 있다.

전쟁은 이런 모든 활동을 중단시켰다. 그의 세 아들은 모두 전쟁에 참가하였다. 정신분석학회가 취소되었고, Freud의 많은 추종자들이 소환되었다. 그는 종종 정신분석 치료를 하던 처음 10년만큼이나 외롭다고 느꼈다. 그의 개업 활동은 감소하였고 수입도 심각하게 줄어들었다. 60세 생일을 지나면서 그는 죽을지도 모른다는 생각이 들기도 하였다. 아마도 전쟁이 그에게 미친 가장 큰 영향은 인간에 대한 관심이 깊어진 것일 것이다. 그는 문명화된 사회에서 사는 인간의 능력에 점차 염세적인 생각이 들었다. 그리고 전쟁의 환멸에 대한 논문을 쓰고 죽음의 주제에 관심을 돌렸는데, 이것은 전쟁이 끝나는 시기에 나온 죽음의 추동(death drive)을 공식화하는 전조가 되었다. 그는 현대인이 죽음의 현실을 부인하고 타인의 죽음에 대한 충격을 완화시키는 방법을 발달시켰다고 보았다. 제1차 세계대전은 문명화의 껍질을 깨고 그 밑에 묻힌 공격성을 노출시켰다. 그것은,

문화적으로 과도하게 부과된 것을 벗겨 내었고, 우리 안에 있는 원시인을 밖으로 드러내었다. …… 우리는 옛 속담 'Si vis pacem, para bellum'을 기억할 것이다. 즉, 평화를 유지하려면 전쟁에 대해 준비를 해야 한다. 이제 적절히 바꾸어 말할 수 있다. 'Si vis vitam, para mortem', 즉 삶을 지속시키려면 죽음에 대해 준비를 해야 한다(1915b).

70대 후반에 Freud는 Einstein과의 짧은 서신 왕래에서 다시 전쟁에 대한 관심을 표출하였다(『왜 전쟁인가?(*Why War?*)』, 1933b).

전쟁이 끝난 이후에도 어떠한 진전도 없었다. 그와 가족은 2년 이상 생존을 위해 싸웠다. (음식, 난방, 심지어 집필할 종이도 거의 얻을 수 없었다.) 인플레이션은 저축한 것을 무효화시켰다. Freud는 영국에 있는 그의 조카에게 삶의 질에 대해 불평하는 글을 썼다. 그와 그의 아내는 일시적으로 비엔나에서만 수천 명이 죽은 스페인 유행성 독감에 걸린 적도 있었다.

슬픔, 고통 그리고 죽음

Freud를 구원해 준 것은 오랜 시간의 연구였다. 이와 더불어 정신분석 훈련을 위해 외국에서 수많은 사람이 방문하였다. 1920년부터 그는 훈련 분석을 하는 내담자만 받았다.

그는 외국에서 온 사람을 선호하였는데, 그들이 분석을 통해 이해한 것을 그들의 본국으로 가져가 결국 훈련받은 것을 전파할 것이기 때문이었다(Momigliano, 1987: 376). 그는 또한 그들이 제공할 수 있는 안정적인 재정이 필요했다. 그는 당시 비엔나의 다른 분석가처럼 일주일에 두 명의 내담자를 무료로 보았다(Momigliano, 1987: 382). Gay가 생각하듯이, 일을 하는 것은 가까운 많은 사람의 죽음을 애도하는 Freud의 대처방식이었다. 그의 추종자 중 Victor Tausk가 자살을 하였고, 정신분석 출간에 대해 관대한 지지자였던 von Freund가 암으로 죽었다. 그의 딸인 Sophie는 독감으로 죽었다. Freud는 이를 깊이 애도하였는데 그에게는 결코 잊지 못할 죽음이었다. Gay는 "이 시대의 슬픔에 대한 반응으로 공격성과 죽음에 대한 강조를 한 Freud의 후기 정신분석 체계를 읽고 싶다."라고 썼다(1989: 394). 난해한 논문인 「쾌 원칙을 넘어서(Beyond the Pleasure Principle)」(1920g)에서 Freud는 성 추동에 대응하는 죽음의 추동을 제안하였지만, 이 경우에는 가장 초기의 상태인 비존재(non-existence)의 상태로 돌아가려는 유기체를 나타내었다. 이 책에서 Freud는 직접적으로 공격 추동을 언급하는 것을 피하였지만 공격성에 대한 설명을 받아들이려고 노력하였다. Freud의 영향을 받은 많은 분석가 중에서 실제로 Melanie Klein만이 증오와 공격성을 이해하려는 시도에서 죽음의 추동을 받아들였다(Segal, 1992: 52-53, 97-98).

아마도 Freud는 훨씬 많은 것과 타협하고 이를 받아들이려고 시도하였을 것이다. Freud는 이러한 생각을 끝까지 해보려는 소망과 자신의 죽음에 대한 생각을 연결 짓고 싶었을 것이다. 실제로 그는 1923년에 턱암 진단을 받았다. 그는 자신의 상태를 양성으로 진단 내리고 싶었다. 암의 심각성으로부터 Freud를 보호하려는 가장 절친한 친구와 동료들의 공모가 있었다. 개인적 고통에 당면해서 정신분석 모임 안팎에서 자신의 생각과 다른 의견에 대해 Freud가 보여 주었던 용기를 생각했겠지만, 그들은 이런 면에서 그를 잘 알지 못했다. Freud는 나중에 그들이 자기를 속였다는 것을 알았을 때 분노하였다.

이 해는 힘든 시기였다. Freud의 젊은 손자가 6월에 죽었고, Freud는 수술을 받고 나서 출혈 때문에 거의 죽을 뻔하였다. 그해에 두 번 그리고 이후에 여러 번 그는 암 종양 수술을 받았다. 모두 합쳐서 30번 이상의 작은 수술이 있었는데, '여러 번 보철기를 맞춘 것은 말할 것도 없고 …… 몸을 해치고 진절머리가 나는 절차'였으며 종종 그를 상당히 힘들게 하였다(Gay, 1989: 426-427).

이러한 개인적 고통 및 불편감과 70세를 넘어 80세로 넘어가는 것을 고려하면서 Freud 생애에서 마지막 20년을 이해할 필요가 있다. 그는 자신에게 다시 말하는 것을 가르쳐야 했고, 또 수술은 청력에 영향을 미쳤다. 하지만 그는 치료를 계속하였고, 여러 주제와 생각을 계속해서 강의하였다. 그는 주치의인 Schur의 권고에도 불구하고 시가를 포기하지 않았다. Schur는 Freud의 마지막 10년 동안 그를 돌보았다.

나치 독일로 인해 Freud에게는 또 다른 위협이 있었다. 특히, 비엔나가 점령되고 유대인에 대한 심한 박해가 있었다. 비엔나에서 Freud를 탈출시키기 위해 외교적인 협상이 있었는데, 78년 동안 살아온 도시를 떠나도록 노인을 설득하기란 쉽지 않았다. 그는 딸 Anna와 함께 1938년에 런던에 왔고, 지금은 프로이트 박물관이 된 영국의 집에서 마지막을 보내었다. Freud는 유머 감각을 잃지는 않았지만 수개월간 상당히 괴로운 고통이 있었다. 영국과 독일 간 적대관계가 시작될 때, 그는 이것이 자신의 마지막 전쟁이 될 것이라고 Schur에게 여전히 농담을 하였다. 결국 그의 고통을 완화시켜 주지는 못하였고, 심지어 그가 좋아했던 개도 그와 가까이 있지 못하였다. Freud는 Schur의 손을 잡고 10년 전의 계약을 상기시켰다. 그것은 불필요하게 그가 고통받도록 내버려두지 않고 '시간이 되었을 때 곤경에 처해 있는 그를 저버리지 않겠다.'는 것이었다. Schur는 Freud에게 정해진 양보다 많은 모르핀을 투여하였고, 이후 2년 동안 지속되었다. Freud는 스위스 목사 Oskar Pfister와 거의 40년

전에 함께한 소망을 이루면서 1939년 9월 23일에 사망하였다. "허약하지 않은 상태에서 신체적 고통으로 힘이 마비되지 않고 일하면서 죽자."(Gay, 1989: 651)

Anna Freud

Freud가 죽기 전 20년 동안에 막내 딸 Anna는 그의 가장 가까운 동료가 되었다. 그녀는 교사로서 훈련받았지만 아버지와 같은 직업을 가졌고, 초기의 아동 정신분석가 중 한 사람이 되었다. 그녀는 Freud의 비서가 되었을 뿐 아니라, 그가 병이 들거나 나이가 많아 참석할 수 없게 된 정신분석학회에 그를 대신해서 참석하였다. 그녀는 또한 그의 대변자였다. 그가 죽은 이후 오랫동안 그녀는 글자 그대로 Freud의 살아 있는 화신(embodiment)이었다. 그녀는 그의 특별한 이론을 중심 틀로 유지하면서도 자신의 생각과 치료를 발전시켰다. 그녀는 자아심리학(ego psychology)과 방어기제(defense mechanism)에 특별히 관심이 있었다. 그리고 Freud보다 더욱 체계적으로 아동기와 청년기의 특정 '발달라인'을 추적하였다.

Freud가 사망하기 전 20년 동안의 아버지와의 친밀한 관계(아마도 의존적이기보다는 독립적인)에 대하여 Anna Freud 자신을 인식하는 것도 중요하다. 여러 면에서 그녀는 Freud

가 초기에 분석치료를 한 많은 젊은 여자 내담자와 같은 입장이었는데, 그녀가 수술을 받은 Freud를 간호했기 때문이었다. 그녀는 종종 그의 보철을 맞추는 것을 도와주었다. 마치 어머니나 간호사가 까다로운 신체를 다루듯이 그녀는 그에게 밀접하게 관여하였다. Freud가 이러한 관계의 의미를 이해하고 있었는지는 물어볼 필요가 없다. 그는 때로 Anna를 그의 안티고네라고 이야기했기 때문이다. 고전 신화에서 안티고네는 오이디푸스의 딸이자 여동생으로, 장님인 아버지의 동료이며 안내자였다. Freud는 Anna가 자신에게서 분리하기를 바랐던 것처럼 보이지만 의식적인 의도가 무의식적 소망과 종종 같지 않다는 것을 알았을 것이다.

물론 그는 Anna가 성장한 뒤 자신에게서 분리하지 못하게 한 것에 다소 책임을 느꼈을 것이다. 그는 종종 그녀를 '어린 소녀'라고 불렀다. 그리고 그녀가 분석가로 훈련받기를 원했을 때, 의학 공부하는 것을 우선 단념하게 하였고 자신이 그녀를 분석하겠다고 하였다. 분석은 1918년에 시작되었고 3년 이상이나 지속되었으며 1924년에 다시 시작되었다. 이렇게 상당히 논란의 소지가 있는 절차는 그가 세운 치료 규칙에 위배된다. 제3장 기법에 대한 검토에서 다시 언급될 것이지만, Freud는 자신의 기법 지침을 항상 따르지는 않았다. 가끔 권위적인 인물로 보이는 사람이 자신의 규칙을 굽힐 수 있었던 것은 수수께끼 같지만 때로 이것이 그의 결점을 보완하는 장점이기도 하다. 이러한 '근친상간적' 치료관계는 당시에 잠재적으로 위험하다고 이해되지는 않았지만, 그가 딸의 분석을 결정한 것에 대한 변명이 되지는 않는다. Freud는 또한 Ernest Jones의 두 번째 아내를 분석하였고, 그들은 그녀의 건강과 다른 문제에 대해 서신 왕래를 하였다. 오늘날 이것은 범위를 넘어서는 것으로 생각된다. 하지만 Melanie Klein도 유사하게 Anna보다 훨씬 어린 자신의 아이들을 분석하였고, 이 문제에서 선택권이 거의 없었다. 전기 작가인 Gay는 또한 Freud가 Ferenczi와 같은 친한 친구를 분석한 사례뿐만 아니라 Jung(그리고 그의 아내), Max Graf(그리고 유명한 사례인 그의 아들 Hans), Weiss(그리고 그의 아들)의 사례를 들었다. Anna와의 관계에서 Freud는 "내 딸과는 잘되었다."라고 판단하였다(Gay, 1989: 440). 아버지가 살아 있는 동안에 유명해진 그녀의 능력은 이러한 점을 입증해 주는데, 그럼에도 불구하고 Gay가 지적하였듯이 '얽힌 관계' 는 분명 Freud에게 때로 상당한 불편감을 야기하였다(1989: 441).

여성에 대한 Freud의 태도에서 몇 가지 관심을 보일 만한 특징이 있다. 여성의 성심리학과 성차(gender difference)에 대한 주제에서 그가 보인 어려움은 다음 장에서 논의되고, 여성에 대한 그의 생각에서 몇 가지의 비판은 제4장에서 다룬다. Freud는 여러 곳에서 여성을 무시하는 태도를 나타냈고, 페미니스트 운동에 대해 그리 우호적이지 않았다. 여성에 대한 그의 견해는 '소중하고 능력 있는 주부'였고(Gay, 1989: 508), '정복되기를 바라는 여성'(Freud & Gay에서 인용, 1989: 508)이었다. 그는 당시의 남성 위주의 견해와 마찬가지로 "여성은 문명의 역사에서 발견과 발명에 공헌한 바가 별로 없는 것처럼 보인다."라고 썼는데, 예외적인 것으로는 땋기(plaiting)와 짜기(weaving)를 꼽았다(1933a: 166).

이러한 태도에도 불구하고 Freud는 딸인 Anna뿐만 아니라 정신분석가로 훈련받기를 원하는 다른 여성들을 의도적으로 키웠다. "그는 여성이 최고가 될 수 있었던 전문적인 직업의 장을 맡음으로써 솔직한 당혹스러움에서 당당한 대우에 이르는 여성에 대한 그의 논평을 사실상 약화시켰다." (Gay, 1989: 508-509). Anna Freud, Melanie Klein, Lou Andreas-Salome, Helene Deutsch, Joan Riviere, Ruth Mack Brunswick, Marie Bonaparte, Jeanne Lampl-de Groot 그리고 Karen Horney는 그의 삶의 후기에 정신분석에 주로 공헌한 사람들이다. 그는 여성의 발달에 대해 여성 분석가들이 제기하는 많은 관찰에 종종 동의하지 않았지만, 때로 자신을 의심하면서 그들의 질문을 충분히 인식하였다(1931b: 389-392). 그는 또한 분석가로서 자신의 경험이 어머니처럼 돌보는 것(mothering)의 중요성을 파악하기가 어렵다는 것을 받아들였다. 그의 여성 내담자는 아버지에 대한 애착에 집착하는 경향이 있는 반면에, '여성 분석가는 …… 이러한 사실을 보다 쉽고 분명하게 지각할 수 있는데, 그들은 적절한 어머니 대리인(mother-substitute)에 대한 전이로 내담자 치료에 도움을 받을 수 있기 때문이다.' (1931b: 373) '어머니처럼 돌보는 정신분석' (Sayers, 1991)에서 여성의 중요성은 이 시기 Freud의 삶과 정신분석의 역사에서 중요한 특징이었다. 그럼에도 불구하고 선구적인 시기에 거의 전적으로 상실된 것이 제1차 세계대전 이후가 분명하다면, 이것은 의학을 포함한 다른 전문 영역과 비교해 볼 때 유례가 없는 것이었다.

이후의 연구들

여성심리학은 Freud가 말년에 지속적으로 탐색한 중요한 많은 주제 중의 하나였다. 그의 광범위한 관심과 많은 새로운 생각의 출간은 그의 시대와 건강 상태를 고려하면 놀랄 만한 것이다. 이 시기의 저술은 다음 장에서 충분히 기술될 이론적 기초에 의미 있는 기여를 하였다. 하지만 그가 관심을 가진 주제의 범위에 대해서 언급할 필요가 있는데, 단순히 세 문단으로 모은 것을 보면 그의 사고가 풍부하다는 것을 보여 준다.

제1차 세계대전이 끝나고 Freud가 햄스테드에서 죽기까지 20년 동안, 그는 쾌와 현실 간의 관계를 검토하였고 죽음의 추동을 가정하였으며(1920g) 대중심리 연구에서 집단 현상에 관심을 두었다(1921c). 동일한 현상을 이해하려는 예언자적 추구 이후의 수년 이내에 Hitler가 등장했고, 집단 집회뿐 아니라 모든 국가의 집단행동에서 개인 도덕성의 상실이 있었다. 이후에 그는 "이전에 나를 매혹시켰던 문화의 문제로 돌아왔는데, 젊어서는 이에 대해 생각할 만큼 충분히 나이가 들지 않았다."고 하였다(1925d: 257). 그리고 문명의 기대와 개인의 욕구와 소망 간의 갈등을 고려하였다(1930a/2002). 그의 종교적 전념은 집단행동 연구의 일부를 형성하였다. Freud는 종교를 어떤 환상(illusion)으로 검토할 때 이 주제에 더 관심을 가졌고(1927c), 다시 12년 후에 유대주의의 기원에 대해 아주 논란이 될 만한 책에서 더욱 극단적이고 기탄 없이 말하였다. 심지어 상당히 부정확한 사고의 맥락에서도 그는 이 책을 쓴 동기의 배후에 있는 반유대주의가 기독교 사회의 망상적인 태도에 기인한다고 어느 정도 공정하게 보았다(1939a).

이 연구에서 Freud가 시도한 것은 몇몇은 자신의 원칙과 별로 상관이 없는 것도 있지만 상당히 사색적인 것으로 남아 있다. 인류학, 집단심리학, 성서 비판에 대한 지식은 시대에 뒤떨어져서 때로 그의 무지를 드러내었으며 그의 논의를 완전히 손상시킬 위험도 있었다. 적어도 그는 이 연구가 어떤 위치에 있는지를 인식하고 있었다. 1935년 자서전의 후기에서 그는 『자아와 원초아(*The Ego and the Id*)』(1923b) 이후에 '정신분석에 더 이상의 결정적인 공헌'을 하지 않았다고 썼는데, '그 이후로 이 주제에 대해 쓴 것은 불필요했거나 다른 사람에 의해 금방 보완되었다.'(1925d: 257) 그럼에도 불구하고 몇 가지 생각은 입증되지 않은 채 매력적으로 남아 있는데, 거시적 수준에서 행동, 환상, 생각을 탐구하려는 개인적 이해를 넘어설 것을 요구한다. Freud는 사람 안에 있는 역동적 갈등이 '인간 역사의 사건, 인간의 본성, 문화적 발달, 원시적 경험의 응집체(가장 뚜렷한 예는 종교) 간의 상호작용'에 반영된다고 보았다.

개인적 역동 수준에서 Freud는 인간의 마음에 대한 견해를 재구성하는 작업을 하였다. 이때 처음으로 원초아, 자아, 초자아 개념이 나타났다(1923b). 그는 의사가 아닌 분석가(lay analysis)의 훈련과 치료에 대해 적절히 방어하는 글을 썼는데, 평범한 청중들에게 정신분석의 많은 원리에 대해 분명하고 확실하게 설명하였다(1926e/2002, 1927a/2002). 더 나아가 그는 다음번 대중 강연에서 정신분석을 접할 기회가 있기를 바란다고 하였다. 그러나 이 책이 출간된 이후에 실제로 그런 기회는 주어지지 않았다(1933a). 여기에서 그는 당시의 많은 관심에 대해 새롭게 연구한 내용을 다루었다. 이 장에서 종종 언급된 자서전 또한 이 시기에 나왔고(1925d), 해부학적 차이, 여성 성(1931b), 오이디푸스 콤플렉스, 정신분석에 대한 저항(1925e/2002), 그리고 정신분석의 한계와 다른 기법 측면에 관한 연구가 있었다. Freud가 사망했을 당시에 그는 『정신분석 개요(*An Outline of Psychoanalysis*)』를 교정하는 작업을 하고 있었는데, 이 글은 제목에 비해 보다 더 어려운 압축된 요약을 담고 있다(1940a).

오명과 명성

Freud가 이렇게 다양한 영역에서 자신의 생각을 발전시킨 것은 부분적으로 그의 기본 원리와 기법이 널리 받아들여진 것에 기인한다. 대중들에게 널리 알려지면서 그는 정신분석을 방어해야 하는 과제에서 벗어나게 되었다. 또한 그는 초기의 생각들을 확립하고 새로운 탐구 영역으로 옮겨 갈 수 있게 되었다.

정신분석과 Freud 자신이 사람들에게 주목을 끈 것은 긍정적인 측면과 부정적인 측면이 있다. 제1차 세계대전 이후로 정신분석은 비엔나의 사교계에서 상당한 논쟁거리가 되었다. 1923년에 그것은 "우리의 문학을 물들이고 있을 뿐 아니라 자연스럽게 …… 다양한 방식으로 삶에 영향을 주고 있다."(Gay, 1989: 450)고 기술되었다. 전문적인 비평과 함께 대중적인 판단과 가벼운 견해가 있었고, Freud에 대한 중상모략과 오해가 있었다. "Freud가 성에 사로잡혔다는 오랜 비난은 뿌리 깊은 것처럼 보였다."(Gay, 1989: 451) 미국에서는 정신분석적 문학이 성행하고 정신분석이 유행하였다. 그러나 또한 정신분석은 돌팔이 치료자, 허풍쟁이, 돈벌이 하려는 사람으로 상당한 위협이 되었다. Freud의 전기작가인 Clark는 미국의 출판, 청중, 화랑과 정신의학뿐만 아니라 영국 지식인들이 Freud의 이론을 수용할 때 Freud의 이름과 생각이 어떤 충격을 주었는지에 대해 (몇몇 재미있는 것뿐만 아니라 심각한 사건을 포함하여) 상세히 기술하였다 (1980: 407-422).

Freud는 초기에 자신의 생각과 그 영향에 대해 우울하고 비관적이었지만 이제 유명한 사람이 되었다. 1900년에 출판된 『꿈의 해석』은 몇백 권이 팔리는 데 수년이 걸렸지만, 1930년에 출판된 『문명과 불만(*Civilization and Its Discontents*)』은 제1판 12,000권이 일 년이 안 되어 다 팔렸다. 하지만 3년 이내에 Freud의 책은 나치 독일에 의해 공공연하게 불태워졌다. 중세였더라면 그는 자기 자신이 불태워졌을 것이라고 하였다. 그러나 그는 그렇게 많은 유대인이 몰살되고 그의 다섯 여동생 중 4명이 수용소에서 죽은 아이러니를 예견할 수 없었다.

정신분석의 대중적 비판은 독립적 입장을 취하는 지식인들에 의해 이루어졌다. 그중 몇몇은 Freud의 지지자에 포함되어 있었다. Freud는 1910년 논문에서 '분석이 아닌 분석 (wild analysis)'에 반대하는 글을 썼다(Freud, 1910k/ 2002). 그러나 이것은 1920년대에 더욱 퍼져 나갔다. 미국에서는 우편 주문으로 '심리적 분석'이 가능하였다(Clark, 1980: 408). 규정이 없는 정신분석과 더불어 공식적인 정신분석 운동이 성장하였고, 독일과 비엔나에서의 나치의 위협은 유대인 분석가들을 미국과 영국으로 이주하게 만들었다. 정신분석 운동 자체가 세력이 커지면서 더 큰 통제 기준이 필요하게 되었다. 국제정신분석학회 안에서 의사가 아닌 전문가가 분석가로 훈련될 수 있는지에 대한 의문으로 강한 충돌이 있었다. Freud는 의사가 아닌 사람이 분석하는 것에 강력하게 지지하였고, 정신분석을 병원의 의사나 교회의 성직자와는 다른 새로운 전문 직업으로 보았다. 그는 돌팔이 치료자가 있다는 것을 알았다. 그리고 '의사가 아닌 분석가가 분석에 미치는 많은 악영향과 오용에 책임이 있고, 그리하여 분석의 평판이나 내담자에게 해를 줄 수 있다.'는 것에 관심을 기울였다(1927a/2002: 362-363). 그러나 그는 (정부나 정신분석 자체에서) 엄격한 규칙의 필요성을 느끼지는 않았다. 결국 그러한 차이는 국제 정신분석 공동체 내에서 가장 커졌다. 규정이 불가피하였지만, (미국과 같은) 몇몇 나라에서 정신분석가로서의 훈련은 의사에게만 한정되었다. Freud는 이에 대해 분노하였고, 모든 미국적인 것에 대해 심각하게 회의

하였다. "그것은 억압에 빠지고 싶은 유혹을 느낄 정도였다."(1927a/2002: 363) 일반적으로 기준의 설정은 협소화와 보호주의로 갔고 나쁜 점뿐만 아니라 좋은 점도 배제시켰다.

이와는 다른 측면에서 정신분석과 그 창시자인 Freud는 특히 지식인 모임에서 국제적으로 존경을 받기 시작하였다. 예루살렘의 헤브루 대학 기념식에서 Freud의 이름은 Bergson, Einstein과 더불어 현대의 사상에 가장 큰 공헌을 한 세 사람으로 기록되었다. 1930년에 그는 프랑크푸르트 시로부터 괴테 문학상을 받았으며, "이것은 한 시민으로서 내 인생의 클라이맥스였다."(1925d: 258)라고 말하였다. 75세 생일에 그는 비엔나 의대 창립기념 훈장을 받았고, 그의 고향에서는 역병의 정체가 밝혀졌다. 80세 생일에는 많은 작가와 예술가가 서명한 축사를 포함하여 더 많은 선물을 받았다. 그리고 영국왕립협회의 회원으로 선출되는 명예를 안았다. 그는 Newton, Darwin과 같은 위대한 과학자의 서열에 합류하는 것이 기뻤다. 1938년 런던에 도착해서 왕립협회 대표자의 방문을 받았을 때에 그는 매우 감동하였고 인준서에 자신의 이름을 서명하였다. 대조적으로 Anna Freud는 Winnicott이 그들이 런던으로 이사한 이후에 집을 방문한 영국정신분석협회의 유일한 사람이었다고 언급하였다(Rodman, 1987: xix).

Freud에게서 인식되어야 할 또 다른 측면이 있기는 하지만, 유럽의 지성적 사고에서 Freud의 위치는 확고하였다. Roazen은 "그의 제자들은 Freud를 위대함의 후광으로 자신을 에워싸지 않는 단순하고 수줍은 사람으로 보았다."고 기록하고 있다. "칭찬은 때로 그를 당황하게 했고, 그의 단순함은 반대자들을 쉽게 오해하게 하였다."(1979: 509) Freud는 관계에 대한 연구에 중요성을 부여하였는데, 그를 알았던 사람들이 그를 어떻게 보았는지를 살펴보지 않고 Freud의 생애에 대해 이렇게 짧은 개관을 끝내는 것은 부적절할 것이다.

인간으로서의 Freud

이 장의 처음에 지적했듯이, Freud의 연구는 그에 대해서나 다른 문제에서 우리가 객관적인지에 대해 조심할 필요가 있다는 것을 시사한다. 만약 지각이라는 것이 관찰자가 보려고 한 것과 관찰 대상이 보여 주고자 한 것의 조합이라면, Freud를 만났고 그와 일했던 사람은 그를 다른 식으로 경험했을 것이라고 짐작할 수 있다. Freud의 사례 연구(Freud, 1918b/2002)에서 늑대 인간(the Wolf Man)으로 알려진 한 내담자는 인터뷰에서, "그는 매력적인 성격이었다. 그는 영혼의 밑바닥을 바라보는 매우 신중한 눈을 가졌다. 그는 사람을 끌어당기는 매력과 너무나 즐겁고 긍정적인 분위기가

있었다."라고 하였다(Obholzer, 1980: 30). Virginia Woolf
는 (아무 관련이 없다!) Freud의 눈을 다르게 언급하는데, (비
록 그녀가 Freud가 죽기 일 년 전에 만나기는 하였지만) '눈을 가
늘게 뜬 위축된 노인: 원숭이의 가벼운 눈을 가진' 사람으로
기술하였다. Leonardo Woolf는 Freud에 대해 '그는 격식
을 차리고 고풍스러우며 상당히 정중한 태도를 취하였다.
그에게는 반쯤 꺼진 화산과 같은 흐리고 억제되었으며 수줍
은 무언가가 있었다. 그는 나에게 상당히 친절하다는 느낌
을 주었지만, 그러한 친절함 이면에 대단한 힘이 느껴졌다.'
라고 말했다(Gay, 1989: 640). Woolf 부부에게는 잠깐 동안
의 인상이었다. Freud의 오랜 내담자였던 늑대 인간은 그를
치료자로서 (매우) 잘 알았지만 이상화하는 경향이 있었다.
피분석자이자 동료인 Joan Riviere는 그에 대해 다른 시각
을 제공한다.

　　Freud의 단순함은 그를 알았던 사람에게는 익숙한 특징
이었지만, 전달하기에는 매우 어려운 어떤 것이다. 사람들은
이 위대한 사람이 평생에 걸쳐 방대한 연구가 담긴 책을 출
간하였고, 그렇게 전적으로 생소하고 때로 분명하지 않은 생
각에 몰두하였으며, 아주 세련된 사람으로, 거리를 두고 세
상과 그의 연구 대상을 바라보았다고 생각하는 경향이 있다.
그것은 사실이 아니다. 진지하고 깊게 전념한 학자의 위엄과

신중함 이면에, 그는 상당히 세련되지 않았고 때로는 아주
순진하였다(Riviere, 1958: 147).

Freud의 신중함은 여러 기술에서 발견되는 공통된 특징
이다. 몇몇은 이 특징을 가장 친밀한 관계에 확장시켰다. 예
를 들어, Roazen은 Freud의 가족관계를 '부드럽지만' '소
원하고 아마도 무시하는' 것으로 요약하였다. 그리고 Freud
의 휴가가 자신의 저술을 위한 시간이었으며, 가족을 위한
것이 아니었다는 한 예를 들었다(1979: 486). 다른 전기 작가
는 부분적으로만 동의한다. 예를 들어, Clark는 산에서 휴가
를 보내고 있는 Freud의 기쁨을 인용한다. "기쁜 고독──산,
숲, 꽃, 물, 성, 수도원 그리고 한 사람만이 아니다." (1980:
198) 여기에서 우리는 여러 곳에서 숨김 없는 경멸적인 태도
로 인간에 대해 쓸 수 있었던 한 사람을 생각할 수 있을 것이
다. 반면에 Freud는 가족에게 쓴 편지를 통해 기쁨을 나누
었다. 그리고 그의 아이들은 휴일에 그와 함께한 놀이들을
기쁘게 기억하였는데, 특히 그는 버섯 모으는 것을 좋아하
였다.

Roazen은 또한 Freud가 친가족보다는 정신분석으로 만
난 사람들에게 훨씬 더 많은 관심을 가졌다고 주장하였지
만, 다른 전기 작가들은 Freud가 그의 자식과 손자에게 보
였던 관심과 그가 얻었던 기쁨과 관련된 많은 예들을 제시

하였다. "어린 Mathilde가 웃으면 그것은 우리에게 일어날 수 있는 가장 아름다운 일이었다."(Clark, 1980: 112) 그의 아들 Martin은 Freud를 '명랑하고 관대한 아버지'라고 기술하였고, 딸인 Anna는 '차분하고 낙천적이었으며 명랑하였다.'(Gay, 1989: 158-159)고 하였다. Gay는 또한 Freud가 과시적이지 않았고, 예의 있고 신중했으며, 아들보다는 딸에게 더 따뜻함을 표현했다고 하였다. 가족생활의 또 다른 부분은 Freud의 개였는데, 그는 개가 인간보다 더 나은 게 있다면 개들에게 양가감정이나 적대감을 느끼지 않는 것이라고 하였다. 실제로 그의 개들 중 한 마리는 내담자와 많은 회기 동안 같이 있었고, 분석시간이 끝났다는 것을 Freud가 알기 전에 회기가 끝났다는 것을 알리기 위해 크게 하품을 하였다!(Clark, 1980: 484)

그의 차분함은 아내 Martha가 친구에게 쓴 편지에서 53년의 결혼생활 동안에 한 번도 말다툼을 한 적이 없었다고 한 사실에서 확증된다. "그이 없이 사는 것은 너무 힘들 것이다. 그렇게 친절하고 지혜로운 사람 없이 계속 살아간다는 것은!'(Clark, 1980: 530) 이러한 그녀의 진심을 의심할 수는 없지만, 이것을 썼을 때 그녀의 슬픔이 얼마나 과장되었는지는 알기 어렵다. 그의 아들 Martin 또한 어릴 때의 사건을 회상하였는데, 매우 화가 난 그의 아버지는 Martin이 느끼기에 '대단한 비극'을 '불쾌하고 사소한 일'로 바꾸어 버렸다(Gay, 1989: 162).

단지 정신분석 논쟁과 연관되어 생기기는 했지만, Freud 또한 화를 낼 수 있었다. 그는 매우 짜증을 냈고 일단 화가 나면 지속되었다(Roazen, 1979: 287). Gay는 Freud가 자신의 분노를 말로 표현할 수 있었을 때 기분이 빠르게 나아졌다는 것을 관찰하였다(1989: 195). 그는 그를 배반했거나 그를 버렸다고 느끼는 사람에 대해 지속적으로 씁쓸함을 느꼈다. 또한 그의 염세주의를 다양한 곳에서 볼 수 있다. 그는 평소에 우울한 사람이 아니었지만 가끔은 우울해하였다. 그의 모든 전기 작가들은 가족 성원이 죽고 나서 그가 얼마나 깊은 슬픔에 빠졌는지를 언급하였는데, 특히 딸 Sophie와 그녀의 아들이자 Freud의 손자인 Heinerle가 죽었을 때였다.

Freud는 때로 독단적인 사람으로 보였다. Gay가 보기에 그는 규칙적인 사람이었지만 경직된 사람은 아니었다. Momigliano는 그가 시간을 엄격하게 지키는 사람이었고, 예외적인 상황이 아니면 치료 회기를 취소한 적이 없었다고 기록하였다(1987: 382). 그는 본질적인 정신분석 '이론(doctrine)'에 대해서는 맹렬하게 방어하였지만, 다른 생각에 대해서는 항상 개방적이었다(Gay, 1989: 159). Freud의 지적 편협성에 대한 비판은 제4장에서 검토할 것이다. 공적으로 어떻든 간에 Freud의 가정에서는 권위주의의 증거를 찾아보기 어려웠다. Freud의 아들인 Martin이 이후에 정신분석 출판과 관련하여 아버지와 어려움이 있기는 했지만, 그는 Freud를 자유로운 사람으로 기술하였다. "아버지는 이것을 하라고 하거나 하지 말라고 명령하지 않았어요. 그리고 질문을 하지 말라는 말도 듣지 못했습니다. 부모님은 항상 모든 질문에 대답과 설명을 해 주셨고, 우리를 고유한 권리가 있는 개인으로 보셨어요."(Gay, 1989: 161)

분명히 Freud의 어떤 성격 측면은 그를 알았던 사람에게 그랬듯이 다른 독자들의 눈에 띌 것이다. 나에게는 두 가지 대조되는 측면이 눈에 띄었다. 우선 그에게는 유머와 아이러니가 있었다. Gay는 Freud의 대화가 "투명하고 활력이 있었으며 풍부하였다. 그는 유대인 이야기 위주로 농담을 좋아하였고, 시와 소설에서 적절한 구절을 탁월하게 기억하였으며, 놀랄 정도로 말이나 글을 잘 연결하는 재능이 있었다."라고 기술하였다(Gay, 1989: 159). Freud에 관한 일화에서 사람들이 얼마나 그의 농담을 이해했는지는 분명치 않다. 그것은 장난기가 있었고(사실이 아니었고), 현실적이었으며(신랄하게 사실이었으며), 가장 부드럽게 부정적인 감정을 표현하였다. 유머를 통해 종종 표현되는 무의식적 적대감을 확인했던 사람에게서 예상할 수 있는 것이었다. Freud의 유머스러운 적대감은 직접적으로 다른 사람을 향하기도 했지만 자기를 희생하기도 하였다.

전자의 전형적인 예는 게슈타포가 Freud에게 비엔나를 떠나라고 하기 직전에 나치에게 학대받은 적이 없다는 진술서에 서명하라는 요구를 했을 때였다. 그는 요구한 대로 서명하였고 다음과 같이 덧붙였다. "나는 모든 사람에게 게슈타포가 최고라고 추천할 수 있다." 겉으로는 지각되지 않았던 위험한 풍자였다.

후자의 예는 한 학생이 『환상의 미래(*The Future of an Illusion*)』를 칭찬했을 때였다. Freud는 "이 책은 내가 쓴 것 중에 최악의 책입니다! 이것은 Freud의 책이 아닙니다. 이것은 어떤 노인의 책입니다! 더욱이 이제 Freud는 죽었습니다. 믿어 주세요. Freud는 정말 위대한 사람이었습니다. 그가 더 괜찮은 사람이라는 것을 몰랐다는 것이 특히 유감이네요."라고 대답하였다(Roazen, 1979, 521-522).

또 다른 특징은 Bruno Goetz가 쓴 짧은 논문에서 기술되었는데, Goetz가 학생이었을 때 Freud와의 세 번의 만남에 관한 것이었다. Freud는 Goetz의 이야기를 들었고 가족에 대해 이야기하였다. 그의 '처방'은 다이어트에 관한 충고와 괜찮은 스테이크를 사기 위한 돈에 관한 이야기였다. 두 번째 만남에서 그들은 Goetz의 시와 Freud의 무신론에 대해 토론하였는데, 직후에 Goetz는 Freud에 대해 다음과 같이 말하였다.

방금 당신에게 말했던 것은 전혀 과학적이지 않습니다.

그리고 계속해서 나 자신에게 엄격한 훈육을 강요하기보다는 좀 더 생각에 대해 다루는 것이 좋을 것 같습니다. 당신 삶의 진지한 사업은 전혀 다른 영역에 있게 될 것이고, 당신의 선한 양심은 다른 종류가 될 것입니다. 중요한 것은 가슴을 잃지 말라는 것이죠. 그리고 당신 자신이 분석당하지는 마십시오. 힘이 있다면 좋은 시를 쓰십시오. 그러나 당신 자신을 닫아 버리거나 숨기지 마십시오. 인간은 신 앞에서 항상 벌거벗은 채입니다. 이것이 우리가 계속할 수 있는 유일한 기도입니다(Goetz, 1975: 142).

마지막 만남은 상세하게 기록되어 있지 않지만, 다음과 같은 결론을 내리고 있다. "내가 떠나면서 악수를 하였을 때 그는 나를 똑바로 쳐다보았고 나는 그에게서 다시 한 번 부드럽고 슬픈 따뜻함을 느꼈다. 그러한 모습에 대한 기억은 평생 나에게 남아 있었다." (Goetz, 1975: 143)

제3장은 주로 Freud가 관찰한 것을 기록한 사례 연구를 통해서 그의 치료적 접근에 대해 보다 상세하게 기술할 것이다. 우리는 내담자에 대한 기록을 통해 분석가로서 그가 어떻게 치료했는지를 알 수 있다. 그는 내담자와의 작업과 지속적인 자기 분석을 통해 많은 이론을 이끌어 내었는데, 이에 대해서는 제2장에 요약하였다. 한 치료자로서 그리고 사상가로서 Freud를 읽는 것은 아마 Goetz가 경험한 것과

는 다르게 접근해야 할 것이다. 그가 보기에 '한 인간으로서 Freud는 그의 가르침보다 더욱 큰 아량과 풍부함과 복잡함을 지녔고 (기꺼이 말하건대) 내재된 모순이 있었다.' (Goetz, 1975: 139).

2 Freud의 주요 이론적 공헌

그렇게 오랫동안 잊혀졌던 것들이

용기를 주는 그의 따스함으로 드러났고

우리에게 돌아왔고 다시 소중하게 되었다.

우리는 어른이 되면서 그동안 생각했던 것들을 그만두어

야 한다.

감히 웃지 못했던 작은 소리들,

아무도 바라보지 못했을 때의 얼굴들.

W. H. Auden, 'Sigmund Freud를 기리며'

네 가지 초석

Freud의 정신분석 이론은 40년 이상이나 계속해서 전개
되었다. 그동안에 그는 자신이 생각한 결과를 표현하였다.
이러한 생각은 자기 분석을 통해 깊이 이루어졌고, 내담자
의 치료 작업을 통해 성찰하였으며, 마침내 독자적인 이론
을 창출하였다. 그뿐 아니라 그는 동료에 의해 제시된 생각
을 통해서도 이끌어 내었다. 그러므로 Freud의 연구는 너무
개인적인 경험에만 기초하였다는 비판을 하는 경향이 있는
데, 그는 폭넓게 읽었으며 그 출처에 대해 까다롭게 인식하
였다는 것을 아는 것이 중요하다. 그리고 그는 (출생 외상을
중요시하는 Rank의 이론과 같이) 온전하게 받아들일 수 없는
생각에 일정한 여지를 두었다(1933a: 120).

그렇게 오랫동안 이론적 전개가 있었고, 23권이나 되는
표준판에서 논의된 광범위한 주제들에서 그의 가장 중요한
생각을 확인하는 작업은 쉽지 않다. Freud 자신은 정신분석
치료에 중요한 핵심적 이론의 수용을 강조하였는데, 이것이
출발점이 되었다. Freud의 백과사전 논문은 정신분석 이론
의 초석을 다음과 같이 열거하고 있다.

무의식적인 심리과정이 있다는 가정, 저항과 억압 이론의

인식, 성과 오이디푸스 콤플렉스의 중요성 이해가 정신분석의 주요 주제와 정신분석 이론의 기초를 구성한다. 이를 모두 받아들일 수 없는 사람은 자신을 정신분석가라고 생각할 수 없다(1923a: 145).

다른 곳에서 Freud는 이 중요 목록에 네 번째 가설을 더 하였다. 그것은 '유아기 체험의 중요성'이다(1925d: 223). 이 네 가지는 Freud 이론으로 향하는 분명한 길을 제공할 것이다. 이 장에서 나는 Freud 이론의 다른 측면도 요약할 것인데, 이것은 사색적인 상위심리학(metapsychology)을 형성한다. 여기에는 마음의 구조와 추동 이론의 기술 그리고 정신분석 이론을 집단심리학, 예술, 문학, 종교, 문화 자체에 적용하는 것이다. 우선 Freud는 이러한 본질적인 토대를 중요하게 여겼지만, 자신의 생각을 똑같이 수용하라고 주장하지는 않았다는 것을 알 필요가 있다.

무의식

심리과정의 무의식적 측면에 관한 개념은 Freud가 발견한 것이 아니었다. 인간 본성에 관한 많은 연구와 소설에서 볼 수 있는 내적인 것에 대한 기술이 있었던 19세기에는 마음에 무의식적인 부분이 있다는 것을 오랫동안 인식하였다. 즉,

무의식적 동기, 시적 창조의 원천으로서의 무의식, 무의식과 꿈의 연결 등이 그것이다. Schopenhauer와 Nietzsche와 같은 철학자; Goethe, Schiller, Wordsworth, Coleridge 와 같은 시인; Charles Dickens, George Elliot, Henry James와 같은 소설가들은 모두 무의식적 감정과 사고의 중요성에 대해 직접적 혹은 간접적으로 기술하였다.

Freud의 공헌에서 구분되는 것은 그가 '무의식'이라는 용어에 실체적인 지위를 부여했다는 것이다. 이것은『무의식(The Unconscious)』(1915e)에서 그의 상위심리학의 가장 긴 논문의 제목에서 볼 수 있다. Freud는『정신분석 강의』에서 자신의 생각을 요약하면서 다음과 같이 썼다. "'무의식'이라는 것은 더 이상 잠재적인 것을 이르는 것이 아니다. 그것은 특정 마음 영역으로서 자신의 소망적 충동, 표현 양상 그리고 다른 곳에서 유효하지 않은 특정 심리기제가 있다."(1916-1917: 249) 최면, 꿈, 말과 글에서의 실수, 신경증적 증상과 행동 그리고 비합리적 행동과 같은 다양한 현상은 무의식의 가정을 필요로 한다(Gay, 1989: 367). Freud는 의식적인 마음에 받아들여질 수 없는 것이 억압되고 유지되는 장소가 있다고 생각하였고, 때로 다양한 형태로 억압된 것이 의식으로 다시 나온다고 보았다. Freud가 '장소'와 같은 지형학적 용어를 사용한 것은 두뇌의 특정 부분에 무의식이 위치하는 것이 가능하다는 것을 가정했던 것으로 보일 수 있다. Freud는 이러한 의미로 무의식의 지형학을 제시한 것은 아니었다. 그는 "우리 마음의 지형은 '현재로서는' 해부학과 관련이 없다. 그것은 해부학적 위치라기보다 심리장치 영역에 관한 것으로 몸의 어디에든 있을 수 있다."(1915e: 177)

Freud는 무의식의 특별한 특성을 기술하였다. 예를 들어, 무의식 과정은 현실을 거의 고려하지 않으며 시간에 구애받지 않는다. 이것은 의식과정보다 더 유동적이다. 이는 한 생각에서 다른 생각으로 바뀔 수도 있고, 다양하게 다른 생각으로 표현될 수 있는 한 형태로 응축될 수도 있는데, 의식적으로는 동음이의어로 표현된다. 무의식은 논리적이지 않고 모순이 허용된다. "목표가 서로 양립할 수 없는 것처럼 보이는 두 소망 충동이 동시에 활성화될 때, 두 충동은 서로 감소되거나 없어지지 않으며, 결합되어서 중재적인 목표, 타협을 형성한다."(1915e: 190) 이러한 모든 특성은 꿈에서 '전형적'으로 볼 수 있다.

그럼에도 불구하고 Freud는 1915년 논문과 『정신분석 강의』(1916-1917)에서 제시한 무의식이라는 언급이 만족스럽지 않았다. 그는 자신의 견해를 『자아와 원초아』(1923b)에서 개정하였고 『새로운 정신분석 강의(*New Introductory Lectures on Psychoanalysis*)』에서 요약하였다(1933a). 이 책에서 그는 "우선 우리는 의식 자체를 그렇게 신뢰할 수 없기 때문에 그 판단 기준을 무시하는 경향이 강하다. 그러나 우리는 이것이 부당하다는 것을 알아야 한다. 우리의 삶에 대해서 말할 때 그것이 많은 가치가 있는 것은 아니지만 우리가 가진 모든 것이다.”라고 하였다(1933a: 102). 우리가 인간 마음의 깊이를 연구할 수 있게 해 주는 빛을 제공하는 것이 바로 이 의식이기 때문이다.

그는 무의식의 세 가지 측면을 구분하였다. 우선 의식에 쉽게 들어가는 전의식으로 알려진 것이다. 어떤 기억은 쉽게 기억될 수 있고 단서를 제공하는 단어와 연상을 통해 떠오를 수 있다. 당신 자신에게 ‘학교’라는 단어를 말하고, 학교 다닐 때의 사건을 회상해 보라. 이것은 일 분 전에는 의식적이지 않았어도 지금은 의식적일 것이다. 무의식의 두 번째 측면은 보다 무의식에 가까운 것으로, 기억에 접근하는 것이 불가능하지는 않지만 매우 어렵다. 특정 기억이 의식에 떠오르려면 몇 주, 몇 달, 심지어는 몇 년이 걸릴 수 있다. 이 다른 측면은 ‘변형이 어렵고 상당한 노력이 요구되거나 심지어는 불가능하다.’(1933a: 103) 세 번째 측면은 Freud가 ‘무의식 체계’라고 부른 것으로, ‘심리적 특성이라기보다는 심리적 영역’인데 자아에게는 낯설다(1933a: 104). 그는 1923년부터 이를 ‘원초아’라고 불렀다(이 장의 ‘성격의 구조’를 보라.).

무의식을 기술하려는 Freud의 시도는 극단적으로 대담하였다는 것을 강조할 필요가 있다. 그의 심리학에서 무의식의 정의는 신학에서 신의 존재처럼 볼 수도 없고 알 수도 없는 것이기 때문이었다. 어떤 무의식이 있다고 주장하는 것과 무의식의 작용에 대해 윤곽을 그리려는 시도는 다른 것이다. 실제로 무의식의 작용은 그것의 영향을 통해 잘 볼 수 있거나, Freud가 제시하였듯이 '그 길은 증상에서 무의식으로, 추동의 삶으로, 성(sexuality)으로 이끈다.' (1933a: 88) 우선 Freud에게 무의식을 탐색하도록 한 것은 증상의 치료에서였다. 그는 실제 사건에서 (이후에는 또한 환상에서) 생겨난 생각이나 감정이 무의식에 억압되고, 히스테리 전환증과 같은 증상으로 되돌아온다고 생각하였다. 증상 이외에도 꿈, 말실수, 농담 등이 무의식에 억압된 생각이나 느낌을 얼핏 볼 수 있게 해 준다. 이 이론은 최초의 그의 저술의 기초가 되었고, 그리하여 두 번째 중요한 초석인 억압(repression)을 다루기 이전에 먼저 기술되었다.

꿈

꿈은 '우선 무의식 체계에서 발생하는 과정을 얼핏 볼 수 있게' 해 준다(1933a: 46). 꿈은 잠자는 동안의 마음 작용인데, 그 기능은 수면을 보호하는 것이다. 이것은 외부 자극을 통합하는 한 방식이다. 예를 들어, 자명종 울림은 꿈에서 종소리로 변하기도 하고, 잠옷이 벗겨질 때 부는 바람은 꿈에서 눈보라가 되기도 한다. 그리고 이것은 내부 자극을 처리하는 한 방식이다(종종 그날에 끝내지 못한 일은 과거에 있었던 관심사를 재활성화한다.). 이러한 자극은 꿈 작업으로 전환될 수도 있고, 수면이 유지될 수도 있다. "꿈을 꾸는 것은 이러한 합작품에게 해롭지 않은 환각적 경험에서 출구를 찾게 하고 수면의 지속을 보장한다."(1933a: 45) 잠자는 사람을 깨우는 꿈은 이러한 기능을 수행하는 데 충분히 성공하지 않은 경우다.

모든 꿈은 전날의 경험과 관련되지만, 또 아동기에서 빌려오기도 한다. "꿈의 분석이 깊어질수록 종종 꿈의 잠재 내용의 원천에서 일부를 차지했던 아동기 경험의 흔적이 나타난다."(1900a: 287) 꿈은 또한 소망 충족(wish fulfilment)이다. 처음에 Freud는 모든 꿈이 소망 충족이라고 생각하였지만, 이후에는 최근에 기억된 것과 초기의 외상을 구분하였다. 그가 보기에 초기의 외상은 또한 무의식적 기억에 여전히 묻혀 있는 외상을 다루려는 소망을 가지고 있다.

Freud는 완전히 무의식적인 것에 접근하기가 어렵다는 것을 강조하였다. 이것은 꿈의 잠재적 사고(latent thought)와 현시적 내용(manifest content)을 구분한 것에서도 명백하다. 현시적 내용은 꿈을 꾼 사람이 깨어 있을 때 기억한 것이고, 꿈이 꿈을 꾼 사람에게 말하려는 것처럼 보이는 것이다. 잠재적 사고는 생각을 통해 일어나는 단어와 연상들인데, 여기에서 그림과 상징은 꿈을 꾼 사람의 생각에 반영될 수 있다. 그러한 사고는 자유연상으로 알려져 있다. Freud 는『정신분석 강의』에서 잠재적 사고를 나타내는 단순한 연상의 예를 몇 개 들었다. 한 예는 자신의 동생이 박스 안에 있는 꿈을 꾼 남자의 경우다. '박스'라는 단어는 '찬장'이라는 생각을 유발하였고, '찬장'은 '자신을 제한하는' 것을 의미하는 재귀동사를 연상시켰다. 박스 안에 있는 동생은 현시적 내용이고, 자신을 제한하는 동생은 잠재적 사고다. 명백하게 정교화된 꿈은 두 개의 다른 장치를 사용하였는데, Freud가 전치(displacement)와 응축(condensa-tion)이라고 한 것이다.

전치는 보다 거리가 있는 어떤 것으로서 꿈의 잠재적 사고를 위장하는 어떤 암시로 잠재적 요소를 대체하는 것이다. 그것은 잠재적 사고가 꿈 검열을 받기 쉽기 때문이다. 그러므로 중요한 요소는 중요하지 않은 특성으로 바뀌고, 종종 외관상 무의미하고 낯선 이미지와 사건으로 바뀐다. 이것은 깨어 있을 때 가장 잘 기억될 수 있는 것이다. 그러므로 '내가 어젯밤에 꾼 이상한 꿈' 뒤에는 쉽게 의식되지 않는 사고가 있다.

깨었을 때 기억되는 현시적 꿈 내용의 두 번째 특성은 한 이미지가 많은 생각을 나타낼 수 있다는 것이다. 이것은 응축과정을 통해 일어날 수 있다. 이에 대해 Freud는 꿈에서의 한 사람은 당신이 알고 있는 여러 사람을 겹친 것일 수 있다고 시사하였다. "A와 같은 얼굴을 가진 사람은 A처럼 보일 수 있지만, B와 같은 옷을 입을 수 있고, C가 하는 행동을 할 수 있으며, 동시에 그가 D라는 사실을 알 수도 있다." (1916-1917: 205-206) 그러므로 많은 생각은 이것들을 서로 함께 묶는 공통된 어떤 것을 가질 수도 있지만, 하나의 상징 뒤에 숨을 수도 있다.

Freud의 꿈 작업에 관한 이론을 검증하는 방법으로 자신의 꿈을 분석하는 것보다 더 좋은 방법은 없을 것이다. 그 자신도 중요한 책인 『꿈의 분석』에서 자신의 많은 꿈에 대해 기술하였다. 그중 한 꿈에서 그는 불특정한 식물에 관한 연구논문을 썼다. 이러한 '식물 연구논문' 은 전날의 인상에서 비롯되었는데, Freud는 한 서점에서 시클라멘에 관한 논문을 본 적이 있었다. 그의 연상은 '연결되는 많은 길을 통해 꿈 사고가 얽히면서 더욱 깊게 유도되었다.' (1900a: 387)

'식물' 이라는 단어는 Gardener 교수, 활짝 핀 아내의 모습, Flora라 불린 한 내담자와의 잊혀진 꽃에 대한 이야기와 관련되었고, 이것은 아내가 가장 좋아하는 꽃, 학교에서의 한 사건과 대학에서의 시험으로 연결되었다. 이러한 생각들은 '식물' 이라는 단어와 단순히 고립된 연상이 아니다. 이는 모두 Konigstein 박사와의 대화에서 나왔는데, 그는 Freud가 논문에 썼던 코카인의 마취 성질을 발견한 것을 함께 나눈 동료다. 그는 '연구논문'이라는 단어에서 유사한 연상을 할 수 있었다. Freud는 "이 첫 탐색은 '식물' 과 '연구논문' 이라는 요소가 꿈 내용으로 들어가는 길을 찾았는데, 대부분 꿈 사고와 풍부한 접촉을 가졌기 때문이었다. 그리고 꿈 해석과 연관되어 다양한 의미를 가졌기 때문이었다." 라고 결론지었다(1900a: 388).

꿈에 관한 주요 연구에서 Freud는 '꿈 해석은 마음의 무의식적 활동을 알 수 있는 왕도'라고 하였다(1900a: 769). 이 책에서 나타난 꿈에 대한 상세한 분석은 최근의 정신분석 치료에서의 꿈 작업보다는 꿈의 과학적 연구에 더 적합하다는 것에 유의해야 할 것이다(제3장 참고). Freud 자신은 이후의 정신분석 모임에서 꿈에 대한 흥미를 잃은 것을 애석해하였다(1933a: 36). 그리고 Freud 자신의 성격 구조 발달에서 그의 꿈 이론을 개정하려는 시도가 얼마나 적었는지에 대해 언급하였다(Brennen, 1993: 51-52). 게다가 꿈에 대한 이후의 연구는 Freud가 생각한 것보다 현시적 내용이 더 중요할 수 있다는 것 그리고 그의 중요한 '이르마의 꿈'에 대한 분석적 해석이 실제로는 그것의 현시적 내용에 머무르고 있다는 것을 지적하고 있다(Flanders, 1993: 9).

말실수와 농담

　꿈이 잠을 자는 동안 작용하는 무의식적 마음에 관한 많은 예들을 담고 있지만, 무의식적 과정이 어떻게 의식으로 빠져 나오는지를 볼 수 있는 것은 말실수와 글 실수 그리고 Freud가 마음의 '잘못된 작용(faulty functions)이라고 한 다른 유형이다. Bettelheim은 Freud의 '잘못된 작용(실착, parapraxis)'의 표준판 번역이 일상생활에서 이러한 예들의 일상성을 표현하는 데 완전히 실패하였다고 생각하였다. '실착'과 같은 용어는 Freud가 일상생활의 정신병리라 부른 것을 이해하는 것을 방해한다(1983: 88). 이러한 제목의 책은 가장 잘 알려지고 접근 가능한 Freud의 연구 중 하나인데(1901b/2002), 이 연구는 아주 일상적인 언어를 사용하고 있다. (원 번역자의 많은 용어가 정신분석적으로 특별한 용어가 되었지만, 일상 독자에 의해 충분히 이해될 수 없을 때 Freud의 번역 문제에 대한 유용한 논의를 위하여 2002년 번역의 서론을 보라. Freud 1901b/2002: xxxv-xl xliv-xlviii).

　Freud는 잘못 말해지거나 잘못 쓴 단어 속에, 잊어버리는 것을 통해, 물건을 잃어버릴 때 (의식적으로 억제되거나 무의식적으로 억압된) 어설픈 실수를 통해 나타나는 생각에 대한 많은 예를 제시한다. '잘못된 작용'의 예는 자신이나 타인에 의해 검열되기 쉬운 단어와 행동의 억제나 억압을 유지하는데 마음대로 잘 되지 않는 경우를 예시한다. 일상생활에 관한 책과 『정신분석 강의』의 처음 세 장에서 Freud는 잘못된 작용의 많은 예들을 제시한다. 단순한 한 예는 휴일에 그가 돌로미테를 여행하고 있는 두 명의 비엔나 여성을 만났을 때 일어난 일이었다. 그들은 휴일 여행의 즐거움과 고충에 대해 함께 토론하고 있었다. 한 여성은 햇볕 속에서 하루 종일 걸으면 블라우스와 속옷까지 흠뻑 젖어서 그리 유쾌하지 않다고 하였다. 그녀는 중간 문장에서 망설이는 것처럼 보였고, 분명히 옷가지 모두를 나열하는 것을 피하려는 시도를 하다가 "'속바지 Hose'에 가서 갈아입을 수 있을 거예요."라고 말하였다. Freud는 정중하게 그녀가 Hause(집) 대신 비슷한 소리가 나는 Hose(속바지)라는 단어를 말했다는 것을 지적하였다. 이 Hose라는 단어는 이전 문장에서 잠시 쉬었을 때 그녀가 검열한 것처럼 보였다.

Freud는 꿈과 농담의 기원이 유사하다고 생각하였다. "전의식적 사고는 무의식에서의 작업을 위해 잠시 접어두고, 거기서부터 농담이 출현한다."(1916-1917: 274) 농담은 또한 진짜 농담만큼 즐겁지는 않지만 꿈에서도 나타난다. 그리고 농담은 다양한 생각이 응축되는데, 둘 이상의 생각이 동음이의어처럼 한 단어에서 나올 수 있다. 어떤 농담은 듣는 사람의 마음을 초조하게 한 다음에야 비로소 그 뜻을 알아듣고 웃게 되면서 즐거움을 방출한다. 이러한 현상은 성적 즐거움에 존재하는 긴장과 방출과 다소 유사하다.

억 압

Freud의 모든 이론 가운데 아마도 억압(repression)이 가장 중요할 것이다. 그는 분명히 이를 '정신분석의 전체 구조가 의지하고 있는' 특별한 토대로 채택할 것이다. "이것은 가장 본질적인 부분이다. 그리고 이는 분석에서 종종 관찰될 수 있는 동일한 현상의 이론적 공식화다."(1914d: 73) 달리 말하자면, 상담실에서는 억압의 증거를 항상 볼 수 있는데, 이것은 저항의 신호로 존재한다.

'억압' 이라는 용어는 1844년에 철학자 Schopenhauer가 사용하였다. Freud는 일생 말년까지 그의 책을 읽지 않았다고 한다. 이 용어는 또한 1824년에 심리학자 Herbart의 저술에도 나타나는데, 그의 연구는 Freud의 스승에게 영향을 미쳤고 간접적으로 Freud에게도 영향을 미쳤을 것이다. 그는 이 표현을 Breuer와 함께 쓴 초기 출판물에서 처음 사용하였다. 이것은 나중에 『히스테리 연구』(1895d)의 첫 장이 되었다. 그들은 받아들일 수 없는 감정이 의식적인 사고에서 억압되는 현상을 기술하기 위해 이 용어를 사용하였다. 이 개념은 히스테리 전환 증상의 기원을 설명하는 데 도움을 주었다. 이것은 내담자의 감정이 흥분되었던 첫 상황에서 일어나지만, '자아를 구성하는 중요한 생각들' 을 받아들일 수 없을 때 (심지어 의식에 나타나기 이전에) 경험된다 (1895d: 180-181). 이러한 생각과 감정은 억압에 의해 무의식에 남게 된다. 하지만 이런 생각이 항상 성공적으로 남아있지는 않으며, 간접적으로 표현되는 길을 찾고 '오히려 신체적 자극으로 가는 잘못된 길을 찾는다.' (1895d: 180)

이러한 개념은 기계적인 수력학적(hydraulic) 설명을 채택하고 있는데, 감정과 사고를 억누르지만 점점 압력이 세어지면 의식으로 가는 다른 길을 찾는다는 것이다. 이것은 '억압된 것의 귀환' 이라고 알려져 있다. 대안적 표현이 원래 흥분에서 멀어질수록 의식에 허용될 가능성은 많아진다. 억압은 고도의 개인적인 형태로 대단히 움직이기 쉽다. 이것은 또한 연속적이고 상당한 에너지 소비를 필요로 한다. "억압 과정은 일회적으로 발생하는 사건으로 보지 않는다. 그 결과는 지속적인데, 죽을 때까지 지속된다고 할 것이다. 억압은 지속적인 힘의 소비가 필요하고, 이를 멈추게 하면 억압이 위태로울 수 있다. 그리하여 새로운 억압 활동이 필요할 수 있다."(1915d: 151) Freud는 동물공포증이 아버지에 대한 사랑이 전치된 결과라는 한 예를 인용하였다. 이 예에서 아버지에 대한 두려움이 억압되어 늑대에 대한 두려움으로 나타날 수 있다고 보았다. 하지만 Freud는 그러한 간단한 기술이 '심지어 가장 단순한 심리신경증 사례에서도 적절한 설명을 제공하지는 않는다는 사실을 인식하였다. 고려해야 할 다른 측면들은 항상 존재하는 것이다.' (1915d: 155) 실제로 고통이나 두려움 때문인 것을 제외하고는 왜 억압이 필요한지 분명하지 않다. Freud가 억압하는 이유에 가장 가깝다고 생각한 것은 '불쾌'한 것을 피하기 위해서라는 것이다. 억압과 불안의 관계도 분명하지 않은데, 초기 저술에서 그는 불안이 억압을 유발한다고 했지만, 다른 곳에서는 억압이 불안을 유발한다고 기술하였다.

이 주제에 관한 1915년 논문에서 Freud는 '억압'을 사고와 감정을 차단하는 모든 유형을 기술하는 데 사용하였고, 포괄적 용어인 '방어(defence)'와 동등하게 보았다. 후기 저술에서 방어 형태를 구분하는 다른 용어들을 사용하였는데, 그중 억압이 가장 중요하다. 초기 논문에서 이러한 형태는 따로 구분되는 방어가 아니라 단지 억압의 예들이었다. 예를 들어, 「억압(Repression)」(1915d)이라는 논문에서 Freud는 '전치(displacement)'를 억압의 예로 보았고, 이후에야 이것을 방어들 중 하나로 보았다. 다른 형태의 방어는 억압과 같은 목적을 가지는데, 금지되거나 두려운 사고나 감정으로부터 의식적인 자각을 하지 못하게 하는 것이다. 하지만 이러한 방어들은 그것을 이루기 위해 다른 방법을 채택한다. Freud의 이러한 방어들 중 잘 알려진 것은 '투사

(projection)'다. "내부 지각이 억제되며 그 내용을 대체하고 어느 정도 왜곡되면서 의식적으로 외부 지각으로 나타난다."(1911c/2002: 56) 실제로 Freud는 이러한 방어 유형을 편집증(paranoia)과 관련하여 한 번 언급하였다. 그는 박해망상(persecutory delusion)에서 변형이 일어나 사랑의 감정이 미움의 감정으로 변화된다고 생각했다.

세 가지 방어 형태는 특히 강박증상(obsessional symptom)과 관련된다. 방어로서 그리 성공적이지는 않지만, 반동형성(reaction formation)은 (가학증과 같은) 부정적 감정을 (연민과 같은) 반대 감정으로 대체하는 것을 말한다. '취소(undoing)'는 일종의 '부정적 마술'이다(Gay, 1989: 488-489). 이것은 사람이 죽을 때마다 쥐 사나이가 깊은 동정을 하는 예에서 볼 수 있는데, Freud는 이를 아버지를 향한 죽음 소망을 취소하려는 시도로 보았다. '격리(isolation)'는 부끄럽거나 고통스러운 정서(혹은 정동)가 특정 기억으로부터 고립되는 방어로 기억에서 정서가 배제된다.

더 이후에 나온 논문 「대물도착증(*Fetishism*)」에서 Freud는 억압과 '부인(denial)'을 구분하였다. 억압은 감정에 거리를 두는 것에 적용시켰고, 부인은 생각에 거리를 두거나 '거부(disavowal)' 하는 것으로 보았다. 그는 소년이나 남성이 보기에 여성은 남근을 가지지는 않았어도 남성을 흥분시키는 대물의 형태로 어떤 것을 가졌다고 주장하면서, 그러한 지각을 부인하는 맥락에서 이를 언급하였다(1927e: 352-353).

승화

심리적 에너지를 다른 대상과 다른 목표로 향하게 하는 한 형태가 있는데, Freud는 이것이 억압이나 다른 방어와는 다르다고 보았다. 특히, 성적 감정은 원래 대상과 관련하여 억제될 수 있거나, 한편으로는 직접적인 방출보다는 상이한 목표로 표현되고 다른 한편으로는 억압되어 신경증으로 표현된다. 그러한 에너지는 예술과 문학으로, 과학적 발견과 지식의 추구로, 그리고 문명 자체의 형성으로 표현될 수 있다. "성적 추동(sexual drive)이 영향받고 변화되는 방식은 모든 문명 활동에서 볼 수 있고 실제로 가장 중요한 역할을 한다."(1925d: 222) Freud는 특히 동성애가 이러한 승화(sublimation)에 대한 능력을 보여 주었다고 제시하였다. 그는 적어도 문명과 문화의 형성에서 여성이 그러한 능력을 보였는지에 대해서는 덜 확신하였다. 하지만 내가 분명히 말하지만, Freud는 여성을 남근보다 더 부족한 것이 있는 존재로 보았다. 여성의 심리적 능력에 대한 그의 평가는 일반적으로 남성보다 열등하다는 것을 시사한다.

실제로 성적 에너지가 목표에서 억제되고 문화와 문명의 발달을 향해 되돌려지는 방식에 대해 중요하게 여겼다면,

Freud는 분명히 여성에게도 적용 가능한 승화의 예를 제시했을 것이다. 그는 승화의 또 다른 예로 다정함(tenderness)을 들었는데, "이것은 분명히 성적 욕구에서 기인하지만 언제나 그 만족을 포기한다."라고 하였다(1933a: 129). 그럼에도 불구하고 승화는 깨지기 쉬운 것이어서, 억압과 방어와 마찬가지로 승화로 되돌려진 에너지가 너무 강해서 돌파되면 원래의 목표로 되돌아갈 수 있다. Freud는 한 예로 문명의 쇠약을 들었다. 그의 견해에 의하면 이것은 성적 추동의 억압에 주로 근거하기 때문에, 압력을 받을 때 추동적인 힘이 뚫고 나와서 적대감과 공격성 그리고 무법성이 표출될 수 있다(이 장의 '사회, 종교 그리고 문화'를 보라.). 가족관계 수준에서 Freud가 제공한 승화의 두 번째 예인 다정함을 보면, 이와 유사하게 부모와 아이 간의 성적 사랑의 적절한 표현 또한 압력을 받으면 뚫고 나올 수 있다. 대상(아이)은 동일하지만 감정이 원래 목표로 되돌아가서 다정함이 성적 학대로 타락할 수 있는 것이다.

추 동

승화에 관한 논의에서 Freud의 이론에 중심적인 다양한 기법적 용어를 소개하였는데, 성, 오이디푸스 콤플렉스, 유아기 경험의 중요성을 충분히 이해하기 위해 명료화할 필요가 있다. 이러한 명료화는 45년 이상의 출간 작업에서 Freud의 이론이 계속 변화하였기 때문에 더욱 중요하다. 실제로 그의 이론은 생물학적/기계적 이론에서 출발하였지만, 대상관계 이론과 관련하여 중요한 시사점을 던지면서 끝이 난다. 이는 아마도 후기 Freud 이론에서 가장 중요한 발달일 것이다.

Freud는 정신분석의 과학적 기초를 확립하려고 했기에, 특히 그의 초기 연구는 유물론적 모델이었다. 실제로 그는 후기의 『자아와 원초아』(1923b), 『새로운 정신분석 강의』(1933a)에서 마음에 관한 두 개의 (다른) 다이어그램을 사용하였다. 그는 마치 성격의 물리적 표상을 만들려는 것처럼 보였다(이 장의 '성격의 구조'를 보라.). 하지만 그는 '그림처럼 선형적인 개관으로 마음의 특성을 공정하게 다룰 수 없다.'는 것을 분명히 했다(1933a: 112).

정신분석 내에서 몇몇 비평가들(예: Guntrip, 1971; Schafer, 1976)은 정신분석이 해석적 학문이라고 생각하였고, '기계적으로 정의된 추동, 추동 에너지의 변환에서 생겨난 구조에 입각한 심리학이 이러한 정신분석의 목표를 적절히 충족시킬 수 있을지'에 대해 의문을 가졌다(Greenberg & Mitchell, 1983: 22). Greenberg와 Mitchell은 사람들이 상이한 방식으로 경험을 해석하고 의미를 추구한다는 것을 관찰하였다. Freud는 생물학적 은유를 끌어 왔는데, 여기에서 우리는 '19세기 후반 비엔나의 지적 분위기에서 의학으로 훈련된 이론가'를 기대할 수 있다(1983: 23). 그는 물론 Helmholtz와 Bruecke와 같은 유명한 과학사상가에게 영향을 받았다. 하지만 Freud는 이후에 추동 이론의 은유적, 신화적 성질에 대해 언급하였다. "추동 이론은 말하자면 우리의 신화다. 추동은 신화적 존재이고, 정의할 수 없는 특징으로 인해 대단한 어떤 것이다. 우리의 연구에서는 잠시도 추동을 무시할 수 없지만, 우리가 그것을 분명히 직시하고 있다는 것을 확신할 수 없다."(1933a: 127)

영어 번역에서 가장 공통적으로 사용되고 있는 용어인 '본능(instinct) 이론'이 Freud의 원래 글에서는 추동(drive)에 관한 이론이라는 것을 인식하는 것은 중요하다. 번역자들은 Trieb을 '추동'으로 번역하지 않고 '본능'으로 잘못 번역했는데, Freud 자신은 하위 동물을 언급할 때를 제외하고는 '본능'이라는 단어를 거의 사용하지 않았다. 추동은 추동되는 감정이나 충동에 대한 기술로 일시적이기보다는 지속적이다(Freud 1930a/2002: xxvi-xxvii). Freud가 확인한 주요 추동/충동은 성적인 것으로, 리비도(libido) 혹은 (이후에) 에로스(Eros)라고 하였다. Freud는 1920년 『성에 관한 세 편의 에세이』의 서문에서 "우월한 위치에서 경멸스럽게 정신분석을 무시하는 사람은 정신분석에서 확장된 성 개념이 신성한 플라톤의 에로스와 얼마나 가까운지를 기억해야 할 것이다."라고 하였다(1905d: 43).

　　Greenberg와 Mitchell은 Freud의 추동 이론의 발달을 세 단계로 구분하였다. 처음은 1905년『성에 관한 세 편의 에세이』이전까지이고, 두 번째는 1905년에서 1910년까지이며, 마지막은 1910년 이후로 크게 변화하지 않은 단계다. (특히, 이 마지막 단계에서 나온 것이 성격의 구조 모델이었다.) 첫 단계에서 Freud는 '항상성 원리(constancy principle)'에 무게를 두었는데, 가장 큰 즐거움은 고요함이나 항상성에서 나온다는 것이다. 리비도를 흥분시키는 어떠한 자극도 긴장을 야기할 수 있고, 유기체의 목표는 긴장을 낮게 유지시키는 것이다. 그러므로 성적 긴장이 방출되려면 직접적이지는 않아도 다른 방법이 필요하다. 방출이 가능하지 않으면 두 가지 형태의 신경증이 생겨나는데, 하나는 현실 신경증(actual neurosis)이다. 이것은 현재의 성생활 문제에서 야기되기 때문에 이렇게 정의된 것으로 '성적 물질'이 방출될 수 없어서 '생리적' 기원을 가진다. 다른 하나는 심리신경증(psycho-neurosis)인데, '심리적' 기원을 가지며 '생각들이 서로 양립할 수 없어 정동(감정)을 방출하지 못한 것에서 기인한다.' (Greenberg & Mitchell, 1983: 27) 이렇게 갈등을 일으키는 생각들은 주로 성적인 것으로 여겨졌다. 그러므로 초기의 치료에서 차단된 기억과 이와 관련된 감정이나 생각의 방출 혹은 정화를 강조한 것은 당연하다.

가장 큰 비판을 받은 것은 추동 이론에 관한 것이다. 특히, Guntrip은 성이 배고픔이나 배변과 같은 추동이나 충동과 비교될 수 있다는 생각을 거부하였다. "성관계에서는 긴장과 흥분의 증가와 감소 모두 쾌감을 주는데, 전체적으로 만족스러운 관계일 경우에 그러하다. 관계가 방해되고 불완전할 때에만 흥분이 불쾌하게 된다."(Guntrip, 1961: 128) 실제로 Freud는 추동 이론의 두 번째 단계에서 배고픔과 같은 자아 보존적 추동과 대상 추구적 추동을 구분하였다. 그는 또한 자기를 향한 사랑(나르시시즘)과 타인과 세상을 향한 사랑(대상 사랑)을 구분하였다.

Freud 추동 이론의 두 번째 단계는 충분하게 전개되었다. 그가 흥분의 구체적인 원천에 대한 욕구를 인식하였기 때문이다. Freud는 대부분의 아이가 초기 리비도 추동 경험에서 자가성애적인(auto-erotic) 것을 관찰하였다. 이것은 자신의 신체에서 만족을 얻는 것으로 'Havelock Ellis가 소개하여 운 좋게 선택된 용어' 다(1905d: 97). 아이가 리비도적 흥분을 체험하게 되면 이러한 '미각(taste)' (Freud 용어가 아닌 나의 용어)의 초기 경험이 있게 되고, 이것이 성인 생활에서 성적 만족의 표현과 연결된다.

엄지손가락 빨기에 빠진 한 아이의 행동은 이미 체험되었고 이제는 기억된 어떤 쾌에 대한 추구로 결정된다는 것은 분명하다. …… 또한 이제 아이가 새롭게 추구하는 쾌와 관련된 첫 경험을 추측하기는 쉽다. 그것은 아이의 생기 넘치는 첫 활동으로, 어머니의 가슴 혹은 이러한 쾌에 친숙하게 해 준 대체물을 **빠는** 것이다. …… 가슴에서 만족하여 발그레한 얼굴과 행복한 미소를 지으며 조용히 자고 있는 아이를 본 사람은 이 그림이 이후 생활에서 성적 만족을 표현하는 원형으로 유지된다는 생각에 반대하기는 어려울 것이다(1905d: 97-98).

추동 대상은 이제 추동 자체만큼이나 중요하다는 것에 주목하자. 자가성애는 가슴에 대한 대체물이고, 가슴은 어쨌든 '모든 사랑관계의 원형'이다(1905d: 145). 또한 성인의 성 경험은 가장 초기의 경험을 되찾으려는 시도로 볼 수 있다. "대상을 찾는다는 것은 사실 그것을 되찾는다는 것이다."(1905d: 145) 그리하여 Freud 추동 이론의 세 번째 단계에서 '그의 대부분의 연구는 이미 수립된 추동 모델 구조에 관계적 개념을 통합하는 데 몰두하였다.' (Greenberg & Mitchell, 1983: 25)

Freud가 언급한 다른 추동은 앎(knowledge)에 대한 추동과 숙달(mastery)에 대한 추동이다. 그의 추동 이론에서 가장 논쟁적인 것은 죽음의 본능 혹은 죽음의 추동(타나토스)인데, 그는 1920년에 이것을 이론적으로 처음 제시하였다.

Bettelheim은 Trieb을 '본능'으로 잘못 번역한 것이 죽음의 추동에 관한 생각에 커다란 해가 되었다고 언급하였다 (1983: 106). 실제로 Freud는 죽음의 본능을 말한 적이 없다. 단지 공격적이고 파괴적이며 자기 파괴적인 행동을 하게 하는 무의식적인 추동이나 충동에 관한 것이다(1983: 107). 그것은 부분적으로 피학증(masochism)을 설명하지만 그보다 더 깊은 것이다.

Bettelheim은 그것을 보다 설득력 있게 설명한다.

Freud에게 자아는 비관적인 갈등 측면이었다. 태어날 때부터 죽을 때까지, 에로스와 타나토스는 우리의 삶을 만드는 데 주도적이려고 투쟁하며 잠시라도 우리의 삶이 평화롭게 유지되는 것을 어렵게 한다. 정서적으로 풍부하게 만드는 것이 바로 이 투쟁이다. 이것은 인간 삶의 다양한 본질을 설명하고, 우울한 것과 들뜬 것을 비슷하게 만들며, 삶에 가장 깊은 의미를 제공한다(1983: 109).

(Bettelheim이 주장하듯이 독일어권이 아니었고, 이후의 오역으로 방해받은 많은 사람을 포함하여) Freud의 추종자 중에 이 특별한 이론을 받아들일 수 있는 사람은 거의 없을 것이다. Bettelheim은 죽음의 현실을 인식하는 데 설득력 있는 사례를 제시하였고, 살아 있는 내내 죽음을 향해 추동되는(혹

은 끌려가는) 느낌이 있다고 하였다. Freud 또한 죽음의 추동을 공격성의 기원을 설명하기 위해 사용하였다. 아마도 그의 가정은 자신의 말기 질병과 니체와 같은 중부 유럽 철학자의 허무주의적 염세론과 불안에 영향을 받았을 것이다. Freud는 공격성을 그의 이론에 통합하려는 중요한 시도를 하였지만, 그의 설명은 복잡한 주제로 남았고 만족스러운 성과를 보이지는 않았다.

성: 목표와 대상

Freud의 책 『성에 관한 세 가지 에세이』는 1905년에 처음 출간되었지만, 판을 거듭하면서 자신의 생각을 덧붙이고 수정하였다. 그러므로 1920년에 마지막으로 개정된 지금의 판은 Freud 이론의 발달에 관한 기록이다. 『성에 관한 세 가지 에세이』의 두 번째와 세 번째 부분을 요약한 다음 내용에서 분명해지겠지만, 성과 성별 주제의 발달에 관련된 이후의 개정은 이후의 출간에서 나타난다. 특히, 관련된 것은 에세이의 첫 번째 부분인데, 이는 성적 목표(aim)와 성적 대상(object)을 소개하고 구분하기 때문이다.

이 에세이의 중요성은 이것이 Freud 최초의 추동 이론과 이후의 입장 사이의 과도기적 입장을 제시하였다는 것이다. 이후의 입장은 대상관계 이론으로 알려진 것의 예비적인 발표다. 대상관계 이론은 가장 현대적인 정신분석 사고의 중심에 있다. 이 이론은 추동보다 인간관계를 강조한다. 추동이론에서는 가장 의미 있는 추동의 만족에서 타인이 자신을 돕거나 좌절시키는 경우에 타인이 중요하다. 대상관계 이론에서는 추동이 의미 있는 타인과 관계를 하고 관계를 유지시키는 목표를 달성하게 해 주는 경우에 중요하다. 사실상 이보다 더 대상관계 이론에 가까운 것이 Freud의 성격 구조에 대한 이론의 발달에 있다. 그의 후기 이론에서 보다 중요하게 된 것은 대상과의 외부관계뿐이 아니었다. 우리는 또한 성격 안에서 내재화된(internalized) 관계와 대상의 중요성에 관한 첫 시사점을 볼 수 있다('성격의 구조'를 보라.).

성에 관한 에세이의 첫 부분에 두 가지 기법 용어가 나오는데, '성적 대상'과 '성적 목표'다. 성적 대상은 성적 욕구가 느껴지는(그리고 종종 표현되는) 사람이다. 대상이라는 용어는 사람이 아닌 것처럼 보일 수 있다. 이것은 능동형 동사(나[주체]는 그[대상]를 좋아한다)의 '대상'이라는 의미에서 주로 사용된다. 하지만 이것은 부수적으로 대상 자체가 사람이 아니거나 사람이 아닌 것처럼 취급되는 사람일 수 있다는 의미를 전달한다. 이 에세이에서 Freud는 정상적인 성적 대상, 반대 성을 가진 성인의 보편성을 의심한다. 그는 우선 어떤 편견 없이 정상에서 벗어난 '동성애자'부터 검토한다. 20세기의 상당 기간 동안 정신의학과 정신분석이 동성애를 정신병리적으로 보았다는 것을 아는 사람들에게는, Freud가 동성애를 심리학적 이상으로 간주하지는 않고 분명히 신경증이 아니라고 한 것은 놀랍게 다가온다. 이 에세이와 다른 곳에서 동성애에 관한 Freud의 언급에서, 그것이 신경증적이지 않고 정상적인 발달의 일부이며 모든 사람의 성의 한 측면이라는 것을 읽는 것은 신선하다. 인간 발달의 양성성에 대한 그의 강조는 여성심리학을 검토할 때는 그를 어렵게 할 수 있지만, 동성애 문제에서는 이러한 유형의 성적 대상 선택을 통합할 수 있게 해 준다. Freud는 정상에서의 일탈 징후를 보이지 않는 사람에게 동성애가 발견되는 것을 관찰하였는데, 그들의 능력은 손상되지 않았고 '특별히 고도로 지적인 발달과 윤리적 문화에서 구분되지 않는 사람들' 이었다(1905d: 49).

　그가 동성애의 설명에 관심이 없었다고 말하려는 것은 아니다. 여기에서 그의 판단은 다시 대상 선택과 성 동일시에서 다양한 가능성을 보았다. 그것은 기질적이고, 문화적이고 사회적인 규범의 결과이며, 어느 정도는 유아기에 어머니와 아버지와의 관계와 관련된다는 것을 의미한다. "우리는 현재 존재하는 자료를 가지고는 동성애의 기원에 대해 만족스러운 설명을 할 만한 입장에 있지 않다." (1905d: 59)

　Freud는 성적 대상의 전형적인 정신병리적 사례로서 성적으로 미숙한 사람이나 동물을 대상으로 선택하는 사람을 언급하면서 이 부분을 마무리하였다. 여기에서는 그가 실제로 성적 학대가 있었다고 주장하였다는 것에 주목해야 한다(그는 평생 지속적으로 이러한 주장을 하였다.). Freud에 대해 가장 맹렬한 비판은 그가 성적인 유혹 이론을 모두 철회하였다는 주장인데, 이것은 무지에서 나온 비난이라고 볼 수 있다. 예를 들어, 그는 "아이의 성적 학대는 교사와 아이를 돌보는 사람에서 종종 발견된다. 그들은 단순히 그와 관련하여 가장 많은 기회가 있기 때문이다."라고 주장하였다(1905d: 60).

성적 대상은 한 사람의 성적 감정의 대상이다. 성적 목표는 성을 표현하는 수단이다. "정상적인 성적 목표는 성교 활동에서 성기 간의 결합이 이루어지는데, 이것은 성적 긴장의 방출과 성적 추동의 일시적인 소거로 이끈다."(1905d: 61) 이 부분에서 Freud는 성도착(perversion)이라는 정상에서의 일탈에 관심을 가졌다. 성도착은 "해부학적 의미에서 성적 결합을 위한 신체 영역을 넘어 '확장되거나' …… 최종의 성적 목적으로 향하는 도중에 정상적으로 신속히 지나가야 하는 성적 대상과의 중간관계에서 '지체' 하는 것이다."(1905d: 62).

Freud는 성도착의 첫 번째 범주에 다양한 확장을 포함시켰다. 여기에는 성적 대상의 과대평가(바라는 대상은 대단한 권위를 가지게 된다), 구강적이고 항문적인 성(다소 비합리적으로 혐오적이어서 정상적으로는 억제된다고 하였다), 대물도착(fetishism)이 포함된다. 대물도착은 머리카락이나 발과 같은 신체 일부에 과도한 욕구를 가진 것이다. Freud는 정상적인 애정 표현에도 이것이 어느 정도는 존재한다고 보았다. 이러한 확장을 보면 Freud는 이후의 대상관계 이론에서 사용된 기법 용어인 '부분 대상(part-object)'을 기술하려는 것처럼 보인다. 여기에서 어떤 사람의 (특히 신체의) 일부분은 (가슴처럼) 전체 사람의 전조이자 대체물이 된다. 대물도착이 되는 것은 이러한 성적 목적이 신체 부분을 넘어서 진전되지 않고 정상적인 목표의 위치를 차지하기 때문이다.

성도착의 두 번째 범주인 지체나 고착(fixation)은 바라보거나 보여져서 성적 목표를 대신하는 것이다. 여기에는 관음증(voyeurism)으로 알려진 신경증적인 형태와 그 반대인 노출증(exhibitionism)이 있다. Freud는 또한 과도한 공격성을 언급하는데(이것은 정상적인 성행동에 어느 정도 존재한다고 보았다), 여기에서 그는 비엔나의 신경질환 전문가인 Krafft-Ebbing이 이름 붙인 가학증(sadism)과 피학증(masochism) 용어를 채택하였다. 이 에세이에서 Freud는 정상적인 성에 과도한 의미를 부여하는 것을 일탈로 기술하였다는 것을 주목해야 한다. "간단히 말해, 성도착이 '배타성'과 '고착'이라는 특성을 가지면, 이를 병리적 증상으로 간주하는 것은 대개 정당화될 것이다."(1905d: 75)

신경증과 성도착을 연결 짓는 것은 성에 관한 첫 에세이의 마지막 부분을 이룬다. 신경증 증상은 '소위 정상적 성적 추동을 희생하여 생겨날 뿐만 아니라 가장 넓은 의미에서 '도착적'(perverse)으로 기술될 수 있는 추동을 나타낸다. 이것은 증상이 의식으로부터 전환되지 않은 채 직접 환상과 행동으로 표현되는 경우다.' (1905d: 80) 이것이 표현되는 대신에(그리고 여기에서 Freud는 수력학 모델을 사용하는 분명한 예를 제공한다) 리비도는 그의 주된 흐름이 차단된 물줄기처럼 작용한다. 이는 지류를 채우면서 나아간다(1905d: 85). 신경증에 대해 Freud는 '부적인 것(the negative)'이라고 하였지만, 우리는 성도착의 '대안적' 표현이라고 할 수 있다. 게다가 첫 에세이가 결론 짓듯이, '신경증 내담자의 성이 유아적 상태로 머물러 있거나 유아적 상태로 되돌아간다고 규정한 주장이 구체화되기 시작한다.' (1905d: 87)

Freud의 발달 이론

Freud가 1905년에 성에 관해 솔직하게 쓴 것이 유례가 없는 유일한 것은 아니었다. 그는 Krafft-Ebing과 Havelock Ellis와 같은 저자들이 쓴 예와 생각을 끌어올 수 있었다. 좀 더 과감했던 것은 10년 전 유아의 성 이론에 대한 맹렬한 비판과 같은 것을 다시 끌어온 것이었다. 이제 Freud

의 성격 발달에 관한 이론은 친숙해져서 그것이 처음에 준 충격을 상상하기는 어렵다. 이러한 점에서 논쟁의 여지가 있는 이론이 지나치게 제한된 것처럼 보인다. 그는 성차에 대해 부적절한 관심을 가졌고, 신체적인 것을 과도하게 강조하고 인간관계를 과소평가하였으며, 전체 과정에서 어머니에 관한 것을 상대적으로 무시하였다. 인간 발달에 관한 모델로서 이것은 그 자체로 발달적 연속선이 있는 성인 생활에 대해 적절하게 고려하지 못하였다. 그렇게 확장된 모델은 50년 후에 Erikson에 의해 제공되었다(1950). 그렇지만 새로운 개척을 하고 많은 관찰이 타당하다는 점에서 Freud의 모델은 중요한 업적이었다. "내가 아는 한 아동기에 성 추동이 일상적으로 존재한다는 것을 분명하게 인식한 사람은 없었다. 아동 발달에 대한 많은 저술에서 '성 발달'에 관한 장은 대부분 누락되었다."(1905d: 88-89) 그는 나중에 유일한 선구자였던 G. Stanley Hall을 알게 되었는데, 그는 Freud가 미국에 오기 일 년 전에 책을 출간하였다.

Freud는 성 발달의 세 단계를 제시하였고, 이후에 '잠복기(latency)'가 뒤따른다고 하였다. 발달의 두 번째 국면은 사춘기에 시작된다. 그러므로 성 발달은 두 개의 주요 국면으로 이루어지는 '이국면적(diphasic)'인 것이었다. 원래의 초기 단계는 구강기(oral stage), 항문기(anal stage), 성기기(genital stage)라고 알려진 것에 국한되었다. 이후에 Freud

는 남근기(phallic stage)로 알려진 세 번째 전성기기적 단계를 부가하였는데, 사춘기에 이를 때까지 충분한 성기기적 발달이 중지된다. 그가 이후에 오이디푸스 콤플렉스라고 부른 것이 남근기와 성기기 사이에 있게 된다. 이 이론을 분명히 하기 위해 나는 오이디푸스 콤플렉스를 구분하여 보다 충분히 설명할 것이다. 그 다음에는 Freud의 여성 발달의 심리학과 관련하여 더욱 까다로운 질문에 대해 논의할 것이다.

"유아기 추동의 성적 목표는 다양한 방식으로 성감대를 적절하게 자극함으로써 만족을 얻는 데 있다."(1905d: 101) Freud의 이론은 일련의 성감대에 근거하고 있는데, 입에서 출발하여 항문으로 옮겨 가고 마지막에는 성기로 간다. 성적 대상은 아이 몸 자체에 있다. 유아기 성생활의 주요 특성 중 하나는 자가성애다. Freud는 아이가 부모와 가지는 관계를 무시한 것처럼 보이지만, 이미 살펴보았듯이 그는 자가성애 자체가 어머니의 가슴에서 느꼈던 경험을 되살리려는 시도라고 주장하였다. (나중에 정신역동 이론은 가슴을 '부분 대상'으로 보았는데, 이것은 성인이 전체 대상, 즉 어머니로 알고 있는 것의 한 부분이다.)

첫 단계(Freud의 용어로는 '성적 조직화'다)는 구강적 단계로 성 활동은 아직 젖먹기와 분리될 수 없다. "두 활동의 '대상'은 동일하다. 성적 목표는 대상의 '함입(incorporation)'으로 구성된다. 이것은 이후에 '동일시(identification)' 형태로 중요한 심리적 한 부분을 차지하는 과정의 원형이다."
(1905d: 117) 함입과 동일시의 원리는 실제로 대상관계 이론
의 발달에서 중요한 역할을 한다. 이는 초자아 형성에 관한
Freud의 이론을 검토할 때 더 분명해질 것이다('성격의 구
조'를 보라.).

두 번째 전성기기 단계는 '가학적-항문적(sadistic-anal)'
조직화다. 이것은 신체 근육 조직의 작용을 통한 '숙달
(mastery) 추동'이라는 능동적 원리를 포함하고(1905d:
117), 항문의 성감대라는 수동적 원리와 함께 이루어진다.
여기에서의 강조점은 배설과 방뇨인 것처럼 보이지만,
Freud는 일반적으로 근육 활동에 성적인 즐거움이 있다는
점을 분명히 하였다. "아이들이 많은 양의 근육 연습이 필요
하고 그것을 만족시키는 것에서 상당한 즐거움을 이끌어 낸
다는 사실을 우리는 잘 알고 있다. 이러한 즐거움이 성과 어
떤 관련이 있는지는 비판적으로 의문시되어야 할 것이다."
(1905d: 122) Freud는 또한 단순히 자가성애적으로뿐만 아
니라 성인과 관련되는 방식에서 아이가 배설 기능을 사용하
는 능력에 관심을 기울였다. "내장의 내용물은 유아에게 중
요한 다른 의미를 가진다. 이것은 분명히 유아 자신의 신체
의 일부로 취급되고 그의 첫 '선물'을 나타낸다. 유아는 이
것을 내어놓음으로써 환경에 대한 자신의 적극적인 순응을
표현할 수 있고, 이것을 보류함으로써 자신의 불복종을 표

현할 수 있다."(1905d: 103-104)

『성에 관한 세 가지 에세이』에서 Freud는 항문기 이후의 성기기 단계 조직화를 기술하였다. 이제 성기기는 쾌의 초점이 되는데, 이는 이미 인생 초기에 씻기와 문지르기로 자극된 적이 있었던 것들이다. 이러한 관찰은 어머니가 '불가피하게' 아이에게 성적으로 자극을 주는 첫 사람인지, 그리고 '유혹' 환상을 심어 주며 이것이 이후에 유아기의 성적 유혹자로서 아버지에게 애착되는지를 Freud가 고찰하도록 하였다(1931b: 386).

후기 이론에서 Freud는 성적 발달의 기술에서 '남근(phallic)' 단계를 부가하였다. 이것은 이미 『성에 관한 세 가지 에세이』에 함축되어 있다. 그는 아이가 풀기 원하는 두 수수께끼에 대해 언급하였는데, 그것은 아이가 어떻게 생겨나고 남녀의 차이가 어떻게 생기느냐 하는 것이다. 소년은 모든 사람이 다 남성 형태의 성기를 가진다고 가정한다. 그들은 소녀가 다르다는 것을 강력히 부인하고, '여성의 음핵이 음경의 대체물이라고 여긴다.' (1905d: 114) (이 문장은 Freud가 여성 발달의 심리에 대해 기술할 때 그의 어려움에 관한 진술이라고 고려해 볼 만한 가치가 있다.) 소녀는 이러한 종류의 부인에 의존할 필요가 없기 때문에, 소년의 성기가 자신의 것과 다르게 생겼다는 것을 인정한다. 대신에 그들은 음경을 시기하게 되는데, 이는 자신이 소년이 되고자 하는 소망에서 최고조에 달한다(1905d: 114).

1923년에 쓴 짧은 에세이에서 Freud는 유아기의 성기기 우선성(primacy)에 대해 불만을 표현하였다. "존재하는 것은 성기의 우선성이 아니라 남근의 우선성이다."(1923e: 308) 그는 정직하게 남아에 대해 기술하고 있다는 것을 인정하였다. "어린 소녀에게 상응하는 과정은 알려져 있지 않다."(1923e: 309) 이 구절은 그가 겸손하다는 좋은 예인데, 다른 곳에서는 특정의 도그마가 나타나기도 한다. 소년은 소녀의 음핵이 자신의 것보다 작은 음경이라는 생각에서, '결국 모든 음경은 적어도 이전부터 거기에 존재하였고 나중에 제거되었다는 정서적으로 의미 있는 결론'으로 옮겨가고(1923e: 310) 거세를 두려워한다. 음경의 상실이나 상실 위험에 당면한 것은 '신체 상실을 통한 첫 자기애적 상처'가 아니다. 이유기에 어머니의 가슴을 상실한 경험, '배설물을 매일 단념하는 것' 그리고 '출생 시 자궁에서의 분리' (1923e: 310n) 또한 거세 유형들이다. 여기에서 상징적 언어의 중요성에 주목해야 한다. 이것은 독자가 문자 그대로만 받아들일 수 있는 진술에서 Freud와 다른 분석가들이 의미하는 것에 대해 항상 고려되어야 하는 것이다.

남근기에서 중요한 것은 이 시점의 유아적인 성기적 조직화에서 '여성적인 것'이 아닌 '남성적인 것(maleness)'이 존재하는 가다. 이것의 반대 명제는 '남성 성기'를 가진 것과 거세된 것 사이에 있다. 사춘기에 이르러 발달이 끝난 이후에 비로소 성적 극성이 '남성'과 '여성'의 것과 일치하게 된다.' (1923e: 312) 이러한 공식화는 Freud가 이후에 여성의 성에 대해 저술한 것으로 가는 중간 입장으로(이 장의 '성별과 여성심리학'을 보라), 이후의 저술에서는 음경이 없는 것과 음핵의 열등감이 계속해서 특징을 이룬다. 하지만 남근기에 관한 이 논문과는 달리, 양성의 발달이 남성성의 기준과 관련되는 Freud의 마지막 논문에서는 그의 입장을 다시 바꾸었다. 그는 전성기기에서 소년과 소녀가 동일한 발달을 유지한다는 입장인 것 같지만(1933a: 151), 소녀와 소년이 최초의 관계방식에서 다르다는 것을 알았다. 예를 들어, 어머니에 대한 전오이디푸스기의 배타적인 애착은 남자보다 여자에게서 더 강하다(1931b: 377).

Freud의 초기 이론에서는 성기기적 조직화가 아동기에 도달하지만, 이후의 이론에서는 청소년기에 도달한다고 보았다. 두 국면 사이에는 잠복기가 있는데, '6~8세부터 시작해서' 성 발달이 멈추고 후퇴하는 것을 관찰할 수 있는 '사춘기가 시작할 때'까지 지속된다(1916-1917: 368). 그는 이 시기가 문화적으로 결정되는 '교육의 산물'이라고 하였지만, 더불어 이러한 발달이 '기질적으로 결정되고 유전에 의해 고착된다.'고 생각하였다(1905d: 93). 더 이후의 연구에서 Freud는 잠복기가 오이디푸스 콤플렉스의 해소에 의해 시작된다고 보았다. 적어도 소년의 경우에 그러하고 소녀의 경우에는 보다 지속되는데, 소녀에게는 오이디푸스 콤플렉스가 '거세의 영향으로 파괴되지 않고 창출되기 때문이다.' (1931b: 376) 잠복기가 정서적으로 다소 메마른 것처럼 보이지만(그 이유는 Freud가 제공한 형태에서 의문으로 남아 있다), 그가 관찰하기에 '잠복기를 통해 모든 아이는 무기력할 때 자기를 도와주고 자신의 욕구를 만족시켜 주는 사람에 대해 사랑을 느끼는 것을 알게 된다. 이러한 사랑은 유아와 양육을 하는 어머니 간의 관계 모델로 이들 관계를 지속시킨다.' (1905d: 145) 그러므로 잠복기는 청소년기의 애정관계를 형성하는 중요한 중간 단계인 것으로 보인다.

『성에 관한 세 가지 에세이』의 세 번째 제목은 '사춘기의 변화'다. 지금까지 대개 자가성애적이었던 성적 추동은 이제 외부에 있는 성적 대상을 찾는다. 대상을 찾는 데에는 두 가지 방식이 있다. 첫 번째는 초기의 유아적 원형과 의미에 대한 애착에 근거하는 '의존적(anaclitic)'인 것이다. 예를 들어, 파트너에게서 어머니나 아버지의 잔재를 찾는 것이다. Freud는 잠복기 말에 대상을 찾는 것을 어머니의 가슴에 대한 원래 관계의 회복과 명백하게 관련지었다(1905d: 144). 두 번째는 '자기애적(narcissistic)'인데, 이것은 타인에게서 자아를 다시 발견하는 것을 통해 자신의 자아를 추구하는 경우를 의미한다(1905d: 145n).

청소년기는 또한 '동성의 친구와 감상적인 우정'을 형성한다(1905d: 153). 그리고 '부모의 권위에 거리를 두는데, 이것은 신세대와 구세대 간의 대립을 가능하게 하는 과정으로 문명의 발전에 매우 중요하다.' (1905d: 150) Freud는 젊은 여성이 '사춘기가 훨씬 지나도 아이 같은 사랑'을 유지하면서 분리를 잘 하지 못하는 것을 관찰하였다. 그는 이를 부분적으로 '애정에 대한 과도한 요구와 함께 성생활과 같은 현실적인 요구에 대한 과도한 두려움' 때문이라고 보았다(1905d: 151). 하지만 몇 년 후의 논문에서 그는 여성의 발달에 더 중요하게 관련된 제동장치를 인식하였다. 사회가 이중 기준을 가지고 있어서, 남성은 자신의 성을 표현하는 것이 가능하고 여성은 성을 억제하게 된다는 것이다.

교육이 가장 엄격하게 적용되는 것을 보면 결혼할 때까지 여성의 성욕을 억제하는 과제를 가볍게 보지 않은 것은 분명하다. 교육은 성관계를 금지하고 여성이 순결을 유지하는 것에 높은 가치를 둔다. 또한 성장하는 동안 여성이 유혹받지 않도록 보호하는데, 여성의 역할에 대해 실제적인 것을 알려주지 않고 결혼으로 이어질 수 없는 사랑의 충동에도 관용을 베풀지 않는다(1908d/2002: 99).

이것은 물론 역사적인 맥락에서 고려할 필요가 있다. 이중 기준에 대한 몇 가지 의견은 분명히 사실이었지만 그것이 오늘날에도 그러한가? Freud는 또한 결혼할 때 여성의 심리적 건강에 대해서도 현실적이었다. 그는 청년기를 넘어선 성인기의 성관계에 대해서는 비관적으로 기술하였다. 남성은 '가장 엄격한 성적 규범에 의해 마지못해서 암묵적이기는 하지만 자신에게 허용된 자유를 상당히 자주 이용하는 것 같다.' (1908d/2002: 96) 가장 고통을 겪는 사람은 여성이라고 하였다. 1892년에 이미 Freud는 "여성의 신경쇠약은 남성의 신경쇠약으로 인한 직접적인 결과다."라고 주장하였다(Young-Bruehl의 인용. 1990: 4). 그리고 이후에 "결혼에 실망하여 괴로울 때 [여성은] 심한 신경증에 희생되어 영원히 암울한 삶을 살아간다."고 하였다(1908d/2002: 97). 그의 결혼에 대한 결론은 전망이 어두웠다. "대부분의 결혼은 심리적으로 실망하고 신체적으로 고갈되어, 두 파트너는 이제 환상이 깨어진 것을 제외하고는 그들이 결혼하기 이전의 상태로 되돌아간다." (1908d/2002: 96) 아마도 Freud는 이러한 이유로 예술, 문학과 과학을 통해 성을 승화하는 것에 대한 이론을 제외하고는 성인기의 심리 발달에 관심을 두지 않았을 것이다. 우리는 대개 아동기와 청년기의 갈등을 가지고 성인 생활을 보내는 것 같다.

오이디푸스 콤플렉스

Freud는 그의 연구 중반기까지 '오이디푸스 콤플렉스' 라는 말을 사용하지 않았다(1910h: 238). 그는 1908년에 '핵(nuclear) 콤플렉스' 라는 용어를 사용했고, 『꿈의 해석』에서 오이디푸스 신화를 언급한 적이 있었다(1900a: 356-366). 첫 언급은 Fliess에게 보낸 회신에서 나타난다.

> 자신에게 정말 정직해 보는 것은 좋은 연습입니다. 일반적인 가치가 있는 한 생각이 점점 분명해졌습니다. 제 경우에도 역시 어머니를 사랑하고 아버지를 질투하는 '현상' 을 발견하였습니다. 이제 나는 그것을 초기 아동기의 일반적인 사건으로 생각하고 있습니다. 만약 그렇다면 우리는 오이디푸스 왕의 고통스러운 권력을 이해할 수 있습니다. 그리스 신화는 모든 사람이 인식하는 강박적인 충동을 포착하는데, 자기 안에 그것이 있다는 것을 감지하기 때문입니다. 사람은 누구나 한 번은 환상 속에서 싹트기 시작한 오이디푸스였고, 각각은 현실에서 이루어진 꿈의 충족에 깜짝 놀라서 뒷걸음칩니다(Masson, 1985: 1897년 10월 15일자 편지).

다음에는 꿈의 해석이 뒤따른다. 여기에서 Freud는 반대성을 가진 부모에게 가지는 아이의 애정을 검토하였다. 그는 남성이 딸을, 여성이 아들을 어떻게 응석받이로 키우는지를 관찰하였으며 아이의 말을 인용하였다. "엄마는 지금 도망 갈 수 있어요. 그러면 아빠는 나와 결혼하고 내가 아빠의 아내가 되겠지요."(1900a: 359) 그러므로 '부모 중 한 사람을 사랑하고 다른 사람을 미워하는 것은 당시에 형성되는 심리적 충동의 본질적인 요소다.' (1900a: 362) 이것은 오이디푸스 신화에 의해 확인되는데, 이를 요약하면 다음과 같다.

오이디푸스의 아버지 라이우스는 오이디푸스가 아기일 때 죽게 내버렸는데, 신탁이 라이우스에게 아들이 그를 죽일 것이라는 경고를 했기 때문이었다. 아이는 구조되었고 다른 도시에서 성장하였으며, 새로운 부모에게 입양되었다는 사실을 알지 못하였다. 청년이 되어 오이디푸스는 집을 떠나야 한다는 것을 알았다. 그는 자신의 아버지를 죽이고 어머니와 결혼할 운명이었기 때문이었다. 그리하여 오이디푸스는 자기가 집이라고 생각한 곳을 떠났지만, 길에서 라이우스(그의 친아버지)를 만나서 싸우다가 그를 죽이게 되었다. 그리고 그는 스핑크스의 수수께끼를 풀어서 피조물의 권력에서 테베(그의 고향)를 해방시켰다. 그는 이에 대한 보상으로 조카스타(라이우스의 아내, 그는 몰랐지만 친어머니)와 결혼하였다. 역병이 창궐했을 때 테베는 다시 한 번 암울해졌고, 오이디푸스는 그 원인을 찾았다. 누가 왕을 살해하였는가?

이 연극은 폭로되는 과정으로 이루어져 있다. 이 과정은 정교하게 지연되면서 점점 고조되는 흥분이 동반되는데, 이것은 정신분석 작업과 비유될 수 있다. 이러한 폭로는 오이디푸스 자신이 라이우스를 살해하였고, 자신은 그가 죽인 사람과 조카스타의 아들이라는 사실이다(1900a: 363).

진실을 알았을 때 오이디푸스는 스스로를 눈멀게 하고 다시 테베를 떠났다.

Freud가 기술하듯이, 오이디푸스는

비극적인 운명이다. 그 비극적인 효과는 신들의 절대의지와 위협적인 악에서 도망가려는 인간의 헛된 시도 간의 대비에 있다는 것이다. 아마도 어머니에 대한 최초의 성 충동과 아버지에 대한 최초의 증오 및 잔인한 소망을 품는 것이 우리 모두의 운명이다. 꿈은 그것이 사실이라고 우리를 확신시킨다(1900a: 363-364).

Sophocles의 원작에서 조카스타 또한 "지금까지 많은 남자들이 어머니와 자는 꿈을 꾸었다."라고 말하였다(Freud에 의한 인용, 1900a: 366).

Bettelheim은 Freud가 근친상간과 부모 살해를 '피하려는 소망'에 대한 신화를 이해한 것이라고 보았다. 그러한 소망이 너무 강해서 라이우스와 조카스타는 자신의 아기가 죽게 내버려 두었고, 나중에 오이디푸스는 (입양된) 집을 떠나게 되었다. Bettelheim이 보기에 이것은 (심리학적 용어로) 친부모에 의해 거부되었던 오이디푸스의 초기 외상화에서 기인한다. 그는 아동기에 억압된 오이디푸스 감정의 강도와 이러한 감정에 대해 무의식적으로 동기화되고 죄책감을 느끼는 것과 관련된 Freud의 견해에 동의한다. 억압된 적대감과 갈망에 접근이 가능해질 때, 이러한 해로운 결과가 멈출 것이다(Bettelheim, 1983: 22).

신화에서의 비극적 결과는 부모가 근친상간에 관한 금기를 깨고 오이디푸스 이야기를 재연할 때 오이디푸스 콤플렉스에서 반복될 수 있다. Freud는 처음에 (아버지가 딸을) 실제로 유혹했다고 생각했지만, 이후에는 신경증이 유혹에 관한 환상과 억압된 성적 환상에 의해 야기된다는 설명으로 바꾸었다. 많은 주요 비판가들이 주장하였지만, Freud는 실제 유혹에 관한 생각을 완전히 철회하지는 않았다. 나는 제4장에서 다시 이 논의를 할 것이다. 여기에서 강조할 것은 실제로 성적 학대가 있었을 때, 혹은 심지어 아이를 정서적으로 유혹하거나 부모가 싸우면서 아이를 자기편으로 이용했을 때, 이것이 오이디푸스 콤플렉스가 해결되는 것을 훨씬 어렵게 만든다는 것이다. "유혹이 있게 되면, 자연스러운 발달 과정을 방해하고 종종 광범위하고 영속적인 결과를 남기게 된다."라고 Freud는 그의 인생 말기에 기록하였다. 그는 분명히 유혹 이론을 철회한 것이 아니었다(1931b: 379). 오이디푸스 관계의 의미에 대한 Freud의 통찰은 가족에서 어떻게 나타나든 간에 그의 중요한 이론으로 남아 있다.

Freud에게 오이디푸스 콤플렉스는 '초기 아동기의 성적인 시기에 중요한 현상이었다.' (1924d: 315) 그것은 비극적 결과가 있을 수 있지만, 대부분의 아이는 '예정된 다음의 발달 단계가 오면 프로그램에 따라 지나가게 된다.' (1924d: 315) Freud는 남아가 거세(castration)를 두려워하기 때문이라고 생각하였으며, 여성의 경우에는 음경이 없기에 이미 고통을 받은 운명이라고 생각하였다. 아이는 (성기기적 쾌의 형태로 보이는 침대 적시기를 포함하여) 초기의 자위에 대한 불인정의 표시로 거세당하는 것을 두려워한다. 아이는 또한 어머니를 대신하려는 소망에 대해 아버지가 복수할 것이라고 두려워하지만, 동시에 남아는 아버지 앞에서 어머니를 대신하기를 바라고 그에게 사랑받기를 바란다. 남근을 희생하는 대가로 부모에 대한 사랑을 선택하면, 아이는 자기 신체의 일부를 보호하는 '자기애적 관심'을 가지게 되고 (1924d: 318) 오이디푸스 콤플렉스에서 멀어진다. 그가 바라고 두려워하는 대상은 포기되고 동일시로 대체된다. 이것이 초자아의 핵을 형성한다. 초자아 형성에 관한 이러한 설명은 내재화된 대상관계를 향한 중요한 진전이다. 이에 대해서는 다음에서 더 검토될 것이다('성격의 구조'를 보라.).

오이디푸스 콤플렉스는 '다양한 수준에서 작용하는 은유 (metaphor)'다(Bettelheim, 1983: 21). 이것은 특히 가족관계에서 삼자관계에 관한 것인데, 세 사람이 반드시 어머니, 아버지, 아이일 필요는 없고 형제가 포함될 수도 있다. 하지만 Freud는 가슴의 상실과 배설물의 포기를 거세 은유와 연결지었기 때문에, '제3세력'은 아이와 가슴 사이에서 젖을 떼려는 어머니이거나 자신의 배설물을 유지하려는 소망을 포기하게 하려는 부모일 수 있다. 이러한 상황에서 발생하는 부모에 대한 사랑과 증오의 감정은 전형적인 오이디푸스 콤플렉스에서 부모를 향한 양가감정과 비슷하다. Freud 이론의 다른 곳에서처럼 어떤 개념이 은유적으로 주어졌을 때 그 개념이 종종 상이한 방식으로 정신역동 치료에 나타날 수 있는지를 볼 수 있을 것이다. Freud의 생각에 대한 몇 가지 비판은 그의 생각을 명료화하기 위해 신조어를 사용한 영어 표준판의 번역자를 향해 적절히 이루어졌다. 그들의 번역은 'Freud가 중심이 되는 개념을 포함하여 자신의 많은 기법적 개념을 표현하기 위해 일상어 은유를 사용하였던' 방식을 놓치게 되었다(Cheshire & Thomä, 1991: 451).

성별과 여성심리학

Freud는 성(sexuality)에 대해 방대한 양을 기술하였지만, 이것을 성별(gender)과 혼동해서는 안 될 것이다. 앞서 검토한 대부분은 성별과 무관한 아이, 더 구체적으로는 남아와 관련된 것이다. 『오이디푸스 콤플렉스의 해소(*The Dissolution of the Oedipus Complex*)』에서 Freud는 남아에 대해 더욱 확신한다는 사실을 분명히 하였다. 그는 여성에 대한 발달을 기술하려는 시도를 할 때, "몇 가지 이해하기 어려운 이유로 자료가 훨씬 더 모호해졌고 부족한 것이 많다."고 하였다 (Freud, 1924d: 320).

이후에 Freud는 이러한 이유에 대해 그가 남성 분석가여서 여성 동료보다 전이를 덜 보이기 때문이라고 생각하였다 (1931b: 373). Roith는 Freud가 자신에게 미친 유대교와 어머니의 영향을 모두 부인하였다는 것을 보이는 증거를 인용하였다. Freud는 어머니-아들 관계를 '모든 인간관계에서 가장 완벽하고 양가감정으로부터 가장 자유로운 것' 으로 이상화하였지만(Freud, 1933a: 168), 그녀에 의하면 그의 여성에 대한 이론은 그가 유대교적 기원을 가졌고 어머니와의 관계와 관련된 주제에 직면하기를 꺼려한 것과 연결된다고 주장하였다. 그의 여성관은 또한 유대교에 의해 영향을 받았다. "유대교 여성은 자율적인 성인의 상태에 도달하지 못한다. 그래서 종교 행사에 관한 모든 문제를 남자에게 맡겨야 한다."(Roith, 1987: 122-123)

그의 단점에도 불구하고 여아와 여성의 심리 발달과 관련하여, Freud는 남아와 여아에게 공통된 발달 경로에 관한 초기 이론을 쉽게 받아들이지 않았다.

남녀 간에 성격 차이가 존재한다는 통찰은 설명이 필요하였고 중요한 지적 도약이었다. 그러한 통찰에 인정을 받은 것은 Freud였다. 그러므로 정신분석은 이제 성별의 기원을 설명하려고 시도한 포괄적인 첫 성격 이론이었다(Person & Ovesey, 1983: 203).

오이디푸스 콤플렉스는 남아보다는 여아에게 보다 단순한 과정이다. 하지만 주목해야 할 중요한 점은 이것이 엘렉트라 콤플렉스(Electra complex)가 아니라는 것이다. 이것은 Jung의 용어였는데, Freud는 '두 성의 태도 간 유사성을 강조한다.'는 이유로 이를 거부하였다(1931b: 375). 이전 이론에서 Freud는 (오이디푸스 콤플렉스뿐만 아니라 전성기기 조직화에서) 남아가 어머니에게 애착되듯이, 유사하게 여아도 어머니보다 아버지에게 더 애착되었다고 생각하였다. 이것은 당시의 이론에 더 이상 적용되지 않은 것처럼 보인다.

그러나 Freud의 후기 이론에서는 상황이 달라졌다. 여아의 최초 관계는 어머니에게 초점을 두는 것으로 인식되었다. "'전오이디푸스' 단계로 불릴 수 있는 어머니에 대한 배타적 애착 단계는 남자보다 여자에게서 훨씬 중요한 의미를 가진다. 이전에 충분히 이해되지 않았던 여성 성생활의 많은 현상은 이 단계를 참고로 충분히 설명될 수 있다." (1931b: 377) Freud가 제시한 한 가지 예는 여성이 남편과 결혼한 후에 남편과의 관계에서 자신과 어머니 관계의 나쁜 측면을 계승한다는 것이다. 오이디푸스 콤플렉스에서도 어떤 유사성이 있지만, '이것은 그녀의 어머니 입장을 받아들이고 아버지를 향한 여성적 태도를 채택하는 것을 넘어서지 않는다.' (1924d: 321) 이것은 소녀의 경우 소년과 동일한 성기를 가지지 않았다는 사실을 깨달을 때 일어나기 시작한다. Freud는 이러한 발견에 대한 그녀의 반응을 어떻게 보는지에 대해 기술하였다. "그녀는 즉시 판단과 결정을 한다. 그녀는 그것을 본 적이 있고, 그것이 없다는 것을 알며, 그것을 가지기를 원한다. 한 여성이 그녀의 자기애에 관한 상처를 자각하게 되면, 그녀는 흉터처럼 열등감이 생겨난다." (1925j: 336, 337) 소녀는 '충분하게 준비되지 않은 채 세상에 보낸' 어머니를 비난한다(1925j: 338). 그러나 이러한 해부학적 결함이 비난의 유일한 이유는 아니다. 두 번째 '더 놀라운 것'이 있다. 그녀의 어머니가 충분한 젖을 주지 않았고 충분히 젖을 빨게 하지 않았다는 것이다(1931b: 381).

사실 어머니들이 남아보다 여아에게 젖을 덜 빨게 한다는 증거는 없지만, Freud는 (우연히?) 페미니스트의 정신분석적 연구에게 어떤 지지를 받는 기술을 한 것처럼 보인다. Chodorow는 (남아와 여아를 다르게 다루는 게 없다고 말하는) 학교 심리학자의 연구 평가와 '생후 초기부터 어머니가 남아와 여아를 다루는 것과 대하는 기본적인 태도가 다르다는 증거가 늘어나고 있다.' 는 정신분석가의 보고 간 차이를 언급하였다(1978: 99). 그리고 충분하지 않은 젖을 또 다른 은유로 본다면, '자신을 공허하게' 느낄 수 있는 사람은 여자인 경우가 더 많은 것처럼 보인다고 하였다(1978: 100). Chodorow는 '대부분의 여자가 분리된 자기감을 발달시키지만'(1978: 110), 이것은 오히려 자신에 대한 투쟁이자 어머니가 아들에게 준 만큼 분명히 그녀에게 주지 않은 것은 아니라고 주장하였다. 그리고 "분리(separation)와 개별화(individuation)는 특히 여성의 발달 주제로 남아 있다."고 하였다(1978: 110).

어머니에 대한 환상에서 깨어나면서 여아는 "음경에 대한 소망을 포기하고, 이제는 아이에 대한 소망으로 대체시킨다. 그리고 '그러한 의도로' 아버지를 애정 대상으로 받아들인다."(1925j: 340) 하지만 중요한 차이가 있다. 남아의 경우 오이디푸스 콤플렉스로 밀어 넣는 것은 어머니에 대한 사랑이고, 거세에 대한 두려움과 아버지와의 동일시가 거기서 빠져 나오게 한다. 반면, 여아는 거세 콤플렉스에 의해 오이디푸스 상황에 들어가지만, 남아처럼 오이디푸스 콤플렉스를 통해 제대로 훈습하지 못한다.

Freud는 이러한 이유로 여성의 초자아가 덜 발달된다고 보았다. "그들은 남성보다 정의롭지 못하다. 그들은 인생의 긴급한 사태를 감당할 준비가 덜 되어 있다. 그들은 종종 판단하는 데서 애정이나 적대감에 더 많은 영향을 받는다." (1925j: 342) 이러한 것은 마치 보살피는 것과 같은 진술이지만, 이전에 Freud는 "여성의 초자아는 남성에게서 요구되는 것만큼 그렇게 요지부동하거나 냉정하거나 정서와 무관하지 않다."(1925j: 342)고 말하였다. 여기에서 그의 지각은 여성과 남성이 다른 방식으로 도덕적 판단을 한다는 것이지만, (통상적인 견해를 인용하는 것 말고) 여성의 도덕적 판단이 남성보다 열등하다는 실제적인 지표를 제공하지는 않았다. Freud는 다시 이후의 연구, 특히 Carol Gilligan의 것을 예상하지 못하였는데, 그는 남성과 여성이 상이한 도덕 개념을 가진다고 주장하였다. 즉, 남성은 정의, 공정성, 규칙과 권리에 초점을 두고, 여성은 바람, 요구, 흥미와 열망을 강조한다는 것이다(Gilligan, 1982).

여성과 남성 간에 차이가 있다 하더라도, (그는 그가 본 것이 차이를 없애려는 페미니스트의 시도라고 거부하였다) Freud는 또한 '능동적' '수동적' 같은 용어에 존재하는 남성과 여성의 성격 차이에 대한 가정에 도전하였다. 그는 심리적으로 남성과 여성 간에 차이가 있을 필요는 없다고 주장하였다 (1933a: 147-149). 남성이 능동적이고 여성이 수동적이라고 하는 것은 사회적 관습 이상의 어떤 실제적 근거가 없다는 것이다. "우리는 이것이 사회적 관습의 영향을 과소평가하였다는 것을 알아야 한다. 이러한 관습이 여성을 수동적 상황으로 몰고 간다."(1933a: 149) 실제로 그는 여성이 분명하게 '자신의 아이에 대해 모든 의미에서 능동적일 때' 여성을 수동적이라고 규정하는 것이 가능한지에 대해 심각한 의문을 던졌다(1933a: 148). 이러한 기술은 남성 성세포가 능동적으로 움직여서 수동적인 여성 성세포를 찾을 때에만 사실일 것이다. Freud는 다른 모든 측면에서 이러한 용어가 사회에 의해 부정확하게 부과되었다고 주장하였다. 성적 측면에서 더 멀어질수록, 이러한(정형화와 같은) '과잉부과의 오류'는 더욱 심화될 것이다. "여성은 다양한 측면에서 위대한 활동을 할 수 있고, 남성은 상당한 정도로 수동적 적응을 개발시키지 않으면 함께 살아갈 수 없을 것이다."(1933a: 148) 그는 또한 남성이 여성을 거세된 존재로 보기 때문에 여성을 얕본다는 것을 알았다(1931b: 376). 거세 불안이 여성보다는 대부분 남성의 문제라고 말하는 것은 이 입장과 그리 다르지 않다.

성차에 대한 그의 에세이가 짧기는 하지만, Freud는 남아에 대해 기술한 것보다 여아의 발달에서 전오이디푸스기적 요인을 더 강조하였다. 그는 남아에 대한 전오이디푸스 단계의 연구가 불완전하다는 것을 인정하였고, "우리가 이제 막 알기 시작한 이런 과정을 분명하게 이해하지 못하고 있다는 사실을 받아들이는 것이 아마 더 일반적일 것이다."라고 하였다(1931b: 383). 이것은 일찍이 1905년에 유아 성의 세 국면(그중 둘은 전오이디푸스적)에 관한 에세이를 출간한 사람에게는 깜짝 놀랄 만한 측면이다. 아마도 Freud는 남자로서(그리고 어머니의 아들로서) 어머니의 강력한 입장을 인정하는 데 어려웠을 뿐 아니라, 성과 오이디푸스 콤플렉스의 기반을 방어하려는 욕구 때문에 이러한 문제를 보다 일찍, 더 깊이 보지 못했을 것이다.

'여성성'에 관한 에세이에서 Freud가 보다 젊었더라면 발전시켰을 수도 있었던 시사적인 것이 있다. 예를 들어, 소년은 어머니와의 동일시에서 아버지와의 동일시로 옮겨 가는 데 어려움을 가진다는 것이다. 이전에는 애정 대상을 어머니에서 아버지로 옮겨 가는 데 더 어려운 경우가 여아라는 가정을 (그리고 이 에세이에서 반복해서) 하였다. 남아의 경우 어머니는 처음이자 자연스러운 모델이기 때문에, 여아가 여성 정체감을 형성하기보다는 남아가 남성 정체감을 형성하는 게 더 어렵다는 것이었다. 몇몇 페미니스트 정신분석가들이 주장하듯이, 아마도 남성은 어머니와 동일시하려는 소망에 반하는 반응으로 더 극단적인 형태로 남성성을 형성할 수 있다(Dinnerstein, 1987). 제4장과 제5장에 제시하였듯이, 페미니스트 치료자는 어머니-남아와 어머니-여아 관계의 의미 있는 차이를 분명히 해야 할 필요가 있을 것이다. 그리고 개인적인 양육과 아이 기르기, 사회 안에서의 권력 구조에 따라 성 발달에 어떤 차이가 나는지를 강조해야 할 것이다.

성격의 구조

Freud의 이론에 관한 개관은 지금까지 기술된 것보다는 본질적으로 더 가설적인 측면으로 향해 간다. 몇몇 Freud 이론은 왜곡되고 부분적이거나 잘못된 것이 있지만, 자기 분석과 내담자 분석에서 이루어진 직접적인 관찰을 설명하려는 많은 시도가 있었다. 다음 이론에서 우리는 훨씬 더 사색적인 영역으로 들어간다. 그러므로 이것은 상위심리학(metapsychology), 즉 '심리학을 넘어선 것'으로 알려져 있다. 그것은 관찰이 불가능한 것을 기술하려는 시도이기 때문이다. 이는 또한 사회학적이고 인류학적인 분야로 가는 그의 탐구에도 해당된다.

'원초아(id)' '자아(ego)' 그리고 '초자아(superego)'라는

친숙한 용어가 Freud의 저술에서 늦게 나타났다는 것은 놀랍게 다가온다(65세가 넘어서였다.). 그리고 기법적으로 보이는 이러한 용어들이 원래 독일어에서는 평범하게 의사소통하려는 시도였다는 것도 그러하다. 그는 일상적인 대명사 '나(Ich, I)' '그것(Es, It)' 그리고 '윗나(Über-Ich, Over-I)'를 사용하였는데, (이미 지적한 것처럼) 이를 준과학적인 라틴어 형태로 바꾸자고 주장한 사람은 영어 번역자들이었다. Bettelheim은 다음과 같이 언급하였다.

> Freud의 조심스럽고 독창적인 단어의 선택은 그가 의미한 것의 직관적인 이해를 촉진시켰다. 대명사 '나' 보다 더 크고 친숙한 함의를 가진 단어는 없다. 있다 하더라도 독일어 Ich는 영어 I보다 더 강하고 깊은 개인적 의미를 내포하고 있다. Freud는 일상 어법에서 사용되는 단어를 선택해서 우리가 생동감 있게 살아 있다는 것을 느끼게 한 반면에, 번역자들은 생동감을 발산해야 할 때 현학적인 분위기가 나는 죽은 언어에서 나온 용어를 제시하였다(Bettelheim, 1983: 53-55).

표준판의 번역자였던 James Stratchey는 부분적으로 Ernest Jones의 충고를 따랐다. Jones는 Freud의 연구의 불확실하고 모호한 영역에서 '국제적인 표준' 을 만들기를 원하였다(Ornstein, 1992 참고). 예를 들어, 'Id' 라는 용어는 독일어인 'das Es'를 대체하였는데, 이것은 일반 어법에서 'It just came over me.' 에서처럼 단순히 'It'을 의미한다. Es라는 용어는 정신분석가인 Georg Groddeck에게서 Freud가 인용한 것이다. 이것은 인간 본성에서 비인격적인 측면에 대한 용어를 사용한 Nietzsche에게서 가져온 것일 수 있다. '원초아' 라는 것은 "우리 성격에서 어둡고 접근이 불가능한 부분이다. 우리는 이에 대해 아는 것이 거의 없지만 꿈 연구와 신경증 증상의 구성을 통해 배웠다. 그리고 대부분의 이것은 부정적인 특성을 가지고 자아와 대비되어서만 기술될 수 있다. 우리는 그것을 혼돈이라고 부르는데, 끓어오르는 흥분으로 가득 찬 솥이다."(1933a: 105-106) 그것은 본능(즉, 추동)에서 나오는 에너지로 차 있지만, 조직화되어 있지 않고 쾌 원칙을 따르는 추동 욕구를 만족시키려고 한다. 쾌 원칙은 쾌를 추구하고 긴장이나 불쾌를 회피하는 것이다. 원초아는 모순으로 가득 차 있다. 이것은 시간 제한이 없고 도덕적인 감각도 가지고 있지 않다. 무의식은 또한 자아와 초자아의 일부를 포함하고 있지만, 이러한 측면에서 원초아는 무의식과 같다고 할 수 있다.

Freud는 『히스테리 연구』에서 '자아' 라는 용어를 사용하였다. 이 책에서 그는 Janet와 그의 추종자가 사용한 '원초적 자아(primary ego)' 라는 표현을 빌려왔다(Freud & Breuer, 1895d: 153). 여기에서 자아는 받아들이기 어려운 생각을 피하는 중요한 기능을 하는 것처럼 보인다(1895d: 180). 이후의 이론에서 그는 자아는 외부 세계로 향하고, "전체 장치의 감각기관이다. 외부로부터의 흥분뿐만 아니라 마음 안에서 일어나는 것에 수용적이다."라고 하였다(1933a: 107-108). Freud는 자아가 원초아의 일부에서 부분적으로 형성되지만, 외부 세계와 관련되고 외부 세계에 반응하는 요구에 의해 수정된다고 생각하였다. 이것은 에너지를 원초아에서 가져온다. 자아는 '현실 검증(reality-testing)'과 관련된다(1933a: 108). 원초아와 달리 자아는 심리과정을 통합하고 결합하려는 시도를 하며, 상당한 정도의 조직화가 일어나게 한다. 이것은,

추동을 지각하는 것에서 통제하는 것까지 발달한다. 더 일반적으로 말하자면, 자아는 이성과 선한 감각을 대표하지만 원초아는 길들여지지 않은 열정을 대표한다고 말할 수 있다. 원초아와 자아의 관계는 말과 기수의 관계와 비유될 수 있다 (1933a: 109).

위에서 기술한 것처럼, Freud는 자아가 성격의 한 측면인지 '자기'와 같은 것인지에 대해서는 분명히 밝히지 않았다. '초자아' 혹은 '윗나' 개념은 Freud의 심리 구조 지도에서 어떤 역할을 하는지에 특별히 관심이 있는데, 이것이 대

상관계의 형태를 미리 나타내기 때문이다. Freud가 자아 이상(ego ideal)이라고도 한 초자아의 기원은 오이디푸스 콤플렉스의 해소에 있다. 여기에서 아이는 아버지나 어머니와 동일시를 하게 된다. 부모 명령의 특정 부분은 아이의 마음에 영속적인 위치를 차지하게 된다. 자아 이상은 "교훈(precept)에서 나타나는데, 너는 이처럼 (너의 아버지처럼) '해야 한다.' 는 것이다. 이것은 또한 금지(prohibition)를 포함하는데, 너는 이처럼 '하지 말아야 한다.' 는 것이다." (1923b: 374)

　Freud는 애도(mourning) 과정에서 초자아의 형성과 유사한 중요한 것을 확인하였다. 그가 『애도와 멜랑콜리아(*Mourning and Melancholia*)』(1917e)를 저술할 때에는 이 과정이 얼마나 흔하고 전형적인지를 인식하지 못했다. "그 이후로 우리는 이러한 종류의 대체가 자아가 취하는 형태를 결정하는 데 상당 부분을 담당하고, 이것이 '성격(character)'이라는 것을 형성하는 데 중요한 기여를 한다는 것을 이해하게 되었다." (1923b: 367-368) 외부 대상을 상실하면 이것은 자아 안에 있는 동일한 대상 표상으로 성격 안에 대체된다(기법적으로는 '내사된(introjected)' 대상으로 알려졌다.). "상실한 대상은 다시 자아 안에 자리 잡는다. 즉, 대상 점유가 동일시에 의해 대체된다." (1923b: 367)

　내재화, 동일시 혹은 내사로 다양하게 알려진 이 과정은 이후 Freud의 이론 발달에서 가장 중요한데, 이를 통해 Freud는 '내재화된 대상(internalized object)'에 대해 능동적으로 표현하였기 때문이다. 이는 상실되거나 포기된 관계의 측면에 관한 표상으로 한 사람의 '내적 세계'에 함입된 것이다. 부모는 (어머니와 아버지, 좋고 나쁜 측면에서) 실제로 존재하지 않을 때에도 성격 내에서 계속 작용한다. Freud는 한 내적 대상인 초자아만 제시하였지만, 다른 내재화된 대상이나 부분 대상의 가능성도 열어놓았다. 이것은 Klein 이론에서 내재화된 좋은 가슴과 나쁜 가슴과 같은 것으로, 성격 내에 존재하고 외부의 대상관계뿐만 아니라 내적 세계의 반응과 관계에 영향을 미친다. (이러한 과정에 대한 보다 충분한 기술은 Wallis & Poulton을 보라. 2001: 제2장).

Freud의 구조 이론에서 내적이고 외적인 압력을 중재하는 것은 자아다. 이것은 '엄격한 세 주인, 즉 외부 세계, 초자아, 원초아에 봉사한다.'(1933a: 110) Freud의 자아의 요구에 대한 기술은 강렬하고 동정적이며, '인생은 그리 쉽지 않다.'고 외치면서 끝난다(1933a: 110-111). Freud는 가장 정확한 형태로 구조 이론을 요약한다. "자아에 의한 활동은 원초아, 초자아, 현실의 요구를 동시에 만족시킨다면 의도한 바대로 된다. 즉, 이것이 서로의 요구를 화해시킬 수 있다면 그렇게 된다는 것이다."(1940a: 377-378) 이것이 일어나면 현실 원칙은 쾌 원칙에 대해 승리를 거둔다(1911b: 40-41).

이러한 중재 시도가 실패하면 대개 신경증이 생겨난다. 신경증은 '사람들이 (전체적이든 혹은 부분적이든) 현실을 참기 어려워서 그로부터 도피할 때' 생겨난다(1911b: 35). Freud는 정신병을 현실에서 도피하는 극단적인 형태로 기술하였고, 그런 경우 정신분석에 별다른 기대를 하지 않았다. 그는 다양한 측면의 문화가 쾌 원칙을 현실 원칙으로 대체하도록 돕는다고 생각하였다. 종교가 그렇기는 하지만, 그것은 쾌를 포기하기 때문에 쾌 원칙을 극복한 것이 아니다. 과학은 쾌 원칙을 대체한 것에 가깝고, 이 과정에서 대체된 지적인 쾌를 제공할 수 있다. 교육은 발달과정을 돕고 자아를 돕는다. 무엇보다도 '두 원칙 간의 화해'를 가져오는 것이 예술이라는 것은 흥미롭다(1911b: 41). 예술가는 현실에서 도피를 하고 '환상의 삶 속에 성애적이고 모호한 소망을 충분히 유희할 수 있게 허용하지만,' …… 현실의 소중한 반영으로서 '자신의 환상을 새로운 종류의 귀중한 진실로 만들기 위해 특별한 재능을 사용하는' 현실로 되돌아온다(1911b: 41-42).

사회, 종교 그리고 문화

말년에 Freud는 다른 많은 분야에 자신의 에너지와 열정을 쏟았다. 이것은 정신분석의 지평을 넓혀야 한다는 바람에서 나온 것이지만, 그 자신이 문학, 예술, 인류학, 종교 그리고 사회학에 응용할 수 있는지에 대해 늘 탐구하였다는 것을 나타낸다. 그는 또한 신의 존재 의문에 대한 대답, 거대 집단의 역동, 문명의 본질뿐만 아니라 레오나르도 다빈치, 미켈란젤로와 같은 예술가와 다양한 문학가의 심리를 제시하였다. 그는 여기에서 내담자와의 작업을 통한 실험적 상황의 뒷받침 없이 종종 개인적인 견해를 표현하였다. 하지만 그는 정신분석과 많은 다른 분야 간의 상호작용을 촉진하였고, 정신분석적 사고를 문학, 사회학, 영화 등에 적용한 선구자였다. 이 영역에 대해서는 제5장에서 더 다룰 것이다.

한 인간이 되고 보다 큰 사회의 구성원이 되는 문제는 Freud가 『문명 속의 불만(*Civilization and it's Piscontents*)』 (1930a/2002)이라는 중요한 연구에서 제기하였다. Freud는 문명화가 추동 욕구의 억제를 요구한다고 주장하였다. 이것은 또한 사회가 보호하고 제공하기 때문에 장점이 있다. 그럼에도 불구하고 그 대가로 불가피하게 성과 공격성의 억제와 같은 불만을 낳는다.

동일한 주제를 다룬 보다 이전의 책 『집단심리학과 자아의 분석(*Group Psychology and the Analysis of the Ego*)』 (1921c)에서 Freud는 교회와 군대의 두 조직의 예를 들었다. 거기에서 그는 Le Bon의 군중 심리와 Trotter의 무리 본능에 대해 이야기하였다. Freud는 큰 집단에서 사람을 결집하는 것은 그들의 지도자인 그리스도나 장군의 내재화와 서로의 동일시에 있다고 주장하였다. 예를 들어, 교회에 속하기로 선택할 때 개인 성원은 그리스도의 자아 이상에 자신의 자아 일부를 포기한다. 그들은 그리스도에 대한 사랑과 그리스도가 교회의 성원을 똑같이 사랑하신다는 믿음으로 결합된다. 하지만 Freud는 이러한 애정이 있는 기관을 유지하기 위해 억제된 적대감은 어떻게 되었는지에 대해 묻는다.

이것이 표현되는 한 가지 방식은 종교 집단의 바깥 사람들을 향하는 것이다. Freud는 교회가 애정적인 유대감으로 결합되었지만, 바깥 사람들에게는 적대적이고 잔인할 수 있다고 기술한다. "사랑의 종교라고 이야기하지만 기독교는 그에 속하지 않은 사람들에게는 엄격하고 매정하다."(1921c: 128) 그는 이것이 다른 신앙에도 해당된다고 생각하였다. 모든 종교는 '그것을 받아들이는 사람들에게는 사랑의 종교다. 하지만 그에 속하지 않는 사람을 향한 잔인함과 편협함은 모든 종교에 당연하게 있다.' (1921c: 128)

Freud의 종교에 대한 분석은 보다 짧은 다른 연구(예: 1907b, 1933a: 35강)에 나타나고, 『토템과 타부(*Totem and Taboo*)』(1912-1913)와 같은 중요한 연구에도 나타난다. 여기에서 그는 오이디푸스 신화를 인류학적 상황으로 바꾸었다. 즉, 원시 부족에서 한 무리의 형제들이 지배적인 남성을 죽이는 데 공모하고, 삼켜 버리고는 이상화한다고 생각하였다. 『환상의 미래(*The Future of an Illusion*)』(1927c)에서는 '본질적으로 종교에 대해 부정적인 평가'(1925d: 257)를 하였다. 『모세와 유일신교(*Moses and Monotheism*)』(1939a)는 아마도 그의 저술 중에 가장 이상하고 불운한 책으로, 그의 유대교 지지자를 공격할 뻔하였고 반유대주의에 대하여 기독교를 더 강하게 공격한 것이었다. Freud는 신경증을 '사적인 종교'라고 보기도 했지만, 종교를 보편적인 강박신경증으로 보았다(1907b: 33). 그는 종교의 기능을 다음과 같이 기술하였다. "이것은 [사람들에게] 우주의 기원과 존재에 관한 정보를 제공하고, 인생의 운명에서 보호와 궁극적인 행복을 보장한다. 그리고 전체적인 권위가 있는 가르침으로 생각과 행동을 인도한다."(1933a: 196-197) (또한 이 주제에 대해서는 Jacobs, 2000을 보라.)

이와 관련하여 Freud의 심오한 관찰은 신이 부모상(parent figure)의 투사라는 것이었다. 이러한 주장이 독창적인 것은 아니었지만, 실증주의 철학자 Comte뿐만 아니라 Voltaire, Diderot, Feuerbach 및 Darwin이 이미 유사하게 주장한 것에 대해 심리학적 설명을 하였다. Freud는 또한 그를 6년간 지도한 생리학자 Bruecke의 영향을 많이 받았는데, 그는 자연에서 끌어온 모든 신비스러운 설명을 싫어하는 사람이었다.

Freud의 전기 작가 중 한 사람인 Peter Gay는 Freud의

유대교 배경과 이론의 연관성을 찾는 책에서, "Freud가 유대교와 동일시한 것은 과감히 세속적인 것이었다."고 주장하였다(Gay, 1987: 124). 그는 '유대교의 지적 계보' 탐색이 생산적이지 않다고 결론지었다(1987: 129). Gay는 또한 Freud에게 유대교는 '확인하기 어렵고 포착하기 어렵게 작용한 요소'였다고 주장하지만, 주로 독일과 영국의 문화, 철학자, 시인이나 과학자에게 지적인 빚을 졌다고 보았다 (1987: 132).

Freud가 그렸던 광대한 이론적 캔버스에서 한 걸음 물러서서, 그의 스승의 작업과 증상을 보였던 내담자에 대한 관찰과 함께 그것을 시작했다는 것을 기억하는 것은 중요하다. 그의 모든 연구의 중심에 임상 작업이 있었다는 것과 자신의 관찰을 이해하려는 시도에서 어떤 측면에서는 다른 것보다 더 강력한 이론을 불가피하게 제시하였다는 것, 그렇지만 계속해서 발전할 수 있는 이론을 제시하였다는 것은 잊기 쉬울 것이다. 자신의 생각을 점점 받아들이게 되면서 Freud는 더욱 광범위한 주제에 주의를 돌렸다. 또한 특정한 것에서 보편적인 것으로, 개인적인 것에서 사회로, 그리고 개인적인 기원에서 인류의 역사로 (혹은 개체 발생에서 계통 발생까지) 일반화하여 대입시켰다.

본질적으로 이론적 개념은 '분석가가 내담자의 이야기를 경청하는 가운데 보이지 않는 배경, 볼 수 없는 틀을 제공한

다. 그러므로 정신분석 이론 내의 기본 개념은 임상가에게
중요하고 숨겨진 의미 차원으로 향하게 하는 해석의 가능성
을 제공하는데, 이는 청취자로서 자신의 감각을 발달시킴으
로써 이루어진다.' (Greenberg & Mitchell, 1983: 15-16)
Freud에게는 상황이 달랐다는 것을 잊기가 쉽다. 그는 내담
자에게 들은 것, 자기 분석, 관찰하고 추측한 것 그리고 그의
명석한 상상력만으로 앞으로 나아갈 수 있었다. 또한 Freud
의 사고와 출간물이 상당히 많은데, 그의 연구시간이 처음
부터 그리고 인생의 대부분에서 주로 내담자와의 분석 회기
로 이루어졌다는 사실을 잊기 쉬울 것이다. 대부분 상담자
의 치료가 이론적 입장으로 채워진다면, Freud의 이론적 입
장은 주로 그의 치료에 의해 채워진 것이다. 만약 그가 기법
적인 생각으로 더 자주 기억된다면 그중 많은 것이 영어권
에서 더 많이 사용되었을 것인데, 사실 그가 우리에게 제공
한 것은 특별한 유형의 연구방법과 치료기법이었다. 그러므
로 내가 여기에서 그랬듯이 치료 앞에 이론을 둔 것은 말 앞
에 마차를 둔 것이 될지도 모른다. 이제 우리가 관심을 가져
야 할 것은 Freud의 정신분석 치료 실제다.

3 Freud의 주요 치료적 공헌

[그는] 악한 것이 무엇인지를 보여 주었는데, 우리가 생각
하듯이

벌을 받아야 할 행동이 아니라 믿음이 부족한 것,

부인(denial)이라는 정직하지 못한 것,

박해자의 욕망이라는 것이다.

W. H. Auden, 'Sigmund Freud를 기리며'

Freud와 정신분석 치료

정신분석적이지 않은 치료를 하는 많은 치료자와 상담자
는 Freud의 정신분석 기법에 대해 비판적이다. 그 근거는

정신분석 치료가 차갑고 비인격적이며, 해석을 통해 답을 알려고 하며, 실제 치료에서 기법들을 사용한다는 것이다. 그러한 광범위한 일반화는 정신역동적 치료자가 복제 인간이 아니기 때문에 도움이 되지 못한다. 그들은 사람이 다르고, 또 치료에서 관계하는 방식뿐만 아니라 기법의 기본 원칙을 적용하기 위해 선택하는 방식도 다르다. 하지만 정신분석적이지 않은 사람의 비판에는 현실적인 어떤 근거가 있다. 이 장에서 보여 줄 것이지만, 그 잘못이 Freud에게 있기보다는 오히려 정신분석에 있다. 이는 정신분석이 (어떤 책임감을 가지는) 기관화된 형태와 (불가능한) 신화적인 형태가 있다는 것이다. 이 둘의 조합은 정신분석 치료에서 강력한 일련의 이미지를 만들었다. 즉, 한편으로는 분석가의 장의자와 진부한 해석이 나오는 만화에서, 다른 한편으로는 내담자(예: Dinnage, 1989)와 치료자(Lomas, 1987)에게서 나온 심한 비판에서 나타난다. 이러한 정신분석에 대한 만화가 Freud 자신이 개발하고 가르친 것의 정확한 예로 받아들여진다면 그의 기법에 주어진 인상은 잘못된 것이다. 실제로 Freud는 내담자와의 초기 작업을 통해 기본적인 기법과 태도를 발전시켰고, 이제 이것은 대부분의 치료자에게 공통적으로 사용된다. 앞서 언급했고 다시 언급할 가치가 있는 것은 Freud의 원전, 적어도 번역판을 읽는 것이 중요하다는 것이다. Freud의 가장 중요한 많은 저술의 새로운 번역이

Penguin Classics 시리즈에서 2002년 이후로 출판되었고, 이것이 Freud를 보다 직접적으로 알게 해 줄 것이다. Freud와 그의 치료에 대해 더 복합적이고 충분한 그림은 이후의 발달로부터 되돌아가서 추론하기보다는 그의 사례와 기법에 관한 논문을 읽는 것에서 드러난다.

대부분 1911~1916년에 쓴 기법 측면에 관한 논문은 Freud의 치료와 관련하여 귀중한 증거를 제공한다(Penguin Classics에서 새롭게 번역된 『분석이 아닌 분석』(2002)이라는 책을 보라.). 이 논문들에서 그는 다른 곳에서보다 때로 더 분명한 권고를 한다. 사례와 몇몇 내담자에 대한 보고에서 초심자를 위한 권고로 제시한 것보다 더욱 분명하게 Freud의 개인적 치료 스타일을 기록한 예들이 있다. 반대로 몇몇 지침에는 개인적 치료 스타일에 대해 설명이 분명치 않은 유용한 충고가 있다. 여기에는 증상에서 드러나는 통찰을 기다리지 않고 내담자에게 그것의 의미를 말하는 것에 대한 경고 같은 것이 있다. 나중에 치료에 대한 Freud의 확신과 입장은 때때로 그의 개인적 권위에 너무 의존하도록 만들었다. 초기에 Freud는 거의 모든 기법을 실험과 실수, 내담자 반응에 대한 반영을 통해서, 그리고 몇 개의 성과 기록 사례를 통해서 배웠다. 그의 기법적 권고는 부분적으로는 『분석이 아닌 분석』(1910k/2002)에서 그를 따르는 사람들의 사례에 대한 반응으로 이루어졌거나, 잠재적으로 위험한 실험(예를 들어, Ferenczi는 내담자와 보다 적극적으로 관여하려고 시도하였다)(Dupont, 1995)에 대한 반응으로 이루어졌다. 그리고 Freud의 접근에서 더 나은 측면의 요약과 이후의 태도의 냉담화에 대한 발단을 결합시켰다.

초기 기법들

Freud의 초기 실험은 마사지와 최면도 있었다. 이는 우선 내담자의 즉각적인 증상을 완화하려는 시도로 사용되었다. 그리고 (특히, 최면의 경우) 증상의 기원을 탐색하도록 장려하는 목표도 있었다. 여기에서 그는 Emmy von N.이라는 가명의 내담자를 치료하면서 이러한 기법을 기술하였다.

내가 그녀를 마사지하는 동안에 그녀는 이미 영향을 받기 시작하였다. 그녀는 점점 조용해졌고 머리가 맑아져서 최면 상태에서 질문하지 않고도 그날의 불편한 감정의 원인을 알아낼 수 있었다. 마사지하는 동안 그녀의 대화는 보기와는 달리 목표가 없지는 않았다. 오히려 마지막 대화 이후에 그녀에게 영향을 주었던 기억과 새로운 인상을 꽤 완벽하게 생각해 내었다. 그리고 예상치 않게 그녀에게 요구하지 않더라도 종종 병의 생성과 관련된 기억을 털어놓는 경우가 있었다 (Freud & Breuer, 1895d: 112).

Freud의 접근은 부분적으로 Charcot를 관찰하여 이루어졌고, 선배 동료인 Breuer와 최면을 사용했던 당시의 의사인 Bernheim의 영향을 받았다. 증상을 완화하고 치료하는 방법으로서 이 방법은 신체 의학이나 수술에 의한 치료 모델과 유사하다. Freud는 최면을 통해 내담자를 이완시키고 (어떤 의미에서는 마비시켰고) 최면 상태를 이용하여 직접 질문을 하였다. 이것은 처음에 무엇이 불편하게 만들었는지, 그리고 무엇이 고통을 지속시켰는지를 탐색하는 통로를 만들기 위해서였다. '대화 치료'는 우선 정화과정으로, 당시에 잘 알려진 치료 형태인 내장의 정화나 방혈(blood-letting)과 심리적으로 맥을 같이한다(역사적으로 보면 미숙하다.). Freud는 환자가 신체적으로 간호받고 있는 편안한 집에서 종종 이러한 기법을 사용하여 내담자 증상의 일부를 일시적으로 완화시킬 수 있었다. 하지만 이러한 완화가 얼마나 지속적인지에 대해서는 의문을 가졌다.

자서전에 썼듯이 Freud는 다양한 이유로 최면을 포기하였고 정화치료법을 변화시켰다. Bernheim이 그랬듯이, 그가 인식한 것은, '몽유 상태에서 깨어나면 내담자는 그 상태에서 있었던 모든 기억을 잃어버리는 것처럼 보였다.' (1925d: 211)는 것이다. Bernheim은 자신의 손을 내담자의 이마에 얹으면 대개 잊었던 기억이 되돌아오는 것을 발견하였다. Freud가 기술하였듯이 안심과 격려로 그리고 손으로 접촉함으로써 '잊어버린 사실과 그와 관련된 것들을 의식' 하게 할 수 있다는 것을 발견하였다(1925d: 211). 이것은 최면보다 더 어려운 방법이었지만 내담자에게는 더 유용하였다. 이러한 변화는 내담자를 단순하게 치료를 받는 사람 이상으로 인식한 것이었다. 내담자의 과거에 일어났던 것을 의식적으로 아는 것뿐만 아니라 치료 세팅 자체에서 일어난 관계 경험은 이러한 과정에서 필수불가결한 부분이었다.

Freud가 최면을 포기한 주된 이유는 '내담자와 개인적인 관계가 불편해지면 아무리 훌륭한 결과라도 그것이 갑자기 사라져 버린다는 것이었다.' (1925d: 210) 이와 함께 Freud 는 일찍이 1895년 『히스테리 연구』에서 '전이'라고 불렸던 현상을 처음으로 어렴풋이 파악했다고 기술하였다. 나는 이 장의 후반부에 이러한 특정한 치료관계의 특성에 대해 Freud가 어떻게 이해했는지를 기술할 것이다. Freud는 초기에 이러한 현상의 의미를 충분히 인식하지는 못하였지만, 당시에 '치료자와 내담자의 개인적인 정서적 관계가 전체적인 정화과정보다 더 강력하다.' 는 것을 알았다(1925d: 210).

단지 소파(Freud는 '장의자(couch)' 라는 용어를 사용하지 않았다)만이 이러한 초기 실험의 증거로 남아 있다. Freud는 최면을 포기하였지만, 여전히 최면 상태처럼 중요한 특징이 있는 이완 상태와 꿈과 같은 의식 상태를 조성하기를 바랐다. 이러한 주변 상황이 내담자에게 더욱 자유롭게 말하는 것을 촉진시켰다. 그의 접근은 질문기법 중 하나를 변화시켰는데, 그것은 자신의 손을 내담자의 이마에 대고 누르는 '압박기법'을 사용하는 것이었다. 이러한 명령조의 방법은 Freud를 권위적인 인물로 보게 하였으며, 어두운 무의식에서 나오는 대답에 도전하는 것이었다. 이러한 권위는 정신분석 치료가 발달하면서 긍정적이고 부정적인 특성을 다 가지게 되었다.

Freud는 일찍이 저항의 힘을 인식하면서, 놀랍게도 그가 찾았던 대답을 얻는 것처럼 보였다. 가장 초기의 사례 연구에서 종종 "나는 그녀에게 물어보았다."와 같은 구절을 볼 수 있는데, 이것은 그의 접근이 당시에 얼마나 능동적이었는지를 말해 준다.

나는 그녀에게 왜 복부 통증이 있는지, 그리고 그 통증이 어디에서 비롯된 것인지에 대해 물어볼 기회가 있었다. …… 그녀는 마지못해 자기는 모르겠다고 말했다. 나는 그녀에게 내일까지 기억해 보라고 요구했다. 그랬더니 그녀는 분명히 투덜대는 목소리로 이런저런 것이 어디서 비롯되었는지를 계속해서 물어볼 것이 아니라 자신이 말하려고 하는 것을 그냥 내버려 두어 달라고 말했다. 나는 그렇게 하겠다고 했다(Freud & Breuer, 1895d: 119-120).

같은 사례에서 유사한 것이 있는데, Freud는 "이러한 중단으로 인해 얻는 것이 없었고, 그녀의 이야기를 끝까지 상세하게 들을 수밖에 없었다는 것을 알았다."고 기록하고 있다(1895d: 118). 이는 Freud의 기법이 그의 내담자에 의해 어떤 영향을 받았는지를 보여 준다. 기법은 점차 방향이 바뀌어 치료자가 질문하는 것에서 내담자가 선택한 것을 말하도록 격려하는 것으로 변화하였다. 아마도 이것은 Carl Rogers가 훨씬 이후에 내담자 중심(client-centered) 혹은 인간 중심(person-centered) 접근으로 내세운 것과 처음으로 관련되는 것이다.

그럼에도 불구하고 Freud는 이렇게 분명한 인간 중심적 접근에서 기법적으로 한 걸음 더 나아갔다. 나중에 자유연상으로 알려진 분명한 규칙을 내담자에게 규정함으로써, 인간 중심 치료가 구체적으로 포함하지 않았고 능동적인 치료가 허용하지 않았던 한 차원을 부가하였다. 이것은 Freud가 바랐던 부분이지만, 내담자에게 말하고 싶은 것을 선택하도록 한 것만은 아니었다. "치료자는 내담자가 무언가를 말하도록 내버려 두어야 하고 어디에서 시작할지를 선택하도록 해야 한다."(1913c/2002: 55) Freud는 이렇게 단순한 (다소 낙관적인) 권고를 확장하였고, 내담자에게 처음부터 부여된 이러한 규칙에는 예외가 있다고 부가하였다. 요컨대, 이것은 내담자가 말하고 싶은 것을 단순히 선택하는 게 아니라 마음속에 떠오르는 모든 것을 말하라는 요구다. 자유연상 규칙은 내담자 자신에 대해 경청할 것을 요구한다. 의식에 떠오르는 모든 것을 무시하거나 빠트려서는 안 된다. Freud는 내담자에게 검열을 하지 않고 마음속에 떠오르는 모든 것을 말하게 하였고, 어떤 것을 표현할지를 선택하지 않도록 하였다. 인간 중심 치료자는 내담자에 대해 주의 깊게 경청하도록 격려된다. 하지만 Freud의 내담자는 자기 자신과 자기 안에서 일어나는 모든 것에 대해 주의 깊게 경청하도록 격려되었다.

이후의 기법에 관한 논문에서 그는 기본 규칙을 기술하면서 중요한 이 측면을 요약하였고, 유사한 맥락에서 치료를 시작할 때 이에 대해 내담자와 소통하였다.

시작하기 전에 한 가지 알아두어야 할 것이 있습니다. 당신이 하는 이야기는 일상적인 대화와 한 가지 면에서 달라야 합니다. 일상에서는 당연히 당신은 이야기 가닥을 잘 잡으려고 노력해야 하고, 침투적인 말이나 엉뚱한 생각으로 산만해지는 것을 피해야 합니다. 그러나 여기에서는 다르게 진행될 것입니다. 당신은 이야기하는 동안 많은 생각이 떠오를 것이고 그것을 비판적으로 거부할 수 있습니다. 당신은 그것이 여기에 맞지 않거나 전혀 중요하지 않다고 말할 수 있고, 무의미하기 때문에 말할 필요가 없다고 할 수 있을 것입니다.

그런 식으로 비판하지 마시고 어쨌든 그렇게 하고 싶지 않다고 말로 해 주십시오. …… 그러니까 당신에게 떠오르는 모든 것을 말로 해야 합니다. 예를 들어, 기차의 창쪽 자리에 앉아서 바깥의 변화하는 장면을 안쪽 자리에 앉아 있는 동료에게 말하는 여행자처럼 그렇게 하십시오(1913c/2002: 55-56).

Freud는 이 규칙이 쉽게 지켜질 수 있는 것이 아니라는 것을 알았다. 어떤 내담자는 말하는 것이 허용된 것을 환영하듯이 매우 자유롭게 말할 수 있다. 그러나 어떤 사람은 '처음부터 그 규칙을 위반한다.' (1913c/2002: 63n)

저항의 만남

초기의 기법이 변화되면서 Freud는 자신이 '최면술에서 자유로워지는 것'을 보았다(1925d: 212). 개인 내담자의 역사를 드러내는 데서 그렇게 많은 잠재력을 보여 주었던 이 방법은 실제로는 인간 마음의 힘의 상호작용에 관한 더욱 심오한 관찰을 가려 버렸다. '억압'이 Freud 이론의 토대 중 하나이듯이, 임상 실제에서 내담자의 '저항(resistance)' 형태로 나타나는 이것은 그의 기법의 토대 중 하나가 되었다. 그는 "내담자가 그렇게 많은 외적이고 내적인 삶에 관한 사실을 잊어버리지만, [최면과 같은] 기법을 사용하면 어떻게 그것을 다시 기억해 낼 수 있는가?"를 물었다(1925d: 212). 내담자는 왜 자유연상 규칙을 지키는 것이 어렵고, 그들이 말하는 방식이 '자유'롭지 않은 것처럼 보이는가? Freud는 "잊혀진 모든 것은 어떤 식으로든 내담자 기준에서 보건대 놀라운 것이거나 고통스럽거나 혹은 부끄러운 것이었다."라고 결론지었다(1925d: 212). 그는 치료자가 내담자 안에 있는 어떤 반대 세력과 대항해서 싸워야 하는 것처럼 느꼈다.

저항의 인식은 그의 치료방법의 발달에서 중요한 돌파구였다. 분석은 저항이 있다는 것을 드러내는 것이 주된 목적인 기법이 되었고, 이에 내담자는 그것을 스스로 극복할 수 있게 되었다. 그리고 이러한 극복을 통해 저항했던 감정이나 생각을 발견하였다. 이것이 바로 Freud가 '해석(interpretation)의 예술'이라 부른 저항을 드러내는 것이다(1925d: 224). 이후에 해석은 전이의 해석도 포함하였다. 저항과 유사하게 전이는 숨겨진 생각과 감정에 대한 단서가 되었고, 내담자와 치료자의 관계방식에 존재하는 또 다른 형태의 저항으로 보았다. 해석은 과거의 경험을 현재의 감정과 태도와 관련짓는 것을 의미하지만, Freud는 '해석'과 '구성(construction)'을 분명하게 구분하였다. 후자는 과거에 일어났던 것을 재구성하려는 시도를 통해 과거와 현재를 잠정적으로 연결하는 것이다. "해석은 생각, 실수 등에 적용되고 작업하고 있는 자료의 어떤 단일한 요소이지만, 구성은 피분석자에게 잊혀진 초기 삶의 역사의 일부를 제공하는 것을 의미한다."(1937d/2002: 215)

그러므로 '구성'이라는 용어는 저항(그리고 전이)의 '분석' 과정에 뒤이은 치료자의 작업 측면이다. Freud는 내담자 중 한 명인 Elisabeth von R.의 사례에서 분석을 고고학적 발굴과 비교할 수 있다고 하였다. 유사하게 '구성'은 대부분 파묻힌 자료가 드러난 고대의 건물을 고고학자가 재구성하는 것과 유사하다(1937d/2002: 213). 그러므로 구성은 해석보다 더 복잡하다. 그리고 Freud는 이후의 심리적 어려움의 원인으로 단일한 외상 사건을 강조하였지만, 심리치료의 초기에도 "대개 증상이 단일한 '외상' 장면의 침전물이라기보다 많은 유사한 상황이 합쳐진 결과"라는 것을 알았다(1925d: 203).

다음에서 나는 Elisabeth von R.의 사례를 자세하게 요약할 것이다. 이것이 Freud 기법의 발달을 가장 분명하게 보여 주는 한 예이기 때문이다. 여기에서 그가 저항을 이해하고 해석하는 방식과 구성하는 방식을 볼 수 있다. 이 사례에서 Freud는 분석의 결론으로 향하는 다소 야심적인 구성을 제시하였는데, 이 구성이 다 옳다 하더라도 받아들이기에는 어려웠을 것이다. 『히스테리 연구』(Freud & Breuer, 1895d)의 네 사례에 더하여, Freud는 여섯 개의 상세한 사례를 출판하였다. 그중 하나는 실제 내담자가 아닌 자서전의 분석이었다(1911c/2002; 또한 1909b/2002; 1909d/ 2002; 1918b/2002를 보라.). 그는 자신의 사례와 이론적 논문의 짧은 예에서 다른 많은 내담자를 언급하였다. Elisabeth von R.의 사례에서 장점은 내담자의 정신병리에 중점을 둔 다른 사례보다 실제 치료에 관한 증거가 많이 있다는 것이다.

　Freud는 어떤 측면에서 사례의 가치가 제한적이라고 생각했는데, 내담자의 익명성을 보존하기 위해 정보를 제한해야 했기 때문이었다. 그는 위장해야 하는 것이 종종 일상생활의 세세한 부분이었다고 하였다. 어떤 경우에 내담자의 가장 사적인 비밀이 대중들에게 쉽게 누설될 수 있는데, 이때 내담자는 인식되지 않을 수 있다. 오히려 내담자를 알아보는 데 가장 해롭지 않고 시시한 특성에서 모든 사람에게 알려지고 인식될 수 있다고 하였다(1909d/2002: 126). Freud는 또한 나중에 기록하는 것이 회기 동안에 기록하는 것보다 덜 정확할 수 있다는 것을 알았다. 그는 항상 당일에 기록하였고 '가능한 한 내담자가 사용한 실제 단어를 회상'하는 데 충실하였다(1909d/2002: 172n). 그러나 회기 내에 기록하는 것에 대해서는 반대하였다. "치료자가 주의가 분산되어 내담자에게서 잃은 손실은 사례에서 충실한 재생으로 얻는 모든 이득으로 면제될 수 있는 것보다 더 크다." (1909d/2002: 172n) 아무튼 Freud는 '기록을 하거나 속기로 쓴 자료 선택은 결국 분석에 해로울 것이고, 들었던 것을 해석하는 데 더 잘 활용될 수 있는 사고 역량의 일부를 방해할 것'이라고 생각하였다(1912e/2002: 35). 대신에 그는 치료자가 "경청을 하고 어떤 것에 주의를 둘 것인지에 대해 걱정하지 말라."고 충고하였다. "여전히 연결이 안 되고 조직화되지 않은 것이 처음에는 깊이 묻힌 것 같지만, 내담자가 그것과 연결된 어떤 것을 생성해 내고 발달시킬 수 있게 되면서 쉽게 마음에서 떠오른다."(1912e/2002: 34)

사례에서 발견되는 또 다른 가치와 관련하여, Freud는 치료가 성공적일수록 분석 기록이 과학적인 가치가 덜하다고 주장하였다. 이것은 그의 연구에서 치료적 노력과 '무의식적 심리과정에 관한 과학'이라고 했던 것 사이의 긴장에 관한 예다(1925d: 255). (Freud가 보기에) 결국 정신분석이 치료적인 도구로서 가치가 덜하고 이해방식으로 더 유용하다는 것이 증명되듯이, 심지어 치료가 성공적이더라도 종결하는 데 더 짧은 시간이 걸리는 사례는 해결되지 않은 채 진행된 사례보다 무의식적 과정에 관한 지식을 덜 제공한다. 다른 곳에서 Freud는 연구와 치료의 차이에 관해 언급하였다.

분석 작업은 분명히 연구와 치료를 결합하는 것을 말한다. 그러나 어떤 지점을 넘어서면, 전자에 의해 사용된 기법이 후자와 갈등을 일으킨다. …… 치료의 전망은 과학에 유용한 과정으로 인해 해가 될 것이다. …… 대조적으로 가장 성공적인 사례는 당신이 어떤 계획을 가지지 않고, 매시간 당신 자신을 깜짝 놀라게 허용하며, 끊임없이 열린 마음을 유지하고, 어떤 전제를 하지 않고 진행시킨 것들이다(1912e/ 2002: 35-36).

사례 연구: Elisabeth von R.

Freud의 Elisabeth von R. 분석은 이러한 열린 마음의 좋은 예다. 적어도 Freud는 치료 작업 대부분에서 진정으로 곤혹스러웠고, 그녀의 어려움에 관련된 원인에 대해 이론만큼이나 우연히 알게 되었다. 그는 그녀를 치료할 때 이론적 전제나 관여로 인해 방해받지 않았는데, 이것은 여러 증상과 내담자가 제시하는 언어 자료에 대한 해석을 모호하게 했을 것이다. 이 사례는 Freud가 거부한 것의 한 예로, 부분적인 대답을 받아들이거나 내담자가 호소하는 증상의 일시적 완화를 치료의 지표로 받아들이는 것을 거부하였다. 그는 치료과정에서 그만두려고 했던 곳이 있었지만, 내담자 어려움의 근원에 도달하지는 않았다고 확신하였다. 『히스테리 연구』의 다른 사례처럼 Freud는 치료과정에 대해 시간대별로 설명하였다. 이후의 사례 연구는 상세하게 몇몇 회기로 시작하였지만, 이후의 회기에서는 확인된 증거에 기초한 이론적 구성으로 옮겨 갔다. 예를 들어, 쥐사나이 사례에서 처음의 11회기는 상세하게 언급하였지만, 대부분의 사례는 이론적인 부분으로 옮겨 가기 전에 자료에 담겨진 중요한 주제의 연구로 구성되었다(Freud, 1909d/2002: 123-202).

Freud는 1892년에 독자에게 Elisabeth von R.이라고 소개된 24세 여성을 치료하였다. 그녀는 다리 통증으로 고통받고 있었고 걷기가 어려운 상태였다. 그 당시 Freud가 치료한 다른 내담자와 비슷하게, 그녀는 '히스테리 전환증'으로 알려진 지표 중의 하나인 신체 증상(손발의 부분 마비)을 호소하였다. Freud에게 그녀를 의뢰한 의사는 Elisabeth가 계속된 가족의 불행으로 고통을 받았다고 하였다. 그녀의 아버지는 돌아가셨고 어머니는 위험한 눈 수술을 받았으며, 결혼한 언니는 두 번째 임신 때 심장병으로 죽었다. 가족의 간병 대부분을 Elisabeth 혼자서 감당해야만 했다.

Freud의 의학적 치료는 우선 그녀의 신체 상태를 검토하는 것에서 시작되었다. 하지만 그는 몇 년 후에 '이전에 수행된 다른 유형의 치료'를 포함하여 직업적으로나 사회적으로 내담자와 또 다른 유형의 관계가 있었던 사람에 의해 치료가 수행되어서는 안 된다는 권고를 하였다(1913c/2002: 47). 1913년 논문에서 그는 분석 중에 내담자의 의학적 치료가 필요하면, '이러한 종류의 도움을 자신이 제공하기보다는 비분석적인 동료를 부르는 것이 더 적절하다.' (1913c/

2001: 137)고 하였다. 그리고 기법에 관한 다른 논문에서 그는 분석치료에는 신체적 절제가 필요하다고 하였다(1915a/ 2002: 72). 비록 초기 사례에서 다루었던 많은 젊은 여성들처럼, 아버지를 간호하는 데 관여한 딸 Anna의 분석을 한 것과 같이 이후에 경계를 모호하게 한 것도 있기는 하지만 초기에 Freud가 의학적인 역할과 정신분석적인 역할의 경계를 혼동한 것은 지속될 수 없는 것이었다.

   Freud는 Elisabeth의 통증이 명확하지 않으며 주로 오른쪽 허벅지에 통증이 있다는 것을 알았다. 그가 통증을 느끼는 영역에 압박을 하면, 그녀의 얼굴 표정은 고통보다는 쾌를 더 느끼는 것처럼 보였고 마치 접촉되는 것에 에로틱한 어떤 것이 있는 것처럼 느껴졌다. 그는 통증에 대해 기질적인 설명이 있을 수 있지만, 더불어 Elisabeth가 '통증이 단지 부수적인 현상인 그 어떤 것(아마도 이것과 연결된 생각과 감정)에 머무른다.' 는 것을 관찰하였다(Freud & Breuer, 1895d: 204). 그는 한동안 신체적 치료를 시작하였는데, 이를 통해 약간의 호전이 있었다. 하지만 '4주 동안 위장치료를 한 다음에 나는 그녀에게 다른 방법을 제안하였고 그 절차와 작용방법을 설명해 주었다. 그녀는 빨리 알아들었고 저항은 거의 없었다.' (1895d: 205)

   정화법에 뒤이은 이러한 예비적인 의학 접근은 Freud의 이후 치료에서 상이한 두 접근을 나타낸다.

실제로 많은 사례에서 분석은 두 개의 분명하게 구분되는 단계로 나뉜다. 우선 치료자는 내담자에게서 필요한 정보를 얻고, 그를 정신분석의 전제와 가정에 친숙하게 만들며, 분석에서 제기된 자료에서 연역된 장애의 기원에 관한 구성을 설명한다. 두 번째 단계에서 내담자는 자기 앞에 놓인 자료를 파악한다. 내담자는 그것에 대해 작업하고, 분명히 억압되었던 기억을 회상하며, 그가 어떻게 해서든 다시 경험하는 것처럼 나머지를 반복하려고 시도한다. 내담자는 이런 식으로 치료자의 추론을 확증하고 보완하며 교정할 수 있다(1920a: 377).

Elisabeth의 치료과정은 정화, 저항, 해결 그리고 성과의 네 단계로 나눌 수 있다.

정화

Elisabeth의 치료에서 신체적 치료에 대한 예비 단계는 Freud가 '정화치료'라고 불렀던 것이다(Freud & Breuer, 1895d: 206). 이것은 '히스테리 사례에서 최면을 주로 사용하지 않고 충분히 이루어진 첫 분석'이었다(1895d: 206). Freud는 "나는 나중에 정규적인 방법으로 발전시켜서 의도적으로 사용했던 한 방법에 도달하였다. 이 방법은 표면부터 한 층씩 병의 원인이 되는 심리적 요인을 제거하는 것으로, 우리는 파묻힌 도시를 발굴하는 기술에 비유할 수 있다."고 기술하였다(1895d: 206). Elisabeth는 그녀가 아는 것을 Freud에게 말하도록 요구되었고, 그는 그녀가 한 이야기에서 모호하거나 사건의 연쇄에서 연결 고리가 빠진 부분이 없는지에 대해 주목하였다(1895d: 207). 이런 식으로 Freud는 의식적으로 정보를 철회하든 무의식적으로 망각하든 간에 가능한 저항 지점을 알아낼 수 있었다.

Elisabeth는 자신과 자신의 기억에 대해 자유롭게 말하기 시작하였다. 그녀는 세 자매의 막내로 그녀의 부모에게 부드럽게 애착되었지만, 그녀가 아들 역할을 대신할 것이라고 말하곤 했던 아버지에게 특별히 애착되었다. 아버지는 그녀에게 별 생각 없이 사람들에게 진실을 말하는 습관을 조심하라고 말하곤 하였다. 아버지와의 이러한 특별한 관련은 이후에 '대치(displacement)'라고 알려진 것의 한 예가 되었다. 그녀는 아버지의 경고를 통해 '별 생각 없이 진실을 말하는 것'에서 자신에게 유보되었던 어떤 것을 Freud에게 표현하였다. 그가 이후에 이러한 관련성에 대해 인식하였을 수 있지만, 당시에 혹은 사례를 쓸 때에는 이에 대해 알지 못한 것으로 보인다.

그녀의 아버지는 심장병이 생겼고, Elisabeth는 18개월 동안 그를 간호하는 데 주도적인 역할을 해야 했다. 그의 방에서 자고, 기분이 좋은 것처럼 보여야 했다. 그녀는 그를 간호했던 지난 6개월에서 때로 하루의 반나절 정도 통증을 느꼈지만 곧 사라졌다는 사실을 기억했다. 그리고 실제로 아버지가 죽은 지 2년이 지나서 그녀는 다리의 통증으로 인해 걸을 수 없게 되었다(1895d: 208).

Freud는 Elisabeth가 제공한 모든 개인 역사를 계속해서 수집하였다. 아버지가 죽은 지 1년이 지나 큰언니는 Elisabeth의 어머니를 존중하지 않았던 남자와 결혼하였다. 둘째언니 또한 결혼하였는데, 큰형부보다는 훨씬 더 만족스러운 남자와 결혼하였다. Elisabeth는 그들의 첫째아이를 가장 좋아하였다. 하지만 불행이 다시 닥쳤다. Elisabeth가 눈 수술을 받은 어머니를 간호해야만 했기 때문이다. 어머니가 회복하신 후에 세 자매와 가족 모두가 휴가를 함께 보내게 되었는데, 그녀는 Freud에게 통증이 실제로 시작된 게 이 휴가 동안이라고 하였다. 그리고 그녀는 어머니와 함께 방문했던 온천에서 치료를 받게 되었다. 그런데 그녀의 둘째언니가 다시 임신을 하였고 상태가 악화되었다는 연락이 왔다. Elisabeth와 그녀의 어머니는 황급히 되돌아왔지만 너무 늦었다. 그들이 도착했을 때 언니는 이미 사망한 이후였다. 그녀의 형부는 낙담하였고 이후 처가와의 관계는 소원해졌다.

저항

Elisabeth는 Freud에게 꽤 자유롭게 이러한 것들을 이야기할 수 있었지만, 이야기를 하는 것이 그녀의 통증을 완화시키지는 않았다. Freud는 아직 드러나지 않은 그 무언가가 있다고 느꼈다. 바로 이 시점에서 치료는 두 번째 단계에 들어갔고, Freud는 그가 경험한 저항의 한 예에 대한 첫 언급을 하였다. 그는 치료를 시작할 때 그녀의 기억에 접근하기 어려울 때에만 최면을 사용하겠다고 하였다. 그는 이 시점에서 최면을 시도했지만 제대로 작용하지 않았다. 그는 손가락을 그녀의 이마 위에 얹고 질문을 하는 압박기법을 시도하였다. 이 방법을 통해 처음으로 자료가 나왔지만, 다른 경우에는 아무 생각도 나지 않는다고 하였다. 처음에는 Freud 스스로 치료를 중지하며 "오늘은 날이 좋지 않은 것 같습니다. 다음에 해 봅시다."라고 하였다(1895d: 222). 하지만 Freud는 이 경우에 어떤 패턴을 관찰하였다. Elisabeth의 얼굴 표정은 그녀 안에 어떤 심리적 과정이 일어나고 있다는 사실을 드러내었고, 심지어 아무것도 말할 것이 없다고 할 때에도 그러하였다.

그리하여 나는 과감히 다음과 같은 가정을 세웠는데 ……
그녀는 항상 의사소통할 준비가 되어 있지 않다는 것 ……
그리고 기억에 되살아난 것을 다시 억제하려고 시도한다는 것이었다. 그녀는 자신의 생각을 스스로 판단하여 …… 별로 중요하지 않다고 생각하거나, 질문에 대한 답으로 별로 의미가 없다고 생각한 것이다. 아니면 그녀로서는 너무나 말하기가 불쾌하기 때문에 주저하는 마음이 생긴 것이다. …… 나는 아무것도 떠오르지 않는다는 그녀의 말을 더 이상 받아들이지 않았고, 무언가가 떠오른 게 틀림없다고 그녀에게 확신시켰다. …… 이렇게 어려운 치료 작업과정에서 나는 기억이 떠오를 때 내담자가 보이는 저항에 더욱 깊은 의미를 두기 시작하였고, 특히 눈에 띄게 저항하는 경우를 조심스럽게 모으기 시작하였다(1895d: 223-224).

Freud는 세세한 것을 보는 안목을 가졌다. 그는 겉보기에 중요하지 않은 것에 주목하는 능력이 있었고, 치료 이후에 그것을 회상해 내는 능력이 있었다. 이러한 그의 능력은 구성과 해석을 하는 기술에서 중요한 요인이었다. 그에게 무관한 것은 아무것도 없었다. 세세한 것에 대한 관심이 자유연상 규칙(아무리 그것이 분명하지 않더라도 떠오르는 모든 것을 말하는 것)의 배경에 있었다. 유사하게 세부적인 저항의 단서가 중요한데, 이것이 숨기고자 하는 바로 그 상황을 드러내는 것이 될 수 있기 때문이다. Elisabeth의 저항은 의식에 허용될 수 없었던 고통스러운 감정이 있다는 것을 나타내는 것처럼 보였다.

치료에서의 모든 장벽이 단순히 받아들이거나 무시해야할 방해 요소가 아니라 잠재적 지침이라는 사실을 인식한 것은 Freud의 천재적인 면이었다. 그는 Elisabeth von R.을 치료하면서 저항의 가치를 확인하였다. 이후에 그는 전이 현상에 함축된 비슷한 가치를 깨닫게 되었다. Freud는 저항과 전이를 단순히 치료의 진행을 방해하는 것으로 보기보다 내담자에게, 그리고 내담자와의 관계에서 무엇이 진행되고 있는지를 이해하게 해 주는 필수불가결한 수단으로 확인하였다.

치료 단계에서 Elisabeth는 때로 자유롭게 말했지만, 어떤 경우에는 저항을 보였다. 이에 대해 Freud는 그녀가 숨기고 있는 것을 밝히라고 하면서 다소 권위적으로 요구한 것처럼 보인다(1895d: 223). 그때 그녀는 아버지를 간호하고 있을 때 가족에게 떠밀려서 파티에 간 것을 기억하였다. 그녀는 이미 좋아했던 젊은 남자를 어떻게 만났고 어떻게 늦게까지 머물렀는지, 그리고 집에 급히 와서 아버지가 더 나빠진 것을 보고 젊은 남자와 즐긴 것에 대해 자신을 어떻게 책망하였는지에 대해 기억하였다. 이것은 두 상반되는 감정이 존재할 때 일어나는 전형적인 갈등의 한 예다. Elisabeth는 그녀의 아버지를 간호하기를 바랐고, 동시에 젊은 남자와 함께 있기를 바랐다. 또한 아버지를 간호하기를 원하는 것과 관련된 양가감정(ambivalence)뿐만 아니라 그녀가 없었을 때 더 나빠진 것에 대해 아버지에게 화난 감정이 있었다. '양가감정(ambivalence)'(전형적으로 동일한 대상이나 사람에 대해 사랑과 증오의 감정을 느끼는 것)은 Jung의 상사였던 Bleuler가 처음 제시하였고, Freud가 기꺼이 채택한 용어다(1912b/2002: 27).

이러한 특정한 갈등이 통증의 시작과 관련되지 않는 것처럼 보였지만, 양가감정과 관련된 갈등은 종종 개인적 어려움의 근원에 있었다. 그럼에도 불구하고 이제 Elisabeth는 그녀 생각에 통증이 있는 자신의 오른쪽 허벅지가 이전에 매일 붕대를 감을 때 아버지의 다리를 올려놓은 부분이었다는 것을 스스로 제시하였다. 그리고 Freud는 다음 사실을 기쁘게 기술하였다.

그녀의 아픈 다리는 우리의 분석 동안 '대화에 등장'하기 시작하였다. …… 대개 치료를 시작할 때 내담자는 통증을 느끼지 않았다. 내가 질문을 하거나 머리에 압박을 가하여 기억을 일깨우면 바로 통증 감각이 나타났고, 통증이 너무 심해서 내담자는 깜짝 놀라면서 아픈 부위에 손을 대었다(1895d: 217).

이 통증은 기억이 충분히 표현되기 이전에 사라지지 않았다.

이 치료기간 동안 Elisabeth에게 더 많은 기억이 돌아왔다. 문에 서 있었던 것, 그 자리에서 꼼짝 못하는 느낌(아마도 마비의 한 형태?)과 같은 것인데, 이것은 아버지가 심장발작으로 집으로 왔을 때와 그녀가 방에 들어왔는데 이미 언니가 죽었을 때였다. Elisabeth는 몸이 불편했던 언니가 그녀에게 형부와 같이 산책하도록 권유한 것을 기억하였다. 그녀는 언니와 형부가 떠난 뒤에 휴양지에 앉아 있던 것을 기억하였는데, 자신도 언니처럼 행복하고 싶다는 강렬한 소망을 느꼈다. 그녀와 Freud는 다른 통증 영역과 관련된 많은 경우를 연결 지었고, 통증을 경험했던 다른 시기와도 연결 짓기 시작하였다.

해결

"내담자는 더 좋아졌다. 그녀는 심리적으로 완화되어서 이제는 성공적인 결과를 얻을 수 있었다. 그러나 통증은 아직 없어지지 않았다. 통증은 때때로 재발하였고, 그 강렬함도 이전 그대로였다."(1895d: 224) Freud는 치료의 마지막 단계를 시작하면서 이렇게 언급하였다. 그들은 아직 가장 깊게 어려운 수준까지는 도달하지 못하였다. Freud는 왜 그런지에 관한 생각이 있었지만 실제로 확증할 수는 없었다. 그는 기다렸다.

사실 우연하게 일어난 상황이 이 문제를 해결해 주었다.

어느 날 Elisabeth가 Freud와 함께 있을 때 옆방에서 한 남자의 발자국 소리와 목소리가 들렸다. 그녀는 일어나서 그 날의 치료를 끝마칠 수 있는지를 물었다. 그러나 그녀의 얼굴과 자세에서 분명히 통증이 다시 생겼음을 알 수 있었다. Freud는 "이것으로 내 의심은 더해졌고, 나는 결정적인 설명을 끌어내야겠다고 결심하였다."(1895d: 224)고 하였다. 그녀와 Freud가 들은 방 밖 소리의 주인공은 그녀의 형부였다.

Freud는 이 기회를 자신의 구성을 제시하는 데 사용하였다. 이때 Elisabeth의 강력한 저항에 부딪히게 되었는데, 이는 그녀를 직면시킨 것이 효과적일 수도 있지만 너무 불쾌할 수도 있다는 점을 시사하였다. 그는 다양한 기억을 통해 과거를 상기시켰고 하나의 구성으로 종합하였다. 여기에는 그녀가 둘째언니의 결혼에서 보았던 애정, 언니처럼 행복하기를 바라면서 앉았을 때 통증이 뒤따른 것, 온천에 있을 때 전해 받은 언니가 아프다는 소식, 죽은 언니를 바라보았을 때, 그리고 "'이제 그는 자유롭고 내가 그의 아내가 될 수 있다.'는 생각이 어두운 밤에 내리치는 번개처럼" 그녀에게 떠올랐을 때 강렬한 통증이 증가한 것 등이다(1895d: 226).

적어도 Freud에게는 이것이 분명한 것처럼 보였다. Elisabeth는 '양립할 수 없는 생각들을 방어하는 데 성공적이었다. …… 소녀는 형부에게 애정을 느꼈는데, 이를 의식에서 받아들이는 것을 그녀의 도덕성 전체가 저항하고 있었다. 그녀는 자신이 형부를 사랑하고 있다는 고통스러운 확신 대신에 신체적 통증을 만들어서 거기서 벗어나는 데 성공하였다.' (1895d: 227) Freud가 "당신은 오래전부터 형부를 사랑했군요."라고 말하였을 때 그녀는 크게 울부짖었다. 그녀는 격렬한 통증을 호소하였고, 그것이 사실이 아니라고 항변하였다. 자기가 설득당하는 것이고, 그런 부도덕한 짓을 할 수 없으며, 그런 생각을 했다면 자신이 용납할 수 없는 일이라고 항변하였다. Freud는 그녀를 안심시키면서 위로하려고 하였는데, '우리가 모든 감정에 대해 책임을 지는 것은 불가능하고, 그녀가 이러한 상황에서 아팠다는 것은 바로 그녀가 도덕적이라는 충분한 증거' (1895d: 227)라고 말하였다. 이러한 이성에 대한 호소가 그녀에게 어떤 영향을 미치기까지는 오랜 시간이 걸렸다.

이러한 설명이 Freud가 독자에게 무의식적 소망이 중요하다는 것을 설득하려고 시도한 극적인 이야기의 일부라고 감안한다 하더라도, 그의 이러한 구성에 대해 그녀가 수용할 가능성은 별로 없었다. Freud는 회기의 마지막에 그녀를 조용히 안심시켰지만, 그녀가 불편감을 느끼고 있었을 때 그녀에 대한 추론을 거듭하였다. 이후의 기법에 관한 논문에서 Freud는 분명히 분석가가 내담자에게 생각을 강요하는 것에 대해 경고하였다. "내담자의 불평과 사례에서 그의 억제된 소망을 분석가가 분명하게 확인하는 것은 어렵지 않다."(1913c/2002: 60) 그는 특히 내담자가 '낯선 사람'일 때 해석으로 시작하는 것을 경고하였다. 그리고 "심지어 치료의 후반기에도 내담자가 자신에 대한 설명이 거의 가능할 때까지는 증상을 설명하거나 욕구를 해석하는 데 조심해야 한다."고 덧붙였다. 그는 Elisabeth의 치료를 언급하지 않았지만 자신의 잘못을 다음과 같이 기록하였다. "이전에 나는 설명을 하면서 소통하는 것이 치료를 서둘러 끝나게 한다는 사실을 발견하는 경우가 많았는데, 이것은 갑자기 생겨난 저항 때문이었고 설명이 가져다 준 완화 때문이었다." (1913c/2002: 60).

시인이자 소설가이며 Freud의 찬양자인 D. M. Thomas 는 소설 *The White Hotel*(1981)에서 이 사례를 들었는데, 그는 Freud가 Elisabeth의 치료를 기술할 때 분명히 성적 이미지를 사용하였다는 것을 관찰하였다.

Elisabeth가 형부를 사랑했다는 감추어진 사실에 그녀를 직면하게 했을 때, Freud의 치료방식은 성애적이 되었다.…… 어둠 속에서 번쩍이는 플래시처럼 그녀에게 강요하였고 …… 분석가의 노력은 충분히 보상받았고 …… 방어하고 …… 흥분 …… 저항 …… 불쌍한 소녀를 흔들어 놓았고 …… 가장 끔찍한 고통 …… 거절하려는 마지막 절망적인

노력 …… 우리는 검토하였다.…… 나는 그녀를 다시 편안
하게 할 수 있었다. …… 분석적인 용어를 제외하면, 이것은
조금은 가학적인 포르노 스타일이다(Thomas, 1982: 8).

 가장 후기에 쓴 논문 중에서 Freud는 내담자가 잘못된 구
성을 항상 거절할 수 있으며, 분석가가 잘못을 해도 어떠한
해도 없을 것이라는 사실에 대해 어느 정도 낙관적으로 가
정하였다(그가 인식한 어떤 것은 항상 가능성으로 남아 있다.). 분
석가가 잘못했다는 것을 알았을 때, "적절한 시기에 우리는
권위를 상실하지 않고도 내담자에게 사실대로 말할 수 있
다."라고 충고하였다(1937d/2002: 215). 그럼에도 불구하고
잘못된 구성이 시간 낭비일 수 있지만, 그는 그것이 내담자
에게 영향을 끼쳤다고 생각하지 않았다. 암시에 의해 내담
자가 길을 잃게 하는 위험이 일어나기 전에 Freud는 '분명
히 분석가가 매우 잘못 행동하였다.' (1937d/2002: 216)고
생각하였다. "자만하는 게 아니라 나는 그러한 '암시
(suggestion)'의 남용은 내 치료 경험에서는 일어나지 않았
다고 말할 수 있다."(1937d/2002: 216) 내담자가 어떤 대답
을 찾고 있을 때(특히, 어떠한 대답이라도 괜찮을 때), 그는 적어
도 이 논문에서는 치료자의 권위가 얼마나 강력한지에 대해
인식하지 못하였다.

성과

Elisabeth의 치료가 끝나지 않았다는 사실은 Freud의 시간 감각이 아주 잘못되지 않았다는 것을 가리킨다. 그는 핵심적인 설명을 확립하였다. 이것은 이전에 무의식적으로 거부되었고, 이제는 의식적으로 부인된 것이다. 그는 금지된 생각을 관련짓기 위해 Elisabeth의 기억을 되돌리려고 하였다. "우리는 형부와의 관계에서 그녀의 첫인상, 즉 무의식 속에 품고 있던 최초의 감정을 검토하였다."(1895d: 227-228). 이것은 형부가 처음 그 집을 방문했을 때 Elisabeth를 그녀의 언니로 착각한 형부의 생각을 포함한다. 그때 언니는 반농담조로 "당신 둘은 서로 완벽하게 어울리네요."라고 말하였다. 이것은 Elisabeth의 감정이 오랫동안 잠재해 있었을 가능성을 보여 준다. Freud는 이러한 기억을 다시(혹은 더 자주) 작업하는 과정을 '훈습(working through)'이라고 하였다. 훈습은 다른 각도에서 이야기를 검토하고 바라보는 것이다. 이것은 부분적으로 해소를 포함하는데, 정서적 위력이 동일하게 발휘되는 것이 멈출 때까지 이야기를 반복하는 것이다. 그리고 이것은 상황을 충분히 인식할 때까지 저항을 극복하는 것을 의미한다. "이러한 저항의 훈습은 실제로 피분석자에게 힘든 작업이고 분석가에게는 인내가 요구된다고 알려졌다."(1914g/2001: 155).

Freud는 종종 초심자에게 치료 시 진행이 잘 되지 않는 것은 사실 저항이 증가되었다는 것을 가리키고, 이것은 치료가 억압된 충동에 가까워졌기 때문에 일어난다고 충고하였다(1914g/2001: 155). 하지만 Elisabeth의 사례에서 '분석가의 노력은 충분히 보상받았다.' (Freud & Breuer, 1895d: 226) 그녀의 상태는 그녀의 소망과 저항의 갈등 정도에 따라 변화하였지만, 다시 호전되었고 더 이상 통증이 나타나지 않았다. 그녀가 Freud를 만나지 않은 이후에는 한 에피소드가 있었고 몇몇 미미한 고통이 있었다. Freud는 Elisabeth의 사례사를 다음과 같이 결론지었다.

> 1894년 봄에 내가 초대받아 갈 수 있었던 무도회에 그녀가 올 것이라는 소식을 들었다. 나는 내담자였던 그녀가 활기차게 춤을 추면서 내 앞을 지나가는 것을 보았다. 이후 그녀는 자신이 뜻하던 대로 내가 모르는 어떤 사람과 결혼하였다(1895d: 230).

Freud는 자신의 치료방법의 유용성을 증명하기 위해 성공적인 사례를 인용하였을 것이다. 성과에 대한 그의 평가에 대해 몇몇 경우는 내담자에게서 나오는 정보를 통해 검토될 수 있었다. 예를 들어, Elisabeth von R.은 이후에 그녀의 딸에게, 그녀는 "'Freud가 신경증 증상을 치료한 것을 경시하였다. …… 그는 '내가 형부와 사랑에 빠졌다는 사실을 설득하려고 하였지만 사실 그렇지 않았다.'"고 Gay는 기록하고 있다. 그럼에도 불구하고 그녀의 딸은 어머니의 가계에 대한 Freud의 설명이 '실제로 옳았고 어머니의 결혼은 행복했다.' 고 덧붙였다(Gay, 1989: 72). Freud는 쥐인간으로 알려진 내담자의 치료에서 유사한 성공을 보고하고 있다. "이러한 해결에 도달했을 때 쥐 섬망(delirium)이 사라졌다."(1909d/2002: 172) 그리고 1923년에 쓴 주석에서 내담자의 심리적 건강이 회복되었고, '그렇게 많은 유망하고 훌륭한 젊은이처럼 그는 제1차 세계대전에서 전사하였다.' (1909d/2002: 202)고 기록하였다.

Freud는 다른 사례 연구에서 더 신중한 주장을 하였다. 『여성 동성애 사례의 심리(*The Psychogenesis of a Case of Homosexuality in a Woman*)』(1920a)에서 Freud는 내담자를 맡는 것을 우려하였는데, 그녀가 아니라 그녀의 부모가 치료를 원하였기 때문이었다. 이후에 그는 제거할 방법이 없었던 그녀의 지적인 저항을 기술하였다. 젊은 여자는 자신의 정신을 분석에 충분히 개입시켰지만 정서가 부재하였다. 어떤 시점에서 Freud가 매우 중요하게 그녀에 대해 이해한 부분을 설명하였을 때, 그녀는 "매우 흥미롭군요."라고 대답하였다. 그가 보기에 그녀는 마치 박물관을 돌면서 자신과 전혀 무관한 대상을 오페라 안경으로 보는 귀부인처럼 나왔다!(1920a: 390)

Freud는 전이와 유사한 어떤 것도 영향을 미치지 않는 것처럼 보였다고 기록하였다. 전이가 중요한 요소이기 때문에 이런 경우에는 치료가 너무 어려울 수 있다. 물론 분석가에 대한 어떤 관계는 존재하였는데, 이러한 관계는 '거의 항상 유아적인 것에서 오는 전이였다.' (1920a: 391) "실제로 그녀는 나에게 남자에 대한 완전한 거부를 전이하였는데, 이것은 아버지에게 겪었던 실망을 경험한 이후에 그녀를 계속 지배해 왔던 것이었다."(1920a: 391) 이러한 종류의 괴로움을 치료자에게 경험하게 만드는 것은 쉬운 일이다. 단순히 모든 치료자의 노력을 무효하게 만들고 변화하기를 거부하면 되는 것이다. 그리하여 Freud는 아버지에 대한 그녀의 태도를 인식하자마자 치료를 중단시켰고, 부모에게 제대로 치료를 진행하려면 여성 치료자에게 치료를 받으라고 권고하였다(1920a: 391).

Freud가 출간한 첫 사례 Emmy von N.에서 그는 "전체적으로 치료는 성공적이었다. 하지만 지속적이지는 않았다."라고 기록하였다(Freud & Breuer, 1895d: 163). 1924년에 덧붙여진 사례 끝에 있는 긴 주석에 Freud는 Emmy의 최근 개인사를 기록하였는데, 그녀의 딸에게서 관계에 분명히 문제가 있다는 편지를 받았다. 성공적이지 않은 다른 치료자의 치료 시도에 대한 언급이 있었는데, 많은 치료자가 Freud와 결말이 비슷하였다. 겉으로는 회복되었지만 나중에 치료자와 싸우고 떠나서는 다시 돌아왔다. "이것이 진짜 '반복 강박(compulsion to repeat)'의 사례였다." (1895d: 167-168)

세세한 것을 보는 안목

긴 사례와 많은 작은 예에서 세세한 것을 보는 Freud의 안목이 잘 나타난다. Freud는 『정신분석 강의』에서 그러한 안목의 중요성을 강조하였다. 이에 반대하는 사람은 다음과 같이 말한다.

넓은 이 세상뿐만 아니라 좁은 우리 마음 안에는 너무나 많은 문제들이 있습니다. 그리고 심리장애 영역에는 많은 경이로운 것이 있어서 밝혀 주기를 바라고 있고 또 그렇게 밝힐 만한 가치가 있습니다. 그러므로 사소한 것에 우리의 정력과 관심을 바치는 것은 정말 쓸데없는 것처럼 보입니다 (1916-1917: 51).

이에 대해 그는 다음과 같이 대답한다.

만약 여러분이 살인범을 쫓고 있는 수사관이라면, 여러분은 살인범이 주소와 함께 사진 같은 것을 현장에 남겨 놓기를 기대하지는 않으신지요? 아니면 어쩔 수 없이 당신이 찾고 있는 사람에 대한 아주 미약하고 모호한 흔적만으로도 만족하시는지요? 아주 작은 징조라고 하더라도 과소평가하지 마십시오. 어쩌면 그것을 통해 더 큰 어떤 것의 흔적이 나올 수도 있는 것이니까요(1916-1917: 52).

Freud가 세세한 것을 보는 안목과 한 구절에서도 엄청나게 많은 연상을 이끌어 낼 수 있음을 보여 주는 좋은 예는 쥐 인간의 사례에서이다(1909d/2002). 이 내담자의 필명은 강박적인 불안에서 기원하는데, 엉덩이를 대고 있었던 뒤집힌 항아리 속의 쥐가 그의 항문으로 들어갈까 봐 괴로워하였던 병사의 이야기를 내담자가 들으면서였다.

Freud는 이 이야기와 '쥐'라는 단어에서 다양한 연상을 하였다. 내담자의 아버지는 도박을 하는 사람(독일어로 Spielratte)이었다. 항문의 쥐는 소년이 회충이 있었을 때 관장을 한 기억을 내담자에게 떠올렸다. 내담자는 '쥐들'(독일어로 Ratten)이라는 단어를 할부 판매라는 뜻을 가진 'Raten'으로 반응하였는데, 이는 돈과 그가 진 빚과 관련된 언급이었다. 쥐들은 또한 매독 감염을 무서워하는 것의 상징이었다. 쥐는 또한 남성 성기의 상징이었고 이것은 다시 곤충처럼 보일 수 있었다. 그리고 어렸을 때 뱃속에 있던 큰 회충일 수 있었다. 쥐는 대변을 먹는 더러운 동물이다. 또한 내담자의 연상에서 동사 heiraten('결혼하다')이 나왔는데, 이는 아버지가 바라는 것과는 달리 그가 결혼하기를 원했던 한 여자와 관련된 불안을 반영하였다. 쥐들은 그에게 또 다른 의미로 '아이들'(the Pied Piper, 피리 부는 사나이)이었다. 그가 결혼하기 원했던 여자는 아이를 가질 수 없었다. 그렇지만 그는 아이를 매우 좋아하였고, 이것이 그가 그녀와 결혼을 망설인 또 다른 이유였다. 내담자가 아버지의 무덤을 방문했을 때 그의 생각에 무덤 위를 미끄러지듯 움직이는 쥐를 보았다는 회상에서 이 단어에 또 다른 의미가 부여될 수 있었다. 그는 쥐가 아버지의 무덤에서 나왔고 아버지의 시신을 먹었다고 생각하였다. 쥐에 관한 언급은 또한 갉아먹고 무는 날카로운 이빨을 가진 동물과 관련되었다. 내담자는 어려서 아버지에게 심하게 야단을 맞았는데 아버지는 화가 나면 물기도 하였다. Freud는 내담자에게 들었던 쥐에 관한 원래 이야기를 언급하였다. 그것은 복잡한 자극 단어이고, 많은 생각을 일으켰으며, 억압되었어야만 했었고, 다시 강박적인 불안을 일으켰다(1909d/2002: 159-172).

동일한 사례에서 세세한 것에 통달한 Freud의 또 다른 예는 내담자가 자신이 사랑한 여자에 대한 성애적 생각을 떨쳐 버리려고 사용했던 기도에 관한 것이다. 기도(이것은 강박적인 의례로 여러 번 말해야만 했다)를 짧게 하기 위해 내담자는 각 줄에서 첫 글자만 가져와서 그 끝에 '아멘'이라는 단어를 붙였고, 이를 모든 악마적 사고에 반하는 일종의 마술적 주문('Glejsamen')으로 사용하였다. 사실 이 글자는 수수께끼 형태로 여자의 이름인 'Gisela'를 쓴 것이었다. 독일어에서 Samen은 '정액'을 뜻하기 때문에, 내담자가 성애적 생각을 떨치기 위한 구절은 여자의 이름에 'semen'이 붙여져서 이루어졌다. 성애적 생각을 제거하려는 시도에서 사실 그는 그녀와 언어적으로 자위를 한 것이었다(1909d/ 2002: 182). 이러한 사고방식은 또한 '억압된 것의 귀환'을 예시한다. 성애적인 생각에 대한 저항에서 사실 그는 어느 정도 이것들을 표현하였다.

어떤 사람은 확실히 Freud가 단어로 유희하는 방식이 매혹적일 수 있지만, 이러한 구성의 여러 측면은 많은 독자를 사로잡기에게 무리일 수 있다. 이것은 지적인 확신을 하려는 것이 아니라 궁극적으로는 내담자에게 확신을 주는 어떤 이해를 찾는 것이다. Freud가 「분석에서의 구성 (*Constructions in Analysis*)」이라는 논문에서도 썼듯이, 대답이 분명하지는 않더라도 그것이 '맞다' 혹은 '아니다'의 여부는 내담자에게 달려 있다. 피분석자가 직접적으로 '그렇다'라고 하는 것은 모호하다. …… 내담자가 '아니다'라고 하는 것도 똑같이 모호하고, 사실 '그렇다'보다 덜 유용하다. 실제로 가장 관심이 가는 대답은 '가장 변화한 사람들에게서 어느 정도 일정한 형태로 듣는 표현이다. 예를 들어,

나는 그렇게 생각해 본 적이 없었다는 표현이다.' (1937d/ 2002: 216-217) Freud가 자신의 생각에 대해 회의적으로 쓴 많은 예들이 있는데, 그는 그를 따르는 많은 사람처럼 그 렇게 쉽게 자신의 이론과 구성을 받아들이지 않았다.

전 이

분석가와 내담자 간의 정서적 관계 문제를 기술하면서, Freud는 최면을 포기하도록 만든 사건을 기록하였다.

그것은 가장 놀라운 최면의 결과를 보여 주었던 아주 순종 적인 내담자와 관련된다. 나는 그녀의 통증 발작의 기원을 추적하면서 그녀의 고통을 완화시킬 수 있었다. 한 번은 그 녀가 최면에서 깨어나면서 내 목을 껴안았다. 마침 갑자기 하인이 들어와서 곤란한 상황은 모면했지만, 그때부터 우리 에게는 최면치료가 중단되어야 한다는 암묵적인 이해가 있 었다. 나는 이 일이 내가 너무나 매력적이어서 일어났다고 생각하지는 않을 만큼 신중하였다(1925d: 210-211).

이러한 Freud의 신중함이 다음과 같은 사실을 흐리게 해 서는 안 된다. 즉, 그가 잘생긴 미남이었고 그를 만났거나 그 와 함께 일한 많은 사람들에게 영감을 주는 사람이었다는 사실이다. Helene Deutsch(1940: 185)는 그의 제자들이 그를 어떻게 보는지를 기술하였다. "이 모임에서 Freud는 단지 위대한 선생님만은 아니었다. 그는 새로운 과학의 어두운 길 위에서 빛을 발하는 별이었고, 거기에는 많은 노력에 질서를 부여하는 지배적인 힘이 있었다." 전이는 단지 부분적인 설명에 불과하다.

분석가에 대한 내담자의 정서적 반응은 종종 '치료자와 사랑에 빠지는' 것으로 풍자적으로 묘사되지만, 전이 감정에는 사랑 이상의 것이 있다. Freud는 전이 사랑의 현실적인 문제에 관한 논문을 썼다(1915a/2002). 그러나 그는 전이에 대한 이론적 논문에서 그것의 긍정적이고 부정적인 측면과(1912b/2002) 분석가에 대한 긍정적이고 부정적인 감정으로 Bleuler의 개념인 '양가감정'에 대해 언급하였다. 이러한 전이의 두 표현은 다르게 다룰 필요가 있다. 긍정적 전이는 의식이 가능한 우호적으로 애정 어린 감정과, 거의 항상 성애적 기원을 가지는 '무의식에 남아 있는 것에서 오는 유형'으로 나눌 수 있다. 애정 어린 긍정적 감정은 저항으로 볼 필요가 없다. 사실 이것은 종종 치료가 잘 이루어지게 돕는 역할을 한다. 그러므로 긍정적 전이에서 후자와 부정적인 감정들이 저항의 본질에 더 가까이 있다(1912b/2002: 25-26).

Freud는 사례 연구와 기법에 관한 저술에서 전이를 그렇게 특출한 현상으로 언급하지는 않았고, Freud의 일생 동안 과 이후의 정신역동적 치료에서 중심적으로 언급하지는 않았다. 아마도 이에 대한 설명은 부분적으로 이후에 이 개념에 의미를 부여하기 이전에 썼던 대부분의 사례 연구에 있다. 기법에 관한 논문(이 중 둘은 전이에 대해 독점적으로 다루고 있다) 이후에 썼던 한 사례 연구가 내담자와 자신 사이의 전이관계에 대해 보다 명백하게 언급하였다. 앞서 언급한 젊은 동성애 여성은 '그녀의 아버지에게서 겪었던 실망 이후에 그녀를 지배해 왔던 남성에 대한 완전한 거부를 나에게 전이하였다.' 고 Freud는 이해하였다(1920a: 391). 유사하게 분석에 가져온 꿈에서 그녀는 남자의 사랑과 아이에 대한 갈망을 표현하였다. 내담자는 치료 시작 전에 아버지를 계속해서 속여 왔고, Freud는 자신에게 이와 유사한 전이관계를 기대하였을 것이다. "가볍게 경고하였다. …… 어느날 [나는] 이 꿈을 믿지 못하겠고, 그것이 거짓이거나 위선적인 것으로 본다고 말하였으며, 그녀가 습관적으로 아버지를 속였듯이 나를 속이려는 것이라고 말하였다. 내가 옳았다. 내가 이것을 보다 분명히 한 후에 이런 종류의 꿈이 나타나지 않았다."(1920a: 392) 물론 Freud가 그렇게 부정하고 믿지 않았기 때문에 중단되었을 수 있다. 그러나 이 사건 이후에 항상 이러한 문제에 현명하게 대처하기가 더 쉬웠다.

Freud는 신경증을 '반복 강박' 으로 이해하였다(1914g/

2001: 150). 이러한 반복 강박은 또한 치료자와 내담자의 관계에서 나타난다. 내담자의 경험에서 이전 인물에 대한 감정이 지금의 치료 상황에 전이되는 것은 반복과정의 일부다. 반복한다는 것은 '현실 생활을 불러일으킨다는 것을 뜻한다.' (1914g/2001: 152) 전이를 책임감 있게 다룸으로써 치료자는 반복 강박을 해롭지 않게 변화시킬 수 있고 유용한 어떤 것으로 바꾸게 되는데, '한정된 영역에서 그 자체를 주장하는 권리를 전이에게 부여' 하게 된다. Freud는 원래 나타난 증상이 치료자와의 관계에서 야기된 증상으로 대체된다고 보았다. 이것이 그가 말한 원래 신경증이 전이신경증으로 대체된다는 것이다(1914g/2001: 154). "그러므로 전이는 심리장애와 실제 생활 사이의 중간 영역을 창출하는데, 하나에서 다른 것으로 전이가 이루어지는 것을 통해서다. …… 이것은 일종의 실제 경험이다." (1914g/2001: 154)

1914년 논문에서 전이에 부여된 긍정적 가치에도 불구하고, Freud는 일 년 전에 전이를 다른 방식으로 활용하는 것에 대해 쓰고 있었다. 그것은 주로 저항이었고, 이러한 형태로 나타날 때에만 언급할 필요가 있다. "내담자가 자유롭게 의사소통하고 연상하기를 계속 원하는 한 전이에 관한 주제를 제기해서는 안 된다. 당신은 전이가 저항이 될 때까지 이렇게 가장 미묘한 절차를 간직하고 있어야 한다." (1913c/2002: 59)

전이에 관한 Freud의 논문은 전이 감정에 반응하는 것에 대해 치료자에게 경고하고 있지만, 더불어 그것을 무시하는 것에 대해서도 경고하고 있다. 어떠한 것도 치료를 촉진시키지 않을 수 있다. 그는 또한 여성 내담자에게 전이에서 애정이 생겨날 수 있다고 준비시키거나, "'분석을 진행시키기 위해 치료자와 사랑에 빠지기만' 하면 된다고 조장하는 것에 대해 경고하였다. 나는 이보다 더 어리석은 접근은 없다고 생각한다. 분석가는 그렇게 함으로써 이 현상에서 명백하게 자발적인 특성을 없애 버린다."(1915a/2002: 69)

전이 사랑에 반응하는 치료자에 대한 이러한 경고에서 우리는 당시 대부분의 분석가가 남성이었다는 것과 그러한 위험이 여성을 치료할 때에만 일어난다는 사실을 기억할 필요가 있다. 그는 분석이 실패할 운명에 있었던 특정 여성을 비하하는 언급에서, 그들은 '어떠한 대리인도 참기 어려울 만한 기본 감정이 있고 물질만능적인 아이 같은 사람'이라고 하였다(1915a/2002: 74). 이렇게 고치기 어려운 전이 문제는 이를 잘 인식하지 못하는 남자에게서도 일어날 수 있다. Freud에게는 사랑의 요구에 대해 행동화(acting out)를 통해 반응하는 것에 관한 불안이 생겼는데, 이것은 그가 역전이(counter-transference)라고 알려진 분석가의 문제를 알고 있었기 때문이었다. Freud는 이 용어를 두 번만 언급하고 그냥 지나갔다. 이후에 역전이는 내담자에 의해 치료자에게 일어나는 긍정적으로 검토된 생각과 감정을 포함하게 된다. 이것은 내담자의 경험을 더 잘 이해하게 한다. 그러나 이에 대한 이해가 변화하기까지는 Freud 사후에도 꽤 시간이 걸렸다.

그러므로 이제 정신역동적 치료 실제에서 복잡한 역전이 현상에 대해 부여된 중요성은 Freud의 저술에서 발견되지 않는다. Freud가 치료자 자신의 생각과 감정을 긍정적으로 활용하는 것에 가장 가까운 기술은 내담자의 자유연상에 대응하는 분석가의 규칙을 기술할 때였다.

> 피분석자가 자기를 관찰하는 동안에 그에게 떠오르는 모든 것을 말하도록 요구되는 것과 마찬가지로 …… 치료자 자신도 그가 듣는 모든 것을 활용해야 한다. …… 그 자신이 검열하지 않고 …… 단일한 공식으로 표현된다. 그는 자신의 무의식을 내담자의 무의식과 소통하는 일종의 수용기관으로 지향해야 한다(1912e/2002: 37).

치료자 입장에서의 어려움을 알았기 때문에 그는 Jung과 취리히 학파가 강조한 것을 추천하였다.

> 다른 사람을 분석하는 모든 사람은 우선 전문가에게 자신을 분석받아야 한다. …… 이러한 대비책을 무시하는 분석가

는 …… 모호한 자기 지각에서 나오는 자신의 성격에 관한 것을 일반적으로 타당한 이론으로서 과학에 쉽게 투사할 수 있다(1912e/2002: 38).

Freud의 마지막 논문 중 하나에서 그는 분석가로서의 진정한 준비는 자기 자신을 분석하는 것이라고 강조하였다. 심지어 "모든 분석가는 주기적으로, 대개 5년마다, 다시 분석을 받아야 한다."라고 주장하기도 하였다(1937c/2002: 204). 이러한 제안은 받아들여지지 않았다.

Freud와 내담자의 관계

Freud 학파의 정신분석가는 전통적으로 '텅 빈 스크린(blank screen)'으로 그려졌다. 표정이 없는 분석가에게 투사가 일어날 수 있고, 그를 향해 전이 사랑이 체험될 수 있다. 이렇게 거리를 두는 입장에 대한 지지는 Freud의 기법에 관한 논문에서 찾을 수 있다. 그는 소파를 사용하는 여러 가지 이유를 설명하였다.

우선 다른 사람과 함께 나눌 수 있는 한 가지 개인적인 동기가 있다. 나는 하루에 여덟 시간 이상이나 누군가의 눈을 응시하기가 너무 어렵다. 경청하는 동안에 나는 나 자신의 무의식에 몰입하고 싶기 때문에, 내담자가 내 표현을 해석하는 것을 원치 않고 그가 나에게 말하는 것에도 영향을 주고 싶지 않다.(1913c/2002: 55)

그는 치료에 개방적으로 치료자가 관여하는 것에 반대하였다.

젊고 예리한 정신분석가가 내담자가 잘 따라오게 하려고 자신의 많은 개인적인 측면을 활용하는 것은 꽤 유혹적인 기대다. …… 내담자에게 자신의 심리적 결함과 갈등을 얼핏 보게 하고 자신의 삶에 대해 이야기하는 것이 동등하게 삶을 즐길 수 있다는 믿음을 주어, 이것이 아주 받아들일 만하고 내담자의 저항을 극복하는 데 상당히 유용하다고 생각할 수 있는데, 나는 이러한 종류의 기법에 결함이 있다고 거부하는 데 주저하지 않을 것이다. 치료자는 내담자에게 불투명하게 남아 있어야 하고 거울처럼 내담자에게서 보이는 것만 보아야 한다(1912e/2002: 38-39).

Freud는 더 짧은 시간에 어떤 결과를 얻고 분석치료와 '많은 암시의 영향'을 결합하는 것이 무방하다고 동의했지만, 그러한 '방법은 순수한 정신분석에 속하지 않는다.'고 하였다(1912e/2002: 39). 하지만 그는 이러한 측면에서 규칙을 따르지 않은 것으로 보인다. 이것은 많은 사례에서 예시되는데, 그는 다른 사람들에 비해 상당히 불투명하지 않았다. 예를 들어, 쥐인간으로 알려진 내담자의 분석에 대해 설명할 때 그는 다음과 같이 기술하였다.

나는 사례의 심각성과 그가 받아들인 구성의 의미에 대해서는 논쟁하지 않았지만 그가 아직 젊고 또 성격이 온전하기 때문에 유리하다고 말했다. 이렇게 말하면서 그에 대해 긍정적으로 느낀 점을 이야기하자, 그는 눈에 띄게 좋아했다 (1909d/2002: 143).

안심시키기와 개인적인 피드백은 명백히 Elisabeth의 치료에만 국한되지 않았다.

치료적 대화에서 Freud가 명백하게 개인적으로 관여한 예는 늑대인간으로 알려진 내담자에서 볼 수 있다. Obholzer가 그를 면접하였는데, 그는 Freud 자신이 앉은 자리에 대해 설명한 것을 기억하였다. 다른 곳에 앉았을 때 한 소녀가 그를 유혹하려고 한 적이 있었다는 것이다. Freud는 때로 자신의 견해를 제시하였다. '그는 그림에 대해 논의하였고, 아들이 화가가 되기를 원했다고 하였으며, 아들은 그 생각을 포기하고 건축가가 되었다.' 고 하였다 (Obholzer, 1980: 33-34). Freud는 때로 돈을 주어 그를 도운 적도 있었다(Obholzer, 1980: 60-61). 늑대인간은 'Freud에게 있어 매력적이고 풍부한 사례'로 남아 있으며 (Roazen, 1979: 170), 늑대인간과 Freud는 서로 존중하면서 도운 것처럼 보인다. 늑대인간은 Freud의 예절과 지성을 높이 평가하였고, Freud는 늑대인간을 "그의 '불편한' 이론을 제시하는 데 이상적으로 적합"하다고 보았다(Gay, 1989: 286). 이들의 밀접한 유대는 부분적으로 Freud의 개인적이고 재정적인 공헌을 설명할 수 있을 것이다.

Freud가 내담자에게 자신의 생각을 설명하는 것을 보면 그가 불투명한 유리가 아닌 것은 분명하다. 그는 의식과 무의식의 심리적 차이를 설명하는 긴 개입을 기록하고 있다. "나의 짧은 진술을 예시하기 위해 …… 나는 상담실에 놓인 고대 유물을 언급하였다."(1909/2002: 142) 대화는 보다 자세하게 진행되었다. "그는 …… 생각하였다. 나는 …… 대답하였다. 나는 …… 확신하였다. 나는 전적으로 동의한다고 대답하였다."(1909d/2002: 142) 이것은 내담자에 관한 긴 토론이었다. 하지만 서로 정보를 제공하고 배우는 것이었다. 나는 이미 전이가 내담자와 학생이 Freud에게 매력을 느끼는 유일한 설명이 아니라고 주장하였다. Lampl-de-Groot가 기술하였듯이, Freud와 작업할 때 그녀는 전이관계 이외에도 내담자와 분석가 간에 '현실적인' 관계가 있다는 것을 깨달았다. 그녀는 "Freud가 '엄격한 중립성'과 인간적인 관계를 신중하게 선택하며 오가는 것은 분명히 분석가로서 나의 개인적인 태도와 행동에 확실하게 영향을 미쳤다고 생각한다."라고 기술하였다(1976: 284).

설명과 해석

Freud는 자신의 이론을 내담자들에게 설명(explanation)하였고, 때로 치료의 첫 국면의 일부이기도 했지만(1920a: 377) 이론에 근거하여 해석(interpretation)하는 것을 경고하였다. 그는 분석에서 꿈을 사용하는 것에 관한 에세이(1911e/2002)에서 『꿈의 해석』(1900a)에서 이루어진 꿈에 관한 과학적 연구와 치료적 기법을 분명히 구분하였다. "꿈 해석에 대한 이론적 접근에서 출발해서 분석치료를 하게 된 사람은 꿈의 내용에 대해 관심을 가지고, 가능한 한 내담자가 그에게 이야기하는 모든 꿈에 대한 해석을 완성하기를 원할 것이다. 그러나 이제 그는 완전히 다른 상태에서 작업하고 있다는 것을 곧 알게 될 것이다."(1911e/2002: 13) 꿈 해석이 내담자의 마음에 처음 떠오르는 것을 먼저 다루어야 한다는 기본 규칙에 우선해서는 안 된다. 꿈은 완전히 분석 될 수는 없고, 어떤 경우에는 중요하지도 않다. 왜냐하면 한 회기에서 의식하지 못한 내용이라 할지라도 실제적으로 중요하면 이후에 다시 나타날 것이 확실하기 때문이다.

Freud 자신은 명백히 내담자와 충분한 동의 없이 몇 개의 꿈을 해석하였다. 늑대인간이 이러한 한 예다(Obholzer, 1980: 35). 그러나 그는 꿈을 다루는 이 에세이에서 다시 그에 대해 경고하였다. 능숙한 꿈 해석가는 '꿈에서 추론한 모든 것을 내담자에게 충분히 설명하기 위해 꿈 해석을 하려고 할 것이다. 이러한 방법론적 경향은 표준적인 치료에서 상당히 벗어나는 것이다.'(1911e/2002: 16) Freud는 "치료자가 어떤 것을 아는 것과 내담자가 아는 것은 다른 것이다."라고 분명히 말하였다(1911e/2002: 17-18).

Freud는 이러한 의견을 기법에 관한 다른 논문에 확장하였다(1913c/2002). 그는 여기에서 초기의 분석 시절에는 상황에 대해 '너무 주지화된' 견해를 가졌다고 회상하였다. "우리는 내담자의 지식을 매우 높게 평가하고, 우리 자신의 것과 잘 구분하지 못한다."(1913c/2002: 61) Freud는 내담자의 역사에서 몇 가지 정보가 외부의 원천에서 올 수 있다면 얼마나 행운인지에 대해 언급하였다. 그는 그러한 정보와 그의 해석이 정확하다는 증거를 신경증이 치료되고 치료가 종결되기를 희망하면서 내담자에게 즉시 전달할 것이다. "예상된 성공이 뒤따르지 않을 때 상당히 실망할 것이다."(1913c/2002: 61) Freud는 내담자가 어떤 사실에 대해 의식적으로 알 수 있지만 보다 깊은 의미에서는 그것을 전혀 모를 수 있다는 것이 얼마나 이상하게 보이는지에 대해 계속 언급하였다. 이러한 수수께끼를 풀게 하는 것은 무의식의 중요성을 인식하는 것뿐이다. Freud의 유추는 흥미로우며 그의 아주 뛰어난 스타일을 보여 준다.

그것은 법무부 장관이 청소년의 일탈을 특별하고 관대하게 다루라는 지시와 같다. 이러한 지시가 각 지방 법원에서 주목을 받을 때까지는, 혹은 지방 판사가 그러한 지시를 준수할 의도가 없으면서 적당하다고 보고 정의를 시행한다면, 청소년 범죄의 치료에는 어떠한 변화도 없을 것이다(1913c/ 2002: 62).

존재의 신비에 대해 생각하는 Freud의 능력은 그에게 많은 것을 의미하지만, 그는 내담자의 지적인 협조에 너무 의존하는 접근은 위험하다고 보았다. 그는 조언을 제공하거나 승화하는 방법을 제시하여 '가장 쉽고 가장 접근 가능한 종류의 추동 만족' 을 내담자에게서 빼앗지 말라고 충고하였다 (1912e/2002: 40). 그는 '기억에 집중하고 특정한 인생 시기에 대해 생각하라는 식으로 피분석자에게 어떤 과제를 주는 것은 잘못된 것'이라고 단호하게 말하였다. 그는 또한 '내담자를 돕기 위해 정신분석 자료를 읽으라고 권유하는 것' 을 싫어하였다. "나는 자신에 대해 직접 배우라고 하였다." (1912e/ 2002: 41)

분석의 한계와 제한

젊은 동성애 여성에 관한 초기 사례 연구(1920a)에서, Freud는 정신분석에 적합하지 않은 내담자의 몇 가지 태도에 대해 언급하였다. 그는 특히 내담자가 다른 사람의 요구에 의해서가 아니라 자신의 선택으로 시작할 필요가 있다는 것을 강조하였다. 또한 내담자는 변화에 개방적이고, 분석을 특별한 방향으로 움직이게 요구해서는 안 된다고 하였다.

이상적인 분석 상황은 다른 경우에는 혼자 살아갈 수 있는 사람이 스스로 해결할 수 없는 내적 갈등으로 고통을 받아서 자신의 어려움을 분석가에게 가져오고 도움을 청하게 되는 것이다. 치료자는 병리적으로 나누어진 성격의 한 부분과 손잡고 갈등 상태에 있는 다른 부분에 대항하여 치료하게 된다 (1920a: 374).

이 연구에서 젊은 여성이 어떠한 장애도 호소하지 않았기 때문에 Freud는 그녀가 적합하지 않다고 보았다. 그리고 그것이 옳다는 것이 증명되었다. 동성애는 그녀의 부모에게 혐오적이었지만, 그가 보기에는 신경증이 아니라 단순히 상이한 '양상의 성기기적 성 조직화'였다(1920a: 375). 그는 또한 그의 방법이 정신병 치료에 실제적인 가치가 있는지를 의심하였는데, 별다른 치료 효과를 발견하지 못하였다. 이렇게 성공하지 못한 이유는 정신병 내담자가 '대개 긍정적 전이를 형성할 능력이 없었기 때문에 주된 분석기법의 도구가 그들에게 적용되지 않았다.'는 것이다(1925d: 244). 그럼에도 불구하고 Freud는 정신분석의 주장이 정신병에서 가장 잘 증명된다고 생각했다. "신경증에서는 힘들게 심층에서 끌어내야 하는 많은 것들이 …… 표면에서 누구나 볼 수 있다."(1925d: 245) 조만간 그가 틀렸다는 것이 증명되었는데, 그의 방법은 정신병(psychosis)과 경계선(borderline) 내담자에도 적용되었다. 심한 장애가 있는 내담자를 정신분석적으로 치료하는 데 상당히 비관적이었지만, 그는 '이 분야에서 우리의 모든 지식이 치료적 힘으로 아직 변환되지 않았다.'는 사실을 인식하였다(1925d: 245).

정신분석은 일주일에 여러 번 회기를 가지고 수년 동안 이루어지는 장기치료라는 평을 받고 있다. Freud 자신은 단기와 장기 치료의 예를 다 보여 주었다. Katharina 사례(Freud & Breuer, 1895d: 190-201)는 산 정상에서의 우연한 한 번의 만남으로 이루어졌다. Elisabeth von R.의 사례는 1년 동안 이루어졌다. 늑대인간은 4년 반 동안 일주일에 6번을 보았지만, 분명 Freud의 가장 긴 분석은 아니었다. Freud는 Leydon의 공원 주위를 산책하면서 작곡가

Mahler를 네 시간 동안 어떻게 분석하였는지를 보여 주었다. "만약 내가 그의 보고를 믿어도 된다면, 당시 그에게 많은 것을 얻었을 것이다."(Clark, 1980: 194; Roazen, 1979: 164) 독특하고 다소 평범하지 않은 기법적 기여를 한 분석가 Ferenczi는 Freud에게 1914년 10월에 3주 동안, 1916년 6월에 하루에 두 번씩 3주 동안 더 분석을 받았다. Freud는 이후에 Ferenczi가 자신의 분석을 완결하지 않은 것에 대해 그를 비난하였다고 썼다(1937c/2002: 178). Ferenczi의 불평은 분석의 길이가 아니라 Freud가 부정적 전이를 확인하지 못한 것에 대한 것이었다(Dupont, 1995: xii).

Freud는 자신의 치료 패턴을 다음과 같이 기술하였다.

나는 일요일과 공휴일을 제외하고는 매일 내담자와 치료를 한다. 그러니까 대개는 일주일에 여섯 번이다. 경미한 사례나 이미 잘 진행된 지속 사례에서는 일주일에 세 번이면 충분하다. …… 치료에서 긴 간격이 있으면 내담자의 실제 경험을 따라가지 못하는 위험이 있으며, 그런 경우 치료는 현재와 접촉이 끊길 수 있다(1913c/2002: 49).

지속기간에 대해서 Freud는 "거의 대답이 불가능하다. …… 단도직입적으로 말해서 정신분석은 항상 긴 시간을 요하는데, 6개월 혹은 몇 년이 걸릴 수 있다. 고통받는 당사자들이 생각하는 것보다 더 긴 시간이다. 그러므로 당신은 내담자에게 치료를 시작하기 전에 이러한 상황을 설명해 주어야 한다."라고 언급하였다(1913c/2002: 49, 50). 내담자가 치료 중단을 원하는 것은 내담자의 몫이다. Freud는 초기의 치료 시절에 분석을 계속하도록 설득하는 것이 매우 어려웠다고 언급하였다. 그러나 '이제는 걱정스럽게 그들에게 분석을 그만두라고 설득하고 있다.' (1913c/2002: 51) 정신분석운동은 점점 긴 치료를 선언하였고 엘리트주의를 표방하였다. 이는 비교적 소수의 내담자가 도움을 받을 수 있고, 대개는 비용이 많이 든다. Freud의 초기 치료처럼 빈도와 지속기간에서 다시 짧아지는 데에는 시간이 많이 걸렸다. Freud는 '초기 시절에 당연히 치료를 빨리 끝내는 것을 좋아하는 내담자가 많았다.' 는 것을 알았지만, 후기 논문에서는 분명히 분석은 '긴 작업'이 불가피하다고 하였다(1937c/2002: 173). 후기에 분석이 길어진 한 가지 이유는 Freud가 훈련 분석에 집중한 것인데, 그럼에도 이후의 훈련 분석 중 몇몇은 짧았다고 Momigliano는 언급하고 있다. "때로 갑자기 끝이 나는 경우가 있었다. Freud는 Helene Deutsch의 분석을 시작한 지 1년이 지나 갑자기 그만두게 하였는데, 다시 돌아온 오랜 내담자(늑대인간) 때문에 그녀의 분석시간이 필요하다고 '아주 솔직하게' 말했다. 그리고 '당신은 분석이 필요하지 않아요. 당신은 신경증적이지 않습니다.' 라고 덧붙였다."(1987: 384) Helene Deutsch는 '그러한 상황에 성숙하게 객관적으로 반응하려고' 노력하였지만, 아마도 그녀는 거부감을 느꼈기 때문에 그녀 인생에서 처음으로 우울증을 경험하였다고 말하였다(1973).

Freud는 치료적 성공보다는 주로 정확한 것에 관심이 있었다. 이것은 치료방법으로 정신분석의 한계에 관해 그가 언급한 것에서 여러 번 나온다.

나는 여러분에게 정신분석이 치료방법으로 시작했다고 말하였습니다. 하지만 치료방법에 대해서 여러분이 가진 관심보다는 그것이 담고 있는 진실 때문에, 인간이 가장 관심을 가지고 있는 것(인간의 본성)에 관한 정보 때문에, 그리고 가장 상이한 활동들 간의 연관성을 드러낸다는 사실 때문에 여러분에게 호소하고 싶습니다. 치료방법으로서 그것은 최고이기는 하지만 많은 치료법 중의 하나일 뿐입니다(1933a: 192).

나는 다음 장에서 치료방법으로서의 정신분석에 대한 Freud의 의문으로 되돌아갈 것이다. Freud의 후기 논문 「끝이 있는 분석과 끝이 없는 분석(Analysis Terminable and Interminable)」(1937c/2002)에서 이러한 질문을 반영하듯이, 그의 비관적인 조망에 주목할 필요가 있다. 표준판 편집자의 주에는 "전체적으로 이 논문은 정신분석의 치료적 효율성에 대해 비관적인 인상을 준다. 그 한계는 계속 강조되었고 절차의 어려움과 가로막는 장애물들이 주장되었다."라고 기술되어 있다(1937c/2001: 211). Freud는 또한 새롭고 상이한 신경증의 발생을 예방하는 전망에 대해 회의적이었고, 심지어는 치료되었던 동일한 신경증의 재발에 대해서도 그러하였다. 그는 최근의 분석을 성공적인 결과의 증거로 사용하는 것이 바람직하지 않은 이유는 '치료가 이후에 어떻게 작용할지에 대해 예언할 수 없기' 때문이라고 분명히 말하였다(1937c/2002: 180).

종 결

Freud에게 늑대인간이 되돌아와서 Helene Deutsch가 밀려났는데, 늑대인간은 Freud에게 여러 문제를 안겼다. 『끝이 있는 분석과 끝이 없는 분석』(1937c/2002)에서 그에 대해서 쓰게 하였다. 우리는 이 분석에서 Freud의 의도적 종결에 대한 정보를 가지고 있는데, 다른 사례에서도 유사한 기법을 사용하였다(1937c/2002: 175). 4년 반 이상이나 지속되었지만 Freud는 그에게 정통적이지 않은 방략이 무엇이었는지를 결정하지 못하였다. 치료는 곤경에 빠졌다. 늑대인간은 변화하도록 도우려는 Freud의 노력을 정중히

거절하였다. Freud는 종결 날짜를 1년 앞서 잡았고 그것을
밀고 나갔으며, 늑대인간의 긍정적 전이가 성공을 보장할
만큼 충분히 강하다는 것을 믿었다. 늑대인간은 그해에
Freud가 굽히지 않을 것이라는 것을 알게 되었다. "그는 어
쨌든 그의 초기 신경증을 이해하고 현재 증상을 극복하는
데 필요한 모든 기억을 재현해 내었고 모든 연관성을 확인
할 수 있었다."(1937c/2002: 174) Freud는 이 사례에서 그의
기법을 일종의 협박으로 보았고, 적절한 시점에서 정확하게
사용될 때에만 성공할 수 있다고 충고하였다. 그것은 일단
시간이 결정되면 시간 제한을 늘리는 것이 바람직하지 않기
때문이었다(1937c/2002: 175). Freud는 당시에 모든 것이
해결되었다고 생각했지만, 1923년에 보고한 사례 연구의
주석에 그가 잘못 생각했다는 사실을 덧붙였다. 늑대인간은
제1차 세계대전이 끝나고 몇 달 지나서 Freud에게 되돌아
왔고, 이후에 그의 여제자 중 한 명에게 의뢰되었다.

  Freud는 분석이 실제적으로 끝이 날 수 없다고 결론지었
다. 분석가와 내담자의 만남을 방해하는 몇 가지 외부적인
어려움 때문에 끝나는 불완전한 분석이 있다. 그러나 만족
스럽게 끝나는 모든 분석은 어떤 의미에서 끝나지 않은 것
이다. Freud는 성공을 부인하지는 않았지만, 일반적으로 외
상 사건에 의해 야기된 어려움은 기질적 요인에 의한 것보
다 더 완화되기 쉽다고 생각하였다.

Freud는 유명한 구절에서 분석을 "제3의 '불가능한' 직업이라고 불렀다. 여기에서는 심지어 시작하기 전에도 완벽하게 성공하지 못한다고 확신할 수 있다. 훨씬 장시간이 요구되는 것으로 알려진 다른 두 가지는 교육과 정부다." (1937c/2002: 203) 그는 이러한 작업을 위한 준비로 개인 분석이 필요하다고 강조했지만, 분석이 완벽해야 한다고 요구하지는 않았다. 그리고 Freud는 도움을 받기 위해 분석을 받는 모든 내담자에게 단일한 유형의 복제를 하려고 하지 않았다.

아무도 도식적인 정상성(schematic normality)을 위해 모든 개인의 독특성을 없애려고 하지 않을 것이다. 하물며 '완전히 분석된' 사람은 어떠한 열정도 느끼지 않고 내적인 갈등에 시달리지 않아야 한다는 요구도 하지 않을 것이다. 분석은 자아가 기능하는 데 최적의 심리 상태를 창출해야 한다. 그러면 이 과제가 끝이 날 것이다(1937c/2002: 204).

결론적으로 Freud는 생의 후반기에 치료의 종결에 대해 쓰면서 치료의 어려움에 대해, 그리고 치료의 효율성에 관한 회의에 주의를 하고 있었던 것처럼 보인다. 이 장은 이와 관련된 많은 예를 보여 준다. 그는 자기 비판적이었고, 항상 도전하기보다는 그가 그렇게 많이 발전시켰던 기법(그리고 생각)에 대한 비판을 예상하였다. 심지어 그는 그의 이론적 입장을 반대하는 몇몇 정신분석적 거부에 있었던 '앞면이 나오면 내가 이기고, 뒷면이 나오면 당신이 진다.' 는 주장을 인식하였다. 실제로 그는 독일어로 된 문맥에서 영어로 된 단어를 그대로 사용하였다(1937d/2002: 211). 그는 '건강한 사람이 이러한 도움 없이 스스로의 힘으로 할 수 있는 것을 신경증 내담자가 분석을 통해 획득할' 가능성을 받아들였다 (1937c/2002: 182).

Freud의 마지막 평가가 그의 성격적 염세주의 혹은 지적 현실주의에서 나오는지는 알기 어렵다. 분명한 것은 다음 장에서 다룰 그의 이론과 기법에 대한 비판이 있으면, Freud는 이미 그것을 받아들일 준비가 되어 있었다는 것이다. 그는 항상 비판을 거부하지 않았으며, 특히 결과에 대해 의문을 가질 때 그러하였다. 그리고 마지막 장에서도 보겠지만 어떠한 의심의 그림자도 없이 때로 Freud 자신의 접근으로 상쇄되었던 몇몇 과장된 설명에도 불구하고 그의 이론이 20세기 서구 문화에 심오한 영향을 주었듯이, 기법을 통해 발전된 많은 것이 치료와 상담 실제에 긍정적 기여를 하였다는 것도 분명한 사실이다.

.

4 비판과 반박

권위적인 발자취와

가부장적인 엄격함으로 의심받고, 여전히

그가 말한 것과 특징에 집착했다면,

적대자들 가운데 오랫동안 삶을 살았던 사람에게

그것은 자기 보호를 위한 것이었다.

W. H. Auden, 'Sigmund Freud를 기리며'

정신분석 비판과 Freud의 비판

 사람들이 Freud를 어떻게 생각하든 간에 그의 이론이 서
구 문화의 지적인 풍토에 널리 퍼졌다는 것은 의심할 여지가

없다. 이것은 제5장에서 분명해질 것이다. 실제로 'Freud의 생각이 우리가 숨 쉬는 영혼의 공기의 일부가 된' 세상에 살고 있다고 주장하는 사람도 있다(Graf, 1942: 476). 하지만 우리가 이 구절을 받아들이려면, 누가 이렇게 썼고 Freud와의 지적 관계와 정서적 관계가 어떠한지를 보아야 할 것이다. Graf는 실제로 Freud를 만난 젊은 사람이었다. 오래 지나서 쓴 그의 논문은 Freud에 대한 감탄으로 가득 차 있고, 때로 Freud를 이상화하고 있다. 하지만 Graf의 비판이 없지는 않은데, 그는 예를 들어 다음과 같이 밝히고 있다.

그는 자신의 정통적인 가르침에서 벗어나는 것을 허용하지 않았다. 주관적으로는 물론 Freud가 옳았는데, 그렇게 많은 에너지를 들여 계속해서 연구하였기 때문이었다. 그리고 그것은 세상의 반대에 대항하여 방어되고 있었고, 망설임이나 약화됨 또는 시시한 겉치레로 서투르게 변화될 수 없는 것이었다. Freud는 사생활에서 친절하고 사려 깊었지만, 자신의 생각을 제시하는 데에는 엄격하고 냉정하였다. 그는 그의 학문에 대한 의문이 생겨나면 자신의 가장 절친하고 믿음이 가는 친구와도 단절하였다. 만약 그를 종교의 창시자로 생각한다면, 우리는 그를 분노로 가득 차 있고 기도로 확고한 모세로 볼 수 있을 것이다(1942: 471-472).

그러므로 비판가는 Freud의 생각이 '우리가 숨쉬는 영혼의 공기의 일부' 라고 쓴 Graf가 Freud에게 지적 신념의 영향을 받은 것인지, 아니면 정말로 정서적으로 감탄한 것인지를 고려해야 할 것이다. 그러나 이런 질문을 하자마자 우리는 이미 Freud의 용어에 익숙해져서 이러한 구절 이면에 있는 동기를 심리적으로 해석할 수 있을 것이다. 우리는 Freud의 생각(혹은 적어도 그중 몇몇)의 타당성을 조용히 받아들이고 있는데, 이 경우 소망 충족(젊은 Graf에게는 강력하고 권위적인 아버지가 필요할 수 있다)이 사실보다 과장되는 특성이 있는 진술에서 일부 역할을 할 수 있다. Freud의 연구를 중요하게 여기는 사람은 아마도 그것의 일반적 호소를 과장하는 경향이 있을 것이다.

Freud는 그의 연구에 대한 비판을 거부하는 경우에 '무의식적 저항' 이라는 설명을 채택하였다. 그가 이러한 비판에 반박하려는 노력이 쓸모없다고 주장할 당시에는 당연히 옳을 수 있다. 왜냐하면 그가 한 주장의 유형이 '다른 의사소통에서처럼 동일한 종류의 치료와 만나는 것을 고려할 수 없기 때문이었다.' (1914d: 79) 미적 현상이나 종교적 현상에서처럼, 비판가는 분석적 진술에 관한 주장을 하기 전에 비슷한 경험을 공유할 필요가 있다는 것은 일리가 있다. 하지만 Freud의 가장 중요한 비판가 중 몇몇 또한 정신분석 훈련을 받았는데, 때로 그들은 충분히 분석받지 않았다고 (항

상 Freud 자신에 의하지는 않았지만) 정신분석적으로 반론을
받기도 하였다.

합리화(rationalization)라는 정신분석적 개념과 관련하여
비슷한 문제가 생겨나는데, 사실 Freud보다 Ernest Jones
가 이 개념을 더 부각시켰다. 이것은 '정신분석을 지지하는
사람과 반대하는 사람 모두 분석적인 방법의 패러다임으로'
간주하는 개념이다(Hollitscher, 1939: 230). Hollitscher는
합리화의 딜레마를 다음과 같이 기술한다.

> 다른 사람의 논쟁을 합리화라고 주장하는 분석가 견해가
> 옳다는 것을 어떻게 증명할 수 있는가? 이러한 발표가 분석
> 가 입장에서 임의적으로 해석하여 다른 사람의 논쟁에 반대
> 하려는 합리화가 아니라는 것을 (그리하여 또한 의심스러운 진실
> 이라는 것을) 누가 보장해 줄 수 있는가?(1939: 230)

비판은 자료와 해석에 대한 합리적인 의문인가, 아니면 무
의식적 불안을 덮는 것인가? 생각 자체에 대한 적대감인가,
아니면 그 생각이 나타내는 것에 대한 적대감으로서 때로
개인적 가치를 확립하는 것으로 위협이 되는가? 유사한 예
로 Darwin의 진화론은 기본적으로 유의미한 결함이 있어
서가 아니라 이 이론이 신학적이고 심리학적인 안정과 관련
된 전체 구조를 손상시키고 기존의 자연과학을 의문시하였

기 때문에 적대감과 반대 논쟁을 일으켰다. Hollitscher는 합리화가 어떤 과정이나 동기에 관한 관찰이고 내담자(혹은 비판가)가 말하는 것이 옳지 않다는 것을 주장하는 언급이 아니라는 것을 인식할 때, 이 딜레마에 대한 대답이 분명해진다는 사실을 관찰하였다. 그러므로 제3장 끝부분에서 언급한 '앞면이면 내가 이기고, 뒷면이면 당신이 진다.'는 정신분석에서 잘 알려진 주장은 오류다. 나는 비판하는 사람에게 "당신이 Freud의 생각을 받아들일 수 없는 이유는 그것이 당신에게 무의식적으로 정서적인 어려움을 주기 때문이다." 라고 말할 수 있다. 그러나 Hollitscher의 주장에 따르면 이러한 언급은 비판하는 사람을 동기화시키는 것에 관한 관찰일 뿐이다. 이것은 Freud의 생각에 대한 방어가 아니다. 이는 훌륭한 주장으로, 우리가 생각할 수 있는 것보다 더 순수한 비판에 반응하는 사람에게 상이한 형태의 담화를 구분하게 해 준다. '합리화'는 Freud의 용어 '환상(illusion)'처럼 '소망 충족'보다 '잘못된 생각'을 의미하는 것으로 종종 끝이 났다. 분석가들은 그의 생각을 방어하는 데 상당한 관심이 있다. 여기에서 우리는 다시 정신분석 이론의 일부인 생각과 감정의 상호 침투로 되돌아간다.

달리 말하자면, Freud 사고의 영향에서 벗어나기는 어려우며, Freud와 정신분석을 방어하려는 사람은 정신분석 이론의 기본적 신조를 심각하게 의문시하는 사람의 주장을 논박하기 위해 이런 패러다임을 사용할 수 있을 것이다. 이 장에서 나는 의식적으로 비판가에게 공정하게 들으라고 하였지만, 내가 가장 중요한 비판을 무의식적으로 '잊어버리거나' 더 쉽게 거부될 수 있는 주장을 제시할지 누가 알겠는가?

Freud 성격의 비판

앞에서 Freud에 대한 Graf의 관찰은 Freud 이론의 신뢰도를 의심하는 데 사용될 수 있는 통찰의 한 예다. 예를 들어, Freud의 많은 생각은 자기 분석에 기초하고 있고, Fliess와의 서신 왕래에 의해서만 조율되었으며(Masson, 1985), 일련의 가설들이 과학적이지 않은 근거를 가진다는 비판이 있다(Efron, 1977). 또한 그의 개인사와 생각을 관련짓는 주장이 있는데, 그의 생각이 개인적 경험이나 문제되는 영역의 억압에 의해 왜곡되었다는 것이다. 예를 들어, Barren 등(1991)은 인간 본성의 비밀에 대한 Freud의 관심과 그의 어머니와의 관계를 추적하였다. 다른 저자들은 종교에 대한 비판을 그의 배경과 관련지었다. 그러므로 Freud의 종교에 대한 비판, 특히 가톨릭교에 대한 비판은 Freud가 두 살 때 조그마한 절도로 해고되어 감옥에 간 보모의 영향에 기인하는 것으로 때로 '설명' 되었다. 그녀는 독실한 로마 가톨릭 신자였고, '성 문제에 있어서 그의 선생님' 이었을 가능성이 있다(Gay, 1989: 7; 또한 Rainey, 1975를 보라.). 혹은 어머니와의 관계는 여성의 심리와 성에 관한 Freud 이론이 부족한 이유 중 하나로 제시되고 있다(Orgel, 1996). 물론 우리는 이 접근이 정신분석적 조망에서 쓴 것이라고 기대할 수 있지만, 이 논문들은 Freud의 이론을 거부하지는 않으며, Freud 생각의 특정 영역을 비판하기 위해 정신분석 이론의 특정 국면을 채택하고 있다. Freud의 많은 생각이 자신의 성격에서 나온 것이라면 이것이 그의 생각을 타당화하거나 반대로 타당화하지 않을 필요는 없다. 여기에서 우리는 다시 한 번 무의식적 동기와 사고의 발달 간의 긴밀한 관계를 보고 있다(생각과 신념에 관한 나의 연구인 Jacobs, 2000을 보라.).

비판에 대한 Freud의 반응에 대해 Graf가 기술한 것을 보면, Freud에게는 종종 잘못을 인정할 수 없도록 만든 부담이 있었다. 이러한 이유에 대한 설명은 초기 시절에 그를 향한 강한 적대감으로 인해 그가 자연스럽게 방어적으로 되었다는 것이다. Freud가 종교를 환상이라고 했을 때, 몇몇 비판가는 Freud가 그의 생각이 동일한 부담의 여지가 있다는 것을 보지 않았다고 대응하였다. 사실 그는 소크라테스식 대화에 정통하였다. Freud는 자신의 저술에서 종종 그러한 부담을 예상하였다. "나는 환상을 피하는 것이 얼마나 어려운지를 안다. 아마 내가 고백한 희망 대체로 환상적인 성질이 있을 것이다."(1927c: 237) 그는 양보할 수 없었을 때가 있기는 하였지만, 대체로 잘못을 쉽게 받아들였다. 『환상의 미래』에서 그는 "만약 경험이 (내가 아니라 같이 생각하고 있는 내 뒤의 다른 사람에게) 잘못되었다는 것을 보여 주면 우리는 우리의 기대를 포기할 것이다."라고 기술하였다(1927c: 237). 그는 추종자들을 규제할 수 없었고, 실제로 몇몇 추종자는 Freud의 잘못을 받아들이는 것이 더 어렵다는 것을 알았다. 하지만 그 자신의 의도는 분명했다. 유사하게 표준판과 Penguin Freud Library에서의 편집 주석을 보면, 새로운 판이 나올 때 Freud는 자신의 텍스트를 수정하는 데 종종 관심을 기울였다. 그는 잘못을 자유롭게 받아들였는데, 예를 들어 "이것은 내가 명백하게 철회하고 싶은 구성이다."라고 하였다(1925d: 248n). 그는 자신의 저술에 비판적이었고, 소크라테스식 대화인 제안, 비판 그리고 비판에 대한 반응을 종종 채택하여 사용하였다. 그는 자신이 잘 알지 못하는 것에 대해 겸손하였고, 때때로 가정된 것보다 자신의 생각의 가치를 현실적으로 잘 알고 있었다. 예를 들어, 마지막 출간물에서 그는 정신분석이 '기본적인 가정을 한다.'고 언급하면서 시작하였고, 다음 단락에서 '두 가설'을 제시하였다(1940a: 375-376). 때로 많은 연구들이 사실인 것처럼 읽히지만, 이 두 구절은 그가 이론적 기초의 잠정적인 성질을 알고 있었다는 것을 가리킨다. 하지만 대조적으로 정신분석 이론의 네 가지 초석을 열거하고, "이것을 받아들일 수 없는 사람은 자신을 정신분석가라고 생각할 수 없을 것이다." (1923a: 145)라고 결론지었을 때 제시한 공식 유형에 대해서는 균형을 유지해야 할 것이다.

Graf의 기술은 Freud가 자신의 권위를 의문시하는 것을 허용하지 않았다는 논쟁을 지지한다. Jung의 자서전에서 자주 인용되는 예시에서, Jung은 Freud가 "나는 내 권위를 위협당할 수는 없다."라면서 꿈에 대한 상세한 토론을 거부한 것에 대해 이야기하였다(Jung, 1967: 182-183). 정신분석 운동에서 초기에 탈퇴한 몇몇의 이유는 Freud의 경직성과 독단적인 리더십과 관련이 있다. 군대의 은유가 Freud의 저술에서 나타나고 병사를 전쟁에 내보내는 장군으로서의 그의 이미지에 대해 어느 정도 지지하지만, 우리는 그에 대해 전반적인 가정을 하는 데 조심해야 한다. 자신의 추종자에 대한 Freud의 반대는 상당히 선택적인 것으로 보인다. 이론이나 심지어 기법 면에서 자신의 것에서 심하게 이탈한 동료에 대해 관용한 예들이 많이 있다. Ferenczi가 몇몇 내담자와 보인 관계에서 Freud가 받아들일 수 없을 정도로 자기 노출과 신체적인 감정 표현을 하였지만, 이것이 친구끼리의 건강한 불일치를 방해하지는 않았다. 다만 Ferenczi가 무시된 것은 삶의 말미에서였다. 출생 외상에 대한 Otto Rank의 강조는 Freud에 의해 반박되었는데, 분석가 모임에서

Rank를 추방하겠다는 위협을 할 필요는 없었다. Freud에게서 점차 멀어진 것은 Rank였다. Freud는 또한 여성의 성에 관한 의문에서 Ernest Jones와 상당히 불일치하였고, Jones가 Anna Freud보다 Melanie Klein을 지지한 것에 대해 유감을 표명하였다. 하지만 Jones는 '내부 모임'의 일원으로 남아 있었고, 또 Freud의 뛰어난 첫 전기 작가였다. Freud 자신은 자신의 독단에 대한 비판을 알고 있었으며 자서전에서 다음과 같이 밝혔다.

내가 방어적으로 말할 수 있는 것은 자신은 틀리는 일이 없다는 교만한 생각에 사로잡힌 관용적이지 않은 사람은 지적인 많은 사람에게 지속적으로 영향력을 행사할 수 없다는 것이다. 게다가 실제로 나처럼 별로 매력이 없는 사람인 경우에는 더욱더 그렇다(1925d: 237).

여기에서 Freud의 겸손은 고의적이지는 않지만 다소 틀린 것 같다. 많은 사람이 그의 강한 성격을 증언하였다. 예를 들어, Graf는 "Freud의 제자는 (모두 영감을 받고 확신하는) 그의 사도들이었다. 이 집단 제자들의 성격이 많이 달랐지만, 초기의 Freud 연구를 보면 그들 모두 Freud에 대한 존경과 영감으로 일치되었다."고 하였다(1942: 471).

Freud의 성격에 독단적인 경향이 있었다는 주장은 공정하다. 그의 성격에 관한 기술은 더 자세하게 텍스트의 검토를 통해 조율될 필요가 있지만, 그는 분명히 까다로웠던 것 같다. Freud의 비판이 어려운 한 가지 이유는 종종 모든 것이 간접적 원천에 기초하고 있다는 것이다. 그가 비판에 대해 개방성을 보였던 빈번한 예들이 그의 저술에 있다. 유아기에 자위 현상이 편재한다는 Freud의 주장의 일부에 대한 반대와 관련하여, 그는 '나는 이 주장이 철회되어야 한다는 것을 받아들인다. 『성에 관한 세 편의 에세이』를 한 번 더 편집하라고 요구한다면 나는 공격받고 있는 문장을 포함시키지 않을 것이다. 나는 자연의 뜻을 추측하려는 시도를 포기하고 사실에 대해 기술하는 데 만족할 것이다."라고 썼다 (1912f/2001: 247).

Freud는 사색의 위험을 알고 있었다. 검증되지 않은 가설의 위험은 후기에 성의 구분에 대하여 기술했을 때 두드러졌다(1925j). 이 특별한 에세이는 자신의 몇 가지 발견에 대해 기술했을 때의 긴박함을 언급하면서 시작하고 있다. 그는 필요한 증거가 생길 때까지 그것들을 미룰 수가 없었다. 그는 독자에게 과거에는 4, 5년 동안 출판을 미룬 적이 있었다는 것을 상기시켰다. 그는 이미 암으로 고통받고 있었고 얼마나 더 살지를 알지 못했기 때문에 그에게는 살아 있는 날이 몇 달밖에 없는 것처럼 보였을 것이다. "나에게는 시간이 별로 없다. …… 내가 새로운 어떤 것을 보았다고 생각한다면 …… 나는 그것이 확증될 때까지 기다릴 수 있을지 확신할 수 없다." 아직 완성되지 않고 의심스러운 가설을 지지하였던 동료 연구자를 언급하고 그 자신이 해 왔던 것처럼 그것들을 검증한 다음에, 그는 다음과 같이 소개하는 문장으로 끝을 맺었다. "가치가 있고 없고가 결정되기 전에 긴급하게 확립할 필요가 있는 어떤 것을 발표하는 게 무방하다고 생각한다."(1925j: 331-332) 그것이 유용한지 아닌지가 증명되기를 기다리면서 창의적으로 자신의 생각을 표현하는 것이 가능할 것이다.

다른 비판가들은 Freud의 편견이 나이의 산물이라고 지적하였다. 예를 들어, 그는 여성을 열등한 수준에 놓은 가부장적 체계의 대표자였다. 그러한 비판은 자명하다. 몇몇 그의 논문은 백 년 전에 쓴 것이다. 지적인 세계, 특히 사회에 대한 태도와 과학적 패러다임에서 심리학적 증거와 철학적 이론의 기준은 그의 전성기 이후에 매우 달라졌다. 아마 보다 분명한 것은 Freud가 새로운 세기의 지적인 세계에서도 매우 드물게 (예를 들어, 20세기 중반에 비슷한 관심을 끌었던 Marx처럼) 여전히 비판받고 있다는 것이다. Freud가 했던 생각은 아주 단순하게 이해된 곳에서도 매우 강하게 남아 있다.

또한 이러한 점에서 Freud는 사회적, 문화적 맥락으로 제한된 자신의 생각에 대해 생겨날 수 있는 반대를 알고 있었다는 증거가 있다. 여기에서 그는 반대 논쟁에 대해 심리적인 해명이 가능한 것을 인식하였다. 그는 자신과 자신의 방법에서 이러한 위험을 알고 있었던 것 같다.

여성 분석가뿐만 아니라 페미니스트 견해를 지닌 남성 분석가도 내가 여기에서 한 말에 동의하지 않을 것이라고 예상할 수 있다. 그들은 분명히 내가 한 언급이 남성의 '남성 콤플렉스'에서 비롯되었고, 여성을 폄하하고 억제하려는 남성의 타고난 성향을 이론적으로 정당화하기 위한 것이라고 이의를 제기할 것이다. 그러나 이와 같은 정신분석 논쟁은 종종 도스토예프스키의 유명한 '양날의 칼'을 생각나게 한다 (1931b: 377).

우리는 Freud의 가능성에 주목해야 하지만, 동시에 이 특별한 문장에서 이러한 생각이 그에게 영향을 미쳤다고 보지는 않는다. Freud 이론에 관한 보다 심리적인 해설은 그의 이론을 염세주의뿐만 아니라 제1차 세계대전의 문화적 충격에서 나온 죽음의 추동과 암으로 진단받은 것의 영향과 관련짓는다. 그러한 사회적이고 개인적인 경험은 분명히 심리적 인과관계가 있을 가능성을 시사하지만, 다음과 같은 유형의 합리화에 대해 조심할 필요가 있다. 제1차 세계대전과 스페인 내전에서의 엄청난 인명의 상실, 이후의 유행성 독감, Freud의 가족과 개인적 건강의 상실은 중요한 개념을 발전시키는 데 자극이 되었다. 다른 많은 분야에서의 사상가들 또한 개인적 경험에 따라 중요한 발견을 하거나 놀라운 통찰을 하게 된다. 여하튼 이 특별한 이론은 그의 많은 추종자들이 받아들일 수 없는 것이었는데, 이러한 면에서 적어도 Freud는 정신분석협회에서 맹목적으로 자신을 복종하게 하지는 않았다. Kernberg는 "정신분석 교육에서 Freud의 이상화는 Freud의 연구에 대한 상세하고 종종 강박적이며 비교적 무비판적인 연구에서, 그리고 새로운 영역의 발달이 Freud의 공식화를 위협하는 것처럼 보일 때 Freud의 생각에 호소하는 것에서 볼 수 있다."고 하였다 (1986: 810). 많은 정신분석 훈련에서 이것이 사실일 수 있고 주요 저널에 Freud의 생각에 대한 활발한 논쟁이 있지만, 동시에 Kernberg가 관찰하였듯이 Freud의 저술에 대한 참고는 신학자가 논쟁의 기초로 성경에서 기대하는 것과 유사하다.

내부에서의 비판: 첫 탈퇴

Freud의 생각을 의문시하는 것은 처음부터 존재하였다. Freud는 변화에 대해 독단적으로 거부하였는데, 지금 보기에 (그리고 실제로 그의 이후 연구에서) 그는 성의 중요성을 너무 과장하였다. 그리하여 정신분석운동 초기에 Adler와 Jung이 탈퇴하였고, 이후 1930년대와 1940년대에 Fromm과 Horney와 같은 신 Freud 학파가 생겨났다. 이러한 중요한 사상가와 임상가들은 Tausk와 Silberer와 같은 몇몇 추종자의 경우(이들의 자살은 Freud가 그들과 그들의 생각을 거부한 것에서 기인하였다고 때로 주장되었다)에서 논의되는 것처럼 심리적으로 건강하지 않은 사람이라고 볼 수는 없다. 성격 간 알력이 분명히 있었겠지만 다른 사람의 마음을 깊이 보았고, (몇 년 후에) 치료자 모두가 분석을 받으라고 한 사람이 초기에 논쟁이 있었던 이유를 어떻게 알 수 없었는지에 대해 비판가들은 당연히 질문할 수 있다. Jung은 분명히 Freud에게 그러한 질문을 하였다(Jung, 1967: 191). 하지만 논쟁으로 인해 해체되었던 모든 모임에서처럼, Jung에게도 역시 그러한 질문을 할 수밖에 없을 것이다. 정신분석만이 강한 성격을 가진 것은 아니었고, 일반적으로 심리치료의 세계에서는 기대하는 것만큼 불일치를 건설적으로 다루지 못하였다. 다른 분야에서처럼 강력한 신념은 분열될 수 있고 (양쪽 면에서의) 개인적 통합은 때로 분열이 불가피하다.

정신분석과 결별하고 그들의 연구가 분리되어 특정 학파를 형성한 가장 유명한 사람에 대해서는 이 시리즈의 다른 책에서 검토되었다. 예를 들어, Jung은 Freud가 성에 대해서만 강조한 것을 의문시하였다. Freud의 억압 이론을 뒷받침하면서 Jung은 그것의 원인을 불가피하게 성적 외상으로 보지는 않았다. "내 경험에 따라 …… 나는 성 문제가 부차적인 부분을 차지하고 다른 요인(예: 사회적 적응 문제, 비극적인 삶의 환경에 의한 압박감 문제, 위신의 고려 등)이 전경에 나서는 많은 신경증 사례를 보게 되었다."(Jung, 1967: 170) Freud는 근친상간에 대해 '문자 그대로 해석하는 데 집착'하였고(Jung, 1967: 191), '매우 드물게 있는 개인적인 합병증'(1967: 191)이라고 한 Jung의 생각도 현실적이지 않다고 입증되었다. 그렇지만 Jung이 성을 넘어서서 그것의 고유한 상징성을 본 것은 옳았다. 예를 들어, 남근은 성기관이기도 하지만 여성에 대한 지배와 권력을 행사하려는 남성 잠재력의 상징이기도 하다. 두 가지 의미 다 신경증 문제로 이끌 수 있다.

Jung은 이러한 점을 훨씬 넘어서 상징을 받아들이고 원형(archetype) 이론을 구성하였는데, 많은 사람은 이것이 Freud의 상위심리학만큼이나 증명하기 어렵다고 말한다. 더 직접적으로 관련되는 것은 Jung의 성격 유형에 관한 생각이다(Casement, 2001). Freud는 (단어 연상과 같은) Jung 연구의 가치를 인식하였고, Jung은 Freud의 용기에 대해 적절한 안목으로 기록하였다. 그는 Freud가 사례 자료를 자명하게 하고 내담자의 실제 마음에 스며드는 용기가 있다고 보았다(Jung, 1967: 192). 하지만 Freud는 Jung이 리비도를 '영혼적(spiritual)'이라고 강조하는 것을 경멸하였고, Jung과 Adler가 탈퇴한 실제 이유가 성을 중심에 두는 논쟁에 스스로를 동일시하기가 어려웠기 때문이라는 강경한 입장을 취하였다. Freud는 오이디푸스 콤플렉스와 성에 대한 Jung의 견해에 반대하였다. Jung은 그 특성이 '추상적이고 비개인적이며 비역사적'이라고 해석하였고(Freud, 1925d: 236), 내담자의 아동기를 분석하는 데 필요한 부분으로 보지 않았다.

Freud는 정신분석의 적대자들에게 분석가들이 '서로 갈기갈기 찢어지는' 것을 보게 하는 기쁨을 제공하고 싶지는 않았다(1914d: 109). 이것이 Freud에게 Jung과 Adler 그리고 정신분석운동 초기의 다른 주요 탈퇴자에 대해 답변을 한 비교적 짧은 글인 『정신분석 운동의 역사(History of the Psychoanalytic Movement)』에 관한 전체 장을 쓰게 했다. Adler 또한 성에 관한 강조에 비판적이었다. 하지만 '성별(gender) 주제'는 그 자신의 신경증 이론, 권력 소망과 남성의 여성 지배 소망의 최전선에 있었던 것으로 알려지고 있다. 비엔나 정신분석협회에서 Adler가 '제명'(Roazen, 1979: 167)된 것은 분명히 Freud에게도 유감스러운 일이었고, Freud 자신의 생각과 '작은(little) Adler'의 생각 간의 관계의 역사에 상처를 입혔다(1914d: 111).

되돌아보면 Freud는 당시의 과학적인 추구와 논쟁에 해를 끼치는 것 같은 그러한 격렬함에 책임을 져야 했다. 탈퇴나 분열을 통해 너무나 중요한 발전이 있었다는 것은 지속적인 정신분석 운동의 한 중요한 특성이다. 정신분석 훈련으로 시작한 몇몇 사람과 정신분석학회에 오랫동안 남아 있었던 몇몇 사람이 이 시리즈에 포함되어 있다. 예를 들어, Carl Rogers(Thorne, 2003), Fritz Perls(Clarkson & Mackewn, 1993), Albert Ellis(Yankura & dryden, 1994), Eric Berne(Stewart 1992) 등이다. 그러나 Freud의 이론이 이들 대부분에게 적합하지 않다는 것이 발견되었어도, 개인적으로 이들이 떠나게 된 직접적인 원인은 그가 아니었다. 몇몇 비판가들은 자신의 학파를 설립하도록 강요받았는데, 이것은 정신분석의 기관화와 많은 국제 조직의 보수주의 및 보호주의에 기인한 어려움 때문이었다. 모든 종류의 기관은 논쟁과 비판을 막거나 제한한다. 이는 그들 자신의 기준을 보호하고 그들이 설정한 규칙을 유지하려는 것이다. 정신분석은 근본적인 불일치를 항상 간직할 수 있는 것처럼 보이지는 않았다. 불화를 일으킨 것과 유사한 생각들이 정신분석 내에서 다시 부상하려면 때로 오랜 시간이 걸리기도 하였고, 단지 그럴 경우에만 Freud의 이론과 실제를 확장하고 개정하는 기회가 주어졌다. 단기치료와 목표 제한적 치료가 특히 좋은 예인데, 이것은 1940년대에는 의심스럽게 다루어졌지만 1960년대에는 존중되었다(Malan, 1963).

Freud와 그의 추종자들

지금까지 언급된 것과 다음의 내용이 심리치료의 이론과 실제의 발달에 의미 있는 기여를 한 것으로 볼 수 있다. 그렇지만 우리는 여전히 정신분석 캠프에 분명하게 남아 있는 사람들에 대해 비판적일 수도 있고, 그러면서도 옮겨 가기를 원했던 사람들의 비판에 대한 Freud의 생각을 지지할 수도 있을 것이다. Freud는 이에 대해 직접적으로 비판하지는 않았지만, 조직 규정에 의한 것을 제외하고 자신의 생각에 대해 연구할 때보다 불일치를 잘 참지 못하는 것처럼 보였다. 추종자들은 방어될 필요가 있는 일종의 도그마로 명분을 만들었다. Fromm은 Freud가 처음 자신의 새로운 생각을 제시할 때 얼마나 잠정적이고 신중했는지를 관찰하였다. "그는 그것의 타당성을 요구하지는 않았고 때로 그것의 가치에 대해 가볍게 말하였다. 그러나 시간이 지나면서 가설적 구성은 새로운 구성과 이론이 수립된 이론으로 변해 갔다."(1980: 132) Fromm은 원래의 의문에 무엇이 일어났는지를 묻는다. 한 가지 가능한 대답은 '대개 이론적 역량의 관점에서 그 운동을 수립한 사람은 평범한 사람들이었다. …… 그들은 그들이 믿을 수 있고 운동을 조직화할 수 있는 도그마가 필요하였다'는 것이다. 비판적인 우수한 학생은 떠나거나 밀려나갔다. "선생 Freud는 그에게 충실하였지만 창의적이지 않은 제자들의 포로가 되었다."(1980: 132)

Bettelheim의 책 『Freud와 인간의 영혼(*Freud and Man's Soul*)』을 개관한 D. M. Thomas는 이 책을 "정신분석에서 마음(영혼)을 회복시킴으로써 Freud 학파에게서 Freud를 구원할 수 있었다."라고 칭찬하였다(Bettelheim, 1983). 우리는 또 신 Freud 학파를 언급할 수 있다. 그들은 미국으로 이주했던 사람들이 참여했던 더 보수적인 정신분석 집단에서 떨어져 나왔던 사람으로, Eric Fromm, Karen Horney, Clara Thompson과 자신의 고유한 입장을 가진 Harry Stack Sullivan 같은 분석가들이다. 정신분석과 관련하여 Erik Erikson의 입장은 분명하지 않다. 그의 생각은 신 Freud 학파에 가까웠지만 형식적으로는 Freud 학파로 남아 있었다(Erikson, 1950; Friedman, 1999, Welchman, 2000을 보라). 신 Freud 학파는 Freud 이론의 특정 부분을 다르게 비판하는 독립된 집단이었다. 예를 들어, Fromm은 Freud보다 종교를 더 분석하였는데, Freud가 제시한 강박신경증적 성질을 가지는 권위적 종교와 Fromm이 보기에 더욱 긍정적인 잠재력이 있는 인본주의적 종교를 구분하였다. Karen Horney(Rubins, 1978)와 Clara Thompson은 여성에 관한 Freud의 견해에 상당히 불만족하였고, Freud 이론에서의 여성의 위치에 대해 초기의 중요한 페미니스트

적 비판을 하였다. 신 Freud 학파는 공통적으로 Freud의
추동 이론을 과격하게 비판하였다(그들은 사회적 상호작용을
하는 사람에 대해 Adler가 제기했던 몇 가지 생각을 끌어왔다.).
그들은 문화적이고 사회적인 요인이 가족만큼이나 신경증
에 중요한 영향을 미친다는 것을 인식하였는데, 부분적으로
는 그들이 독일에서 미국으로 이주한 경험을 통해서였다.
Guntrip은 신 Freud 학파에서 'Freud 원래의 생물학적 강
조가 이와 반대되는 사회적이고 문화적인 강조를 어떻게 유
발하였는지'를 기술하였다(1961: 351).

   Bocock은 치료기법으로서의 정신분석 치료가 Freud 이
후로 먼 길을 왔지만 항상 더 좋아진 것은 아니라는 점을 관
찰하였다. 이것은 Freud에게 영감을 받을 수 있지만,
'Freud 자신의 연구는 이후의 치료기법이 변화된 것보다
훨씬 더 비판적'이었고, 사회학자는 '치료자, 분석가, 상담
가, 사회사업가가 사회적으로 동조하는 방향으로 Freud의
이론과 실제를 변화시키려고 시도한 사회적, 경제적, 문화
적 영향에 상당한 빛을 던질 수 있다.'고 하였다(Bocock,
1983: 134). Weinstein도 이와 비슷한 언급을 하였다. 즉,
사람들은 지성인이 제공하는 현실에 대한 견해가 필요하기
때문에, Marx와 Freud는,

   높은 자기 존중으로 강화되었지만 정신분석 치료의 구성

에서처럼 그들의 지적 구성이 객관적 진실일 필요가 없다는 자각으로부터 차단되었다. 또한 주관적 요구와 기대의 관점에서 [그들의] 연구에 몰두한 많은 사람들이 종종 잘못된 주제에 초점을 맞추었다(Weinstein, 1980: 4).

내부에서의 비판: Freud 이후의 Freud 학파

Freud의 생각이 세계의 여러 지역에서 수립된 정신분석 기관을 제외한 사람들에 의해서만 의문시되었다는 인상을 주는 것은 잘못된 것이다. 정신분석은 사고에서 풍부하고 기름진 토양임이 증명되었는데, 아마도 다른 어떠한 치료적 접근보다 다양한 규모를 가지고 있다. 중요한 많은 인물들이 정신분석 이론을 변화시키고 발전시켰다. 그들은 자신의 입장을 독립적으로 만들고 싶은 내적 충동을 느끼지 않았고, 완전히 분리된 치료 학파를 형성할 필요에도 흔들리지 않았다. 그럼에도 불구하고 영국에서 몇몇 주도적인 인물은 어떤 의미에서 정신분석 이론의 독립 학파에 기여한 것으로 확인되었다(Kohon, 1986; Rayner, 1991). 주요 대안적인 이론적 입장이 Melanie Klein(1932; Segal, H., 1964; Segal, J., 1992), W. R. D. Fairbairn(1952), Harry Guntrip(1961, 1968), D. W. Winnicott(1958), Charles Rycroft(1972, 1985) 등에 의해 발전되었다. 이들 모두는 고인이 되었다. 영국과 다른 곳에서 정신분석 이론에 이와 유사한 기여를 한 사람들이 있다. 예를 들어, 미국의 분석가로 Hartmann(1939), Jacobson(1964), Kernberg(1976), Kohut(1971) 등이 있다. 이렇게 많은 분석가의 이론적 입장에 대한 아주 유용한 명료화는 Greenberg와 Mitchell(1983)에서 볼 수 있다. 이 모든 저자들은 정신분석 전통의 주요 흐름 안에 남아 있기 때문에, Freud의 영향의 일부로 그들의 특별한 기여에 대해 마지막 장에서 기술할 것이다. 여기에서는 Freud의 이론과 실제에 대한 주요 비판과 관련하여 그들을 다룰 것이다.

Guntrip은 영국의 대상관계 이론이 두 대립되는 견해를 통합하였다고 주장하였는데, Freud의 생물학적 강조와 신 Freud 학파의 사회학적 강조가 그것이다(1961: 351). Freud의 개념이 불가피하게 시대와 관련된 것이라는 것을 인식하였지만, 그에 대한 Guntrip의 주요 비판은 그의 과학적이고 결정론적인 접근에 중점을 두었다. Freud가 사실상 과학적이 아니라고 비판하는 사람들과는 다르게, Guntrip은 정신역동이 자연과학은 아니지만 사람의 '개별성을 설명할 수 있는 새로운 유형의 이론을 요구한다.'고 보았다(1961: 118). 인간과 성격 개념은 Freud 시대의 철학에서 중요하다고 가정하지 않았고 이후에야 그러하였다. "문화적으로 오늘날은 본능의 시대라기보다는 인간관계의 시대다. 그러므로 어려운 문제는 선천적인 자질이 사람들 사이에서 무엇에 의해 어떻게 조성되는지다."(Guntrip 1961: 50) Guntrip이 특히 Freud를 비판하는 것은 Freud가 명백한 사실로 전환하기보다는 그냥 사색적인 것에 머무를 수 없었다는 것이다. 예를 들어, Freud(1920g: 295)는 죽음의 추동을 '사색, 종종 무리한 사색'이라고 하면서 시작하였지만, 결국 그의 사색에 의해 점차 확인되었고 마치 그것이 사실인 것처럼 다루었다.

Freud의 사망 이후로 관계와 성격 구조가 이해되는 방식에서 많은 변화가 있었지만, 그가 개발한 치료기법이나 치료 실제로서 정신분석 자체 내에서는 명백히 별다른 변화가 없었다. 하나의 의미 있는 발전은 단기 심리치료가 다시 복귀한 것이었다(Coren, 2001; Malan, 1963; Malan & Osimo, 1992; Molnos, 1995). 몇몇 Freud의 초기 작업은 실제로 짧았지만(Freud & Breuer, 1895d: 190-210, 이는 극단적 예), 급진 좌파인 Franz Alexander(Alexander & French, 1946)가 1930년대에 베를린에서 미국으로 이주한 이후에 단기 심리치료를 장려하였을 때 정신분석의 '순금'의 품질을 떨어뜨린다는 상당한 비판이 있었다. 또한 Freud 학파의 치료가 사회사업과 상담 세팅에 적용되었고, 심리치료가 정신분석과 구분되면서 주 1회의 치료가 널리 퍼졌으며, 치료자에 대한 내담자의 의존도가 상당히 변화되었다는 것을 유념하는 것이 중요하다.

최근에 전통적인 정신분석 기법에 대한 비판과 함께 분석가 자신에 의한 치료에 관심이 증가하였다. 이것은 이러한 기법을 사용하지는 않지만 자신의 견해를 지지하기 위해 정형화된 정신분석 견해에 의존하는 사람에 의한 비판보다, 종종 정신분석과 정신역동 심리치료 내에서 더 긴밀하게 논의되었다. 미국에서 Roy Schafer는 분석 세팅에서 의사소통의 성질을 검토하는 방식을 다루었다(1976, 1983). 영국에서 Rycroft는 전통적인 Freud의 해석에 대한 이해를 확장하였다. 그는 이것이 치료 효과가 있는 치료자와 내담자의 현실적 관계 요소를 전달한다는 것을 관찰하였다. "모든 올바른 해석, 심지어 그것이 안심시키는 것이나 암시하는 것으로부터 전적으로 자유로울 때에도 …… 또한 분석가가 여전히 존재하고 깨어 있다는 것, 내담자가 이야기하고 있는 것을 경청하고 이해하고 있다는 것, 지금 회기와 이전 회기에서 내담자가 말한 것을 기억한다는 것, 그리고 그가 충분히 경청하고 기억하며 이해하는 데 관심이 있다는 것을 나타내는 것은 …… 분명히 치료과정의 본질적인 부분이다." (1985: 63) 이것이 상담의 기본 기술(경청하기, 기억하기, 이해하기)로 되돌아가는 것처럼 들린다면, 그 진술은 다음과 같은 견해를 가진 분석적 전통 안에서 올바른 것이라고 볼 수 있다. 즉, '분석가는 내담자의 심리 내적 과정의 객관적 외부 관찰자이고, 해석은 체계 외부로부터의 개입이며, 분석가는 실제로 그가 아닌 내담자 마음에 이미 존재하는 어떤 부모상이라고 하는 전이 해석에 관련된 견해다.' (Rycroft, 1985: 61) Winnicott 역시 몇몇 기록에서 정신분석가에게 기대되는 것과는 매우 다른 치료적 접근을 제시하였다 (Jacobs를 보라, 1995: 제3장).

Rycroft의 비판적인 입장에서 더 나아가고, (자신의 분석가였던) Rycroft처럼 결국 영국의 공식적인 정신분석협회에서 거리를 둔 Peter Lomas는 분명히 Freud에게 진 빚을 인식하였다. 그는 Freud의 치료적 공헌을 나열하였다. 그것은 잠재적 의미를 찾는 중요성, 잠재적 의미에 저항하는 정도, 잠재적 의미를 드러내는 데 필요한 긴 시간, 의미의 해독 이론, 한 세대에서 다른 세대로 발견을 전수하는 학파 등이다 (1987: 58). 일련의 책에서 Lomas는 정통적인 분석기법(예: 치료자의 거리 두기, 완전한 전이 해석 이외에는 관련지을 수 없는 것 등)에 대해 불만이 증가하였다고 기록하였다. 그러므로 내담자가 표현하는 것을 이해하는 지침으로 정신분석적 사고를 충분히 사용할 수 있지만, Lomas는 Freud의 이론이 내담자의 적합한 의사소통을 위한 어떤 신화가 될 수 있다는 것도 자각하였다. 그러므로 그는 이론의 과도한 단순화에 대해 상당히 조심하였다. 그리고 이론은 변인이 더 도입됨에 따라 점점 복잡해지고, 또한 실제적 도구로는 점점 덜 효율적이 된다. 그는 과도한 합리성에 반대하는 현대의 과학적·철학적 사고에 찬성하였다. "이러한 신념을 가진 사상가는 우리가 세상 밖에 서서 그것을 객관적으로 인식할 수 없다고 생각하는데, 우리 자신이 그것의 요소이기 때문이다."(1987: 38-39) 과학적 입장을 주장하려는 Freud의 시도는 비판을 받았다. 이에 대해서는 다음에서 논할 것이다.

Lomas는 치료과정에서 분석가가 내담자에게 거리를 두는 것이 바람직하다는 것을 의문시함으로써 과학적 거리 두기의 가능성에 관한 이러한 의심을 따랐다. 그는 '절제(abstinence) 규칙'의 유용성에 비판적이었는데, 이 규칙에서 분석가는 내담자에게 텅 빈 스크린을 제시한다. Lomas는 분석가에게 내담자의 방어와 공모하라고 주장하지는 않는다. "치료자가 지혜롭게 행동하면 내담자에게 성적으로 유혹당하는 것에 그 자신을 내버려 두지 않을 것이고 그러한 욕구를 인식할 것이다. 그리고 고통을 완화시키기 위해 치료자가 적극적으로 할 것이 없을 때 내담자의 고통을 완화시키려는 유혹에 저항할 것이다."(1987: 64) 그러나 Lomas는 치료자가 질문에 답하거나 자기에 관한 사실을 드러내지 않을 이유가 없었고, 내담자와 자신의 느낌을 공유하는 것이 치료적인 여러 예를 인용하였다. 그의 관심은 치료자가 진실해야 한다는 것이었다. 그러므로 또한 '절제를 삼가는 규칙이 있어서는 안 되는데'(1987: 66), 이러한 비판이 도그마가 될 수 있기 때문이다.

Lomas는 정통적인 기법의 기술과는 다르게 때로 잠깐씩 시도되었던 전통을 이끌어 내었다. Ferenczi는 Freud의 엄격한 권고에 대해 더 '신축' 적이고 '완화' 된 방향으로 고전적 기법을 실험하였다(Roazen, 1979: 364). Winnicott은 적어도 매우 취약한 내담자의 경우에 집을 방문하였고, 자주 전화를 하였으며, '관습적인 치료자이기보다는 양육하는 부모와 비슷한 역할' 을 담당하였다(Lomas, 1987: 84). 더불어 이미 Freud의 기법에 관한 제3장에서 정형화되지 않은 예들을 제시하였다(Momigliano, 1987). 정신분석 안에서 일어난 다소 불행한 발달이 Freud에게 책임이 있다고 하는 것은 공정하지 못하다. 분석치료가 차갑고 거리를 두며 냉담한 것에 대해 Lomas가 문제 삼은 것은 분명히 옳았지만, 그는 또한 '책을 따라' 하는 사람과 책에서 분명한 것보다 더 다양한 반응으로 내담자와 관계하는 사람 간의 차이를 드러내었다(Rowan & Jacobs, 2002, 3장을 보라).

사실과 환상

Freud가 때로 자신의 사색을 믿었고 그것을 사실로 바꾸었다는 Guntrip의 비판과는 대조적으로, Freud는 또한 실제 근친상간과 성 학대에 대해 사실이라기보다는 환상으로 다룸으로써 그것이 실제한다는 것을 믿지 않았다는 비난을 받았다. 특히, Masson(1984)은 Freud를 심하게 비난하였다. 그는 Freud가 자신의 급진적 생각을 비난하는 비엔나의 의료단체로부터 고립되는 것을 견딜 수 없었기 때문에 초기의 근친상간적 관계의 발견을 덮어 버렸다고 주장하였다. 또한 아동 학대에 관한 많은 저자 중 Alice Miller(1986)는 이러한 Freud의 철회에 대해 비난하였고, 이후에 나온 근친상간의 환상 이론이 근친상간과 학대의 유병률을 적절히 인식하지 못하게 한 것에 어느 정도 책임이 있다고 보았다. 상담과 심리치료에서 외상적 경험의 실제와 관련된 중요성이 증가하였기 때문에 Freud에 반하는 사례를 검토하는 것은 중요하다.

히스테리의 원인이 부모나 나이 든 형제 혹은 다른 가족 성원이 아이를 실제로 유혹한 것이라는 초기 주장에서 Freud의 생각은 분명히 변하였다. 1897년에 Freud가 친구인 Fliess에게 편지를 썼을 때, 그는 이론에 대한 지지를 철회하면서 모든 히스테리가 실제 유혹에 의해 일어난다는 주장을 취소하였다. 그는 증상을 이해하는 데 단일한 원인을 주장하는 것은 옳지 않다는 것을 인식하였다. 또한 다른 이유들이 있었다. 아마도 다른 인과적 설명을 하였기 때문에 비판을 덜 받았을 것이다. 그는 결국 포괄적인 일반화 유형으로 끌어들이는 것을 거부하였는데, 이것은 다른 경우에 그의 해석에 대한 비판 중 하나가 되었다. 그러나 그는 적어도 그에 대한 비판에서 초기의 견해를 완전히 철회한 것처럼 보였다. 여성 심리에 대해 쓰면서 이 주제에 대한 그의 마지막 결론이 종종 인용되었다.

주된 관심이 유아기의 성적 외상을 발견하는 데 지향되었던 시기에, 대부분의 여성 내담자는 그들이 아버지에 의해 유혹당한 적이 있다고 말하였다. 결국 나는 이러한 보고가 사실이 아니라는 것을 알게 되었고, 히스테리 증상이 실제로 발생한 것이 아니라 환상에서 유래하였다는 것을 이해하게 되었다(1933a: 154).

다른 시점에 쓰기는 하였지만, Freud가 실제로 유혹이 있었다는 것을 인식한 많은 관련 문헌들이 있다. 초기의 그의 생각에 대해 비엔나에서의 비판이 어떠했든지, 그는 유아의 성을 중요시하였고 아이의 발달에 대해 터무니없다고 여겨졌던 이론을 계속해서 발전시켰다. 그는 1897년에 Fliess에게 사적으로 편지를 썼지만, 모든 사례에서 1903년이 될 때까지 1895년에 나온 실제 유혹 이론을 공식적으로 철회하지는 않았다. 그리고 2년 후에 실제 유혹의 효과에 대해 명확하게 쓴 에세이를 출간하였다(1905d: 109).

그는 몇 가지 보고된 사례가 환상의 산물이라고 생각하기는 했지만, 실제로 유혹이 일어났다는 사실을 계속해서 믿었다. 그는 부모의 학대가 드물지 않다고 경고하였다. "유혹 당하는 환상은 특별히 관심을 끄는데, 종종 이것이 환상이 아니라 실제 기억이기 때문이다."(1916-1917: 417) Freud는 이러한 기억이 종종 처음에 보였던 것처럼 현실이 아니라고 하였고, 사실은 이후의 경험에서 유래할 때에도 몇몇 기억 은 초기 아동기에 위치한다고 하였다. 성 학대가 시작될 수 있는 초기 연령에 대해 이제 우리가 알고 있는 것에서 시사 되는 점은 Freud가 이러한 몇몇 자료를 잘못 해석하였다는 것이다. 그러나 그는 "당신은 가까운 남자 친척이 아이를 성 적으로 학대한 것이 전적으로 환상 영역에 속한다고 가정해 서는 안 된다. 대부분의 분석가는 그러한 사건이 사실이고 여지없이 입증되는 사례들을 다루게 될 것이다."라고 하였 다(1916-1917: 417).

이러한 표현은 눈에 띄지 않는 과학 논문으로 출간된 것이 아니다. 이것은 훈련받고 있는 제자와 일반 청중을 위해 비 엔나 대학에서 일 년여에 걸쳐 이루어진 대중 강연 텍스트 의 일부였다. 이 강연은 넓게 활용되기를 의도했던 Freud의 대중적인 작업 중 하나였다. 그 당시나 지금이나 그가 성 학 대의 실제를 완전히 철회했다는 어떠한 증거도 없다. 몇몇 비판가들이 주장하듯이 복지 관련 전문가들이 Freud가 성 학대를 허구적인 상상이라고 주장한 것으로 이해하였다면, 비판가들은 이렇게 널리 보급되는 강연에서 Freud가 한 말을 증거로 인용할 수 없을 것이다. Freud를 무시한 사람은 이러한 복지 전문가들인데, 그들은 넓게 퍼져 있는 근친상 간과 성 학대의 실제에 대해 Freud가 계속해서 참조한 것을 무시함으로써 그들 자신의 저항을 드러내었다. 또한 Melanie Klein은 실제 경험보다 환상에 대해 훨씬 더 일반 적으로 강조함으로써 외부 세계의 충분한 인식에서 더 좁아 진 내담자의 내적 세계를 선호하는 쪽으로 정신분석을 변화 시켰다.

Freud는 실제로 유혹이 일어난다는 사실을 분명히 인 정한 사례의 자료를 지속적으로 출간하였다. 늑대인간 (1918b/2002: 217-219)으로 알려진 사례는 누나가 어린 소년 을 유혹하는 경우를 기록하고 있다. Freud는 또한 1924년에 Katharina의 사례 연구에 주석을 부가하였다(1895년에 처음 출간되었는데, 그는 여전히 모든 사례에서 실제 유혹 이론을 믿고 있었다.). 주석에서 그는 유혹한 사람을 위장한 것을 교정하 였고, 분명히 그러한 사건이 일어났다는 것을 믿고 있었다. "그러므로 아버지가 성적인 기도를 한 결과로 소녀가 아프 게 된 것이었다."(Freud & Breuer, 1895d: 201) 그는 원래의 가설을 다시 확증하였다. 비판가들이 대개 인용하는 에세이 보다 조금 먼저 출간된 여성의 심리에 관한 한 에세이에서, 그는 '(다른 아이나 아이를 맡고 있는 사람에 의해) 실제 유혹은 흔하게 일어난다.' 는 비슷한 진술을 하였다(1931b: 379). 이렇게 보고된 모든 기억이 환상이라고 해석하는 이론을 가지고 있으면서 이렇게 쓸 수 있다고 생각하기는 어렵다. 이러한 문장은 그가 원래의 이론을 전적으로 철회했다는 것을 지지하는 어떤 증거도 제시하지 않는다.

결국 Freud의 태도가 일관적이지 않았고, 아마도 아이의 실제 유혹에 관한 초기 이론에 대해 양가적이었다고 할 수 있을 것이다. 그가 두 살 반 때 집에서 해고되었던 보모가 '성적으로 그의 선생님'(Gay, 1989: 7)이었다는 모호한 단서는 유혹과 관련하여 개인적 경험이 있었을 가능성을 시사한다. 이것이 Freud가 내담자의 개인사에서 유혹을 확인하는 것을 쉽게 만드는지 혹은 어렵게 만드는지는 알 수는 없다. 실제 유혹에 관한 그의 모든 관련 문헌이 주어진다만, 우리는 '보고한 것은 사실이 아니었다.'(1933a: 154)고 한 『새로운 정신분석 강의』의 후반 구절에 대해 다른 설명을 찾을 필요가 있다. 이 문맥(즉, 좋게 보자면 여성을 오해하였고, 나쁘게 보자면 여성의 명예를 훼손한 이 에세이)은 이러한 노선이 그의 가장 초기 이론 중 하나를 파기하려는 그의 소망을 확증하는 만큼, 히스테리와 여성의 오이디푸스 콤플렉스에 관한 주석이 될 수 있었다는 것을 시사한다.

페미니스트 비판

여성 발달에 관한 Freud 심리학의 약점은 제2장에서 언급되었다. 많은 담화에서 페미니스트 작가들은 남성적 조망으로 향하는 심각한 편향에 주목하였는데, 이것은 예술, 역사 등에서 여성이 특별하게 공헌한 의미가 적었다는 것이다. 여기에서의 목적은 정신분석에 대한 특별한 비판을 검토하는 것이지만, 일반적으로 심리학은 이와 유사한 비판을 받았다. Freud 자신은 혼란스러웠고, 그가 여성에 대한 이해가 부족하다는 것을 인정하였다. 그러나 정신분석은 여성 이론가의 공정한 몫보다 더 많이 가졌고, 이에 대해 어느 정도 책임이 부과되었다. 우리는 또한 Freud와 20세기 전반기의 분석가들이 다른 학문 분야에 있는 사람만큼이나 편협하였고, Karen Horney와 같은 자체 내에서의 선구자가 제시한 논의를 고려할 수 없었다는 사실을 항상 염두에 두어야 한다. 그녀의 비판에 대한 대접은 그녀를 공식 기관에서 쫓아낸 것이었다.

Freud의 생각은 페미니스트 저술가에게 다양하게 뒤섞인 반응을 받았다. 어떤 사람은 그의 가부장적 태도와 여성 심리 이론에 상당한 반기를 들었다. 다른 사람은 그의 중요하고 새로운 통찰을 신뢰하였다. 또 다른 사람은 비판적이지만 정신분석적 접근을 사용하였다.

영국에서 후자의 전형은 Eichenbaum과 Orbach다. 그들은 여성의 치료운동 맥락에서 썼고, 많은 측면에서 일반적인 정신역동적 입장에 가치를 두었다.

다른 많은 페미니스트와 공통적으로, 우리는 여성의 심리에 대한 Freud와 후기 Freud 학파의 견해에 대해 몇 가지 비판을 하고 있다. 그들은 모두 여성의 성을 남성적 충동의 재생산과 만족, 남자와 여자가 다른 것으로 인한 여성의 열등감, 그리고 여성의 통제와 예속과 연결된 것으로 보는 편향을 가지고 있다. 이 이론들은 남성 이미지 안에서 형성된 여성의 성을 주장하고 남근과 관련짓는다. …… 여성의 심리가 어떻게 발달하는지에 대한 Freud 학파의 견해는 여성의 성기와 여성성이 부적합하지만 불가피한 것으로 보는 도식에 들어맞는다. 여성성에 관한 Freud 이론의 출발점인 여성 부적합에 관한 이론은 그의 가부장적 편견에서 나온다 (1985: 28-29).

미국에도 비슷한 종류의 다른 비판이 있다. 페미니스트 정신분석적 저자인 Dinnerstein은 '남성 악습'(1987: 37)의 논쟁에 걸려 있는 것에 반대하는 촉구를 하였다. 페미니스트는 (Freud를 포함한) 몇몇 남성 분석가의 주장을 받아들일 필요가 있다. 페미니스트 비판가들이 동일한 목소리를 내는 것은 아니지만, 그들 모두 사회경제적, 문화적 차원을 고려해야 한다는 것에는 동의할 것이다. 이러한 점에서, 그리고 Freud의 신경증 원인에 대한 이해가 협소한 것에 대한 일반적인 관심에서, 그들은 초기의 페미니스트 분석가인 Karen Horney를 포함하여 신 Freud 학파와 동일한 비판을 한다. Freud는 사회가 부과한 사회적 압력과 제약이 개인의 발달에 중요하다는 것을 인식하였지만(예를 들어, 1908d/2002년에 이중 기준을 가진 남성에 대해 거리낌없이 비판한 것을 보라), 그의 페미니스트 비판은 여기에서 더 나아가 상당히 가부장적인 환경에서 한 여성이 되고 한 여성으로 존재하는 문제에 대해 검토하였다.

Freud에 대한 예리한 접근 중에는 전형적으로 Kate Millett이 있다. 그녀는 더 자유로운 성관계를 향한 한 걸음으로 그의 성에 관한 개방성을 높이 평가하였다. 그러나 '전통적 역할을 승인하고 기질적 차이를 타당화' 하는 데 Freud의 저술을 사용한 그의 추종자에게는 더 비판적이었다(1970: 178). 그녀는 나아가 Freud보다 Erikson과 같은 후기 Freud 학파에 더 비판적이었지만, 여성의 사회적 지위가 생물학적인 것보다는 여성성의 사회적 구성과 더 관련된다고 주장하였다.

유사하게 Dinnerstein도 '성의 아랑주망(arrangement)에

대해 급진적으로 비판하는 사람들처럼 Freud의 관점에 있는 성적 편협함을 걱정' 하였다. 그러나 이것이 '어떤 의미에서 별 생각 없이 Freud가 제공한 성적 곤경에서 빠져 나가는 길로부터 그녀의 주의를 돌리게 하지는 않았다. …… 그가 우리 손에 쥐어 준 개념적 도구는 혁명적인 것이다.' (1987: xxiii) Freud의 혁명적 공헌은 '운명에 의해 남성과 여성의 성격' 에 부가된 긴장을 확인하는 데 있었다. …… 유아기와 초기 아동기의 주된 어른이 여성이라는 것이다.' (1987: xxiv) Freud는 어머니-아이 관계의 중요성을 인식하는 단계를 밟을 수는 없었다. 앞서 제2장에서 언급하였듯이, 『여성의 성(*Female Sexuality*)』(1931b)에 관한 에세이에서 어머니가 아이의 발달에 핵심적인 역할을 한다는 암시가 있지만, 그가 주로 관심을 둔 것은 아버지와 아이의 관계였기 때문이다(제2장의 '성별과 여성심리학' 을 보라.).

Dinnerstein은 생후 첫 몇 년(실제로는 생후 첫 몇 달)의 중요한 영향을 인식하였다. 여성만이 아이를 낳을 수 있지만, 여성이 아이를 전적으로 돌보아야 한다는 (그리하여 힘을 가지는) 것에 스며 있는 것은 문화적 아랑주망이다. 그녀와 Nancy Chodorow(1978, 1989, 1994)는 내적인 심리 역동에만 너무 많은 초점을 두고 여성 압박의 주요 원천으로서 사회에는 충분한 초점을 두지 않았기 때문에 다른 페미니스트에 의해 비판받았다. 그들은 사회에서 구조를 결정하는 것이 가족 아랑주망이라고 보았다. 반면에 그들의 비판은 그것을 다르게 보게 하였고, 그리하여 Freud가 개인과 가족 역동에 강조를 둔 것에 더욱 비판적이었다.

Chodorow는 Freud에 의해 주장된 '해부학이 운명'이라는 논쟁을 Dinnerstein보다 더 강하게 의문시하였다 (1924d: 320). '소녀와 소년에게서 특정한 성격과 선호를 사회화'하는 것은 사회다(Chodorow, 1978: 25). Guntrip처럼 그녀는 '그녀가 거세된 것의 발견'과 같은 문구를 통해 환상에서 현실로 갈 수 있는 Freud의 방식에 비판적이었다 (Freud, 1933a: 160). 정신분석은 종종 '가족의 전통적인 성역할에서, 여성의 허약한 성격 특성에서, 그리고 이성관계에서 바람직한 것과 올바른 것을 강조하였는데, 이것이 생물학적 재생산의 기능적 목표에 기여하는 것처럼 보이기 때문이다.' (Chodorow, 1978: 155)

Chodorow는 대상관계 이론을 따랐는데, 이미 지적하였듯이 이것은 Freud의 추동 결정론에 심각한 의문을 가진다. 중요한 것은 관계다. 추동은 관계를 달성하기 위해 조종되거나 변형될 수 있다. 하지만 그녀는 단순히 추동에 의해 생겨난 긴장을 완화시키는 것이 타인의 기능은 아니라고 말하였다. 그녀는 여성과 남성의 차이에 대해 분명한 진술을 하였다. 한 가지 차이는 '여성의 이성관계는 삼각구도이고, 구조적이고 정서적인 완결을 위해서는 제3의 인물(아이)이 필요하다. 대조적으로 남성은 단지 이성관계로만 어머니와의 초기 유대를 재창출한다. 아이는 이것을 방해한다.' (1978: 207) 많이 인용된 구절에서 Chodorow는 여성의 심리가 기본적으로 다르다고 주장하였다. "여성의 기본적 자기감은 세상과 연결되어 있고, 남성의 기본적 자기감은 세상과 분리되어 있다."(1978: 169) 그녀는 또한 Freud가 언급한 것보다 더 초기의 전오이디푸스 시기의 성차에 대해 기술하였다.

Chodorow는 아버지들이 '아이에게 적합한 한계 내에서 딸이 성적으로 매력적인 여성의 이미지에 맞기를 원한다.' (1978: 118-119)는 사실을 보여 주는 연구를 인용하였지만, 소녀가 남근이 없다는 것을 발견하기 때문에 아버지 쪽으로 향한다는 Freud의 '충격' 이론을 거부하였다. 소녀가 아버지 쪽으로 향하는 이유는 아버지가 '어머니에게서 떨어지는 것을 도울 수 있는 가장 가용한(available) 사람'이기 때문이다(1978: 121). 소년은 이것을 보다 쉽게 할 수 있는데, 그는 신체적으로 다르고 어머니에 의해 다르게 다루어지기 때문이다. 어머니의 '아들의 남성성과 성적으로 반대인 것은 중요하게 된다.' (1978: 107) 반면에 소녀의 경우 전오이디푸스기의 어머니 사랑은 지연된다. Chodorow는 또한 오이디푸스 콤플렉스에 부모가 참여한 부분을 부가하였다(1978: 160-163). 아이의 소망이나 환상을 보는 것은 충분하지 않다. 근친상간적이고 공격적인 환상은 더 일찍 생겨날 수 있고 아이보다 부모에게서 더 강하게 일어날 수 있다. Chodorow는 정신분석적 틀 내에서 성에 관한 의문을 검토하였다. 그것은 그녀가 처음 책을 낼 때까지 분석가로 훈련받았기 때문이었다. 그녀는 여성에 관한 정신분석 이론이 일반화되는 경향이 있다는 것을 관찰하였다. 특정한 것(내담자)에서 일반화하는 경향은 Freud와 그의 추종자가 비판을 받는 것 중 하나다. Chodorow는 다음과 같이 주장하였다.

임상적인 개별성에 주목하여 모든 사람의 주관적 성에 많은 요인들이 있다고 가정하는 것은 내담자를 잘 이해하고 더 정확하고 완전한 성 이론으로 향하게 한다. 여성에 관한 심리학은 많이 있다. 각 여성은 자신의 심리적 성을 창출한다. 이는 내적 세계를 구성하고, 문화적 개념을 투사적으로 불어넣으며, 성적인 해부학을 해석하는 정서적이고 갈등적인 무의식적 환상을 통해 이루어진다. 특출한 몇몇 무의식적 환상과 해석을 만듦으로써 각 여성은 자신의 우세한 성에 관한 그림을 그려낸다. …… 우리는 특정한 여성 혹은 남성의 성이 지속적으로 요구된 프로젝트라는 사실을 기억하고 있는데, 이것은 자기, 정체성, 신체 이미지, 성적 환상, 부모에 대한 환상, 문화적 이야기 그리고 친밀감, 의존, 양육에 관한 갈등으로 구성된다(1996: 215, 235).

그러므로 하나의 여성심리학이 있는 것이 아니고, 심지어 여성에 대한 대안적인 하나의 페미니스트 심리학이 있는 것이 아니라, Chodorow가 1994년 책의 제목에 분명히 했듯이 많은 페미니스트, 남성성, 여성성이 있다. 이것은 남성에게도 똑같이 적용되고, 이성애와 동성애에 관한 의문에도 마찬가지며, 양성성과 관련된 Freud의 주장에도 해당된다. (Freud의 동성애에 대한 태도에 무지에 가까운 비판이 있었지만, 그가 동성애를 병리적으로 보았다는 어떤 증거도 없으며, 실제로는 그것을 대안적인 성의 표현으로 충분히 받아들였다는 상당한 증거가 있다.)

제2장('성별과 여성심리학')에서도 언급했듯이, Freud는 때로 여성과 남성의 심리에 차이가 있는 것처럼 기술하거나 때로 차이가 없는 것처럼 기술하였다. Freud에 대한 페미니스트의 비판은 일반적으로 덜 양가적이다. 예를 들어, Carol Gilligan의 연구(1982)는 도덕적 판단을 할 때 남성과 여성이 차이가 있다는 것을 발견하였다. 여성은 관계를 강조하고, 남성은 권리를 강조한다. 여성은 도덕적으로 정당하지 않은 행동이더라도 그러한 행동을 하게 된 이유를 남성보다 더 잘 이해한다. 그리고 여성은 선택을 하게 된 맥락과 역사적 이유를 본다. Freud는 이러한 차이를 어렴풋이 알았다. 그러나 여성은 '공정성에 대한 감각이 부족하다.'(1933a: 168)와 같은 문구를 쓸 때, 그는 객관적인 관찰자라기보다는

더 비판적으로 들린다. 그리고 '그는 그러한 언급을 피할 수 없었다. …… 여성에게 무엇이 윤리적으로 정상인지의 수준은 남성과 다르다.'고 썼을 때, 그는 약간 덜 경멸적이었다(1925j: 342). Freud가 여성을 성기기적으로, 정서적으로, 그리고 도덕적 사고에서 남성보다 덜 발달된 것으로 보았다는 인상을 피하기는 어렵다. Gilligan의 연구는 Freud의 몇몇 지각에서 나왔지만, 그녀는 동일한 가치 판단을 하지는 않았다.

　Freud와 정신분석 각각에 대하여 이것이 서로 다르다는 것을 항상 기억해야 할 것이다. 이제 정신분석은 일반적으로 여성성에 대한 Freud의 생각을 포기하였다. "Freud는 이 문제에서 대단히 잘못되었다. 그리고 불행하게 초기의 여성 제자들에 의해 되풀이된 그의 오류는 현대의 정신분석 이론가에 의해 수정되었다. 그러한 수정이 몇몇 모임에 알려지지 않아서, 여성심리학에서 시대에 뒤떨어진 Freud의 언급이 여전히 거론되기도 한다. 우리는 이것이 지식이 부족하기 때문이라고 생각한다."(Blanck & Blanck, 1994: viii-ix) Freud처럼 풍부하게 글을 많이 쓴 작가에게 항상 존재하는 문제는 그가 항상 일관적이지는 않다는 것이다. 어떤 에세이에서의 한 구절은 종종 친구나 비평가의 견해에 따라 인용된 다른 문장 때문에 의미가 상쇄될 수 있다. 일반적으로 Freud가 여성의 심리를 무시했다는 것에는 모든 면에서 동의하지만, 그가 정말 잘못된 것인지 혹은 가부장적 편견을 지지하려고 의식적이거나 무의식적으로 추구했는지에 대해서는 상당한 논쟁의 소지가 있다. 그가 몰랐다고 하는 것이 글을 통해 표현하는 것보다 더 쉽게 용서받을 수 있겠지만 그는 자신의 사고의 약점을 알았다. 나에게 놀라운 것은 무의식의 깊이를 이해하려는 그러한 고통을 경험했던 사람에게 아이들의 경우 가장 기본적인 질문 중 하나가 성차라는 생각이 인생의 후반기에 늦게 (아마도 너무 늦게) 왔다는 것이다. 몇몇 저자(예: Lehman 1983; Orgel, 1996)는 이러한 이유가 Freud의 인생 후반기인 1930년대에 어머니가 돌아가실 때까지 여성의 심리를 고찰할 수 없었던 것이라고 주장하였다. 여성성에 관한 그의 에세이가 1931년에 출간되었던 것은 우연의 일치인가? 혹은 그것은 너무 Freud식인가?

인지행동주의의 비판: 치료의 결과

이 장에 소개된 Freud의 이론에 관한 비판은 그것이 성격 구조와 개인 발달에 관한 것이든 심리장애의 원인에 관한 것이든 간에, Freud의 기법에 관한 의문과 함께 종종 어떤 이론과 치료 실제가 유용한지와 심화된 지식 및 경험에 의해 무엇이 개정될 필요가 있는지를 구분한다. 인지행동 학파에서 나온 Freud에 대한 비판은 비타협적이다. 실제로 몇몇 경우에 비판가들은 Freud를 그의 모든 생각이나 제안이 근절되어야 하고 모든 오류가 폭로되어야 하는 과학적 사기꾼이라 여기는 것처럼 보인다. 몇몇 비판가들은 이미 신뢰를 잃었고 명백하게 흠이 있는 이론과 치료 실제에 대해, 그리고 한 사람에 대해 왜 그렇게 많은 에너지를 쏟는지를 묻고 싶을 것이다. Eysenck는 이러한 유형의 가장 무자비한 투쟁가인데, 그는 과학적 논쟁을 잘하며 객관적인 증거가 부족한 것에 대해 비판적이었지만, Freud가 호소한 것의 진실된 근거를 파악하는 데에는 실패하였다. 다른 관점이기는 하지만, 미국에서 그와 유사한 인물은 Frederick Crews 교수로서 'Freud 비난 논설'에서 일련의 비판을 늘어놓았다 (Lear, 1996: 381). 이러한 비판의 대부분은 현대 분석가들에 의해 인식되었지만, (적어도 그들이 보기에) 한 창시자의 독창성과 창의성을 흔들지는 못했다. 이 창시자는 많은 '혁명적 사상가 중 한 사람이었다. 그들은 자신의 데이터를 넘어서 멀리까지 갔던 사람들로, 원래 모델의 수정, 정교화, 개정 그리고 부분적인 거부와 함께 시간이 지나야 확증이 된다.' (Michel, 1996: 575)

Freud 사고의 매력적인 부분과 그의 이론이 정신역동 심리치료와 상담뿐만 아니라 예술, 문학과 서구 문화에 미친 광범위한 영향은 마지막 장에서 논의된다. 아마 치료방법으로서 그것의 효율성에 대한 분명한 증거가 부족한데도 비판가들이 반대운동을 계속하도록 만드는 것은 아마도 이러한 정신분석에 대한 지속적인 관심일 것이다. 이는 증명이 불가능한 독트린에 많은 사람들이 생각 없이 집착하기 때문에 몇몇 철학자들이 종교적인 생각을 계속 공격하는 것과 유사하다. 그러나 이것이 Eysenck를 비롯한 여러 투쟁가들이 Freud의 지지자들을 약화시키기 위한 것이었다면, 그들이 선택한 근거인 Freud의 이론과 주장의 과학적 위치에 대해 전적으로 적절한 평가를 해야 할 것이다. 이러한 비판에서 Eysenck와 같은 행동심리학자는 Ellis와 같은 인지치료자와 합류하였다.

첫 번째 주된 비판이며 아마도 실제로 가장 중요한 것은 (이 맥락에서는 정신역동적이고 비지시적인 유형의) 심리치료의 치료적 효과가 작거나 존재하지 않는다는 것이다. 오랫동안 일련의 논문에서, 특히 첫 논문(1952)에서 Eysenck는 정신분석 치료의 효율성을 공격하였다. "그는 쓸모없다기보다는 더 나쁘고, 실제로 내담자의 안녕에 분명히 해로운 것으로 보았다."(Kline, 1981: 391) Eysenck는 신경증 장애의 70%가 치료 없이 개선된다고 주장하였는데, 이 수치는 이전 연구에 근거하였고 통제집단을 사용하지 않았다. 그는 성공을 주장하기 위해서는 치료자가 70%보다 유의미하게 더 높은 성공률을 보여야 한다고 주장하였다. 그는 5개의 연구와 전체 760사례의 표본을 사용하여 정신분석 치료의 성공과 관련된 그 자신의 통계를 계속 수집하였다. 비록 다른 방법으로 계산했을 때 66%를 산출하였지만, 그는 여기에서 44%의 성공률을 계산해 내었다. 그는 정신분석 치료가 성공적이지 않고, 심지어는 해롭다는 주장을 하였다(Eysenck, 1952).

논문은 거센 항의를 받았다. "짧고 실제적이며 악의가 없는 이 논문은 대단한 반응, 비판, 반대, 논쟁과 논의를 일으켰다. 하지만 이것은 정신분석 치료의 긍정적 효과를 제시했던 단일 실험이나 임상 시도에 대해서는 한마디도 언급하지 않았다."(Eysenck, 1963: 71) 그럼에도 불구하고 몇몇 심리학자는 정신분석 치료의 성과에 대한 Eysenck의 양적 자료와 그의 자발적 회복 개념에 도전하였다(Kline, 1981: 392-393). 예를 들어, 그는 한 논문에 484사례를 사용하였다고 주장하였는데, 실제로는 604사례였다. (심리측정 교수인) Kline은 Eysenck의 논문에 대해 다음과 같이 결론을 내렸다. "Eysenck에 의해 교묘하게 유도된 자발적 회복의 기저율은 생각만큼 결코 분명하지 않다. …… 회복의 기준은 심리치료 학파마다 다르기 때문에 비교하는 것은 의미가 없다."(1981: 393) 이후에 Eysenck는 연구를 유발하기 위해 사례를 의도적으로 과장하였다고 주장하였는데, 이것은 과학적 정확성에 대한 그의 관심을 나타내는 한 방식이었다고 하였다(1965).

Freud는 정신분석 치료가 성공적인 통계적 증거를 제시하라는 충고에 반대하였다. 우선 사례가 동등하지 않은 경우 통계가 가치가 없고, 치료의 지속성을 판단하기 위한 시간이 너무 짧다는 이유에서였다. 그리고 많은 내담자들이 자신이 치료받는 것에 대해 비밀 유지를 원한다는 것이었다. "자제하는 가장 큰 이유는 치료의 문제에서 사람들이 비합리적으로 행동하기 때문에 합리적 수단으로 무언가를 성취할 전망이 없다는 현실에 있다."(Freud, 1916-1917: 515) Rachman과 Wilson은 '많은 문제가 남아 있고 치료 효과를 타당하게 평가하는 것이 가장 부담이 가는 것'이라는 사실에는 동의하였지만(1980: 51), 비슷한 것끼리 비교하는 문제를 제외하고는 Freud의 반대가 타당하다고 생각하지 않았다.

이제 많은 유형의 심리치료와 상담의 효율성에 관한 연구는 정신분석 초기의 연구자와 비판가들보다 훨씬 많은 척도를 사용하고 있다. 정신분석은 많은 연구를 통해 초기의 비판에 대응하였는데, 예컨대 런던의 타비스톡 연구소에서 단기치료에 관한 Malan의 연구(1963)와 같은 것이 있다. Rachman과 Wilson은 Malan 연구의 통합성에 대해서, 그리고 '힘들고 심지어 고통스러운 질문에 대한 그의 뛰어난 준비성'에 대해서 언급하였다(1980: 65). Malan 자신은 성과 연구들이 '심리치료에 호의적인 증거를 제공하는 데 거의 전적으로 실패하였다.'고 말하였다(1963: 151). 그러나 Rachman과 Wilson은 Malan의 연구에 대해 비판적이었고, 당시의 중요한 세 연구 중에서(Malan, Menninger Report, Sloane study) 마지막 것만이 만족할 만한 결과를 보였다고 결론지었다. 다른 것들은 긍정적이든 부정적이든 어떤 결론에 이르는 근거를 제시하지 못했다(1980: 75). Rachman과 Wilson(1980)은 (정신분석 내에서) 성과 연구를 진지하게 시도한 사람들이 하나의 보고서를 인용하여 통계 수치들이 '정신분석 치료가 효과적이거나 효과적이지 않다는 것을 증명'하지 못했다는 결론을 내렸다고 하였다(Rachman & Wilson, 1980: 58).

동시에 Kline은 Freud 이론에 관한 많은 연구들을 검토하였고, 정신분석 치료의 효과에 대한 증거는 '아쉬운 점이 많다.'고 언급하였다(1981: 406). 그는 (Malan 연구와 같은) 다양한 연구가 정신분석 치료의 측정을 위한 기준을 개발하였다고 보았다. 그러나 Kline은 분석가들이 (테이프나 카메라를 통해) 대개는 정신분석 회기 자체의 객관적인 관찰을 허용하지 않은 사실에 대해 분명히 우려하였다. 20년이 지나 내가 글을 쓰고 있는 지금에도 이러한 거부가 여전히 있지만, University College London 교수인 Peter Fonagy가 많은 유형의 치료에 관한 연구를 포괄적으로 소개한 저자 중 한 명이라는 사실을 언급하는 것은 중요하다──누구를 위해 무엇을 연구하는가?(Roth & Fonagy, 1996) *International Journal of Psycho-Analysis*에서 Emde와 Fonagy는 정신분석이 대학으로부터 고립되어 성장하였고, 정신분석적 상황이라는 한 가지 질문방법에만 초점을 두었으며(1997: 643), 대부분의 정신분석가가 '연구자보다는 치료자로서 훈련을 받았고, 대부분의 시간을 연구에 투자할 입장에 있지 않다고 보았다.' (1997: 650) 이 논문은 치료자를 위한 연구 훈련 프로그램의 개발을 기술하였고, 연구를 돕는 정신분석 문화가 생기기를 기대하였다.

상담과 심리치료에서 특정 접근의 채택과 적용과 관련된 기금을 얻기 위해서는 연구가 필요하다. 이것은 급성장하는 연구 영역으로 일주일에 한 번 하는 치료와 단기치료에도 적용되어 응용 정신분석이라 불리는 정신역동적 연구에 영향을 주었다. 연구의 결과가 너무 빠르게 진전되기 때문에 여기에서 요약하면 옛날 것이 될 것이므로 나는 이 매력적인 영역에는 들어가지 않을 것이다. 하지만 원래 Eysenck가 의문시했던 정신역동 치료와 인간 중심 치료를 포함하여 심리치료와 상담에서의 많은 접근이 효율적이라는 증거가 증가하고 있다. 이 책의 2판이 출간될 시점에 장기 정신분석의 효율성에 대한 증거가 없다면 아직 연구가 끝나지 않았기 때문일 것이다. 그리고 당연히 시간 제한적 치료보다 더 오래 걸린다는 것을 기억할 필요가 있다. 게다가 한 연구방법으로서 성찰(reflective) 치료의 증진은 정신분석적 방법을 적절한 위치로 회복시킬 것이다. 우리는 관심을 가지고 결과를 기다릴 것이다.

역설적으로 Freud는 자신의 기법의 효율성을 믿지 않는 사람을 설득시키는 것이 불가능하다고 주장했지만, 그는 또한 정신분석이 신경증의 한 치료방법으로 약물치료를 능가할 날이 있을 것이라고 기대하였다. "우리가 신체적이고 심리적이라고 나눈 것에 대한 긴밀한 관련성을 알게 되면, 인지와 그것이 작용하는 경로가 신체기관 및 화학에 관한 생물학적 연구와 신경증 현상 영역 간에 길을 내는 날이 올 것이다."(1926e/2002: 140)

정신분석은 과학인가

인지심리학자와 행동심리학자가 정신분석에 대해 주로 비판하는 것은 외견상 연구방법과 기초가 부족해 보인다는 것이었다. 과학적 탐색의 본질에 대한 양적인 연구뿐만 아니라 질적인 연구의 가치는 이러한 논쟁을 다소 시대에 뒤떨어진 것으로 만들었다. Emde와 Fonagy가 지적하였듯이, "'포스트 모더니즘' 적인 20세기의 과학은 모든 영역의 관찰이 관찰방법과 관찰자에 의해 영향을 받고 그 의미가 개인적, 역사적, 문화적 맥락에 따라 많은 영향을 받는다."

는 것을 가르쳐 주었다(1997: 643). 치료자들은 그들의 영역이 예술인지 과학인지에 대해 서로 논쟁해 왔지만, Freud 자신은 정신분석이 과학이라는 것에 의심하지 않았던 것처럼 보인다. 그러나 그가 말하는 과학과 오늘날의 과학은 같지 않다. 그러므로 많은 비판가(특히 Eysenck, 1953: Popper, 1959)뿐만 아니라 정신분석에 호의적인 사람들이 제기했던 Freud 이론의 과학성에 관한 낡은 논쟁은 이전만큼 중요하지 않다. 그것은 정신분석적인 탐구방법이 상이한 종류의 타당성을 가지기 때문이다.

연구에 대한 이러한 광범위한 접근은 정신분석 기법을 변화시키거나 타당화시켰지만, 마음과 정신병리에 대한 Freud의 이론에 대해서는 여전히 의문이 남아 있다. 그의 생각이 얼마나 과학적인지에 관한 낡은 논쟁이 여기에는 여전히 적용되는 것이다. 한 이론이 과학적이기 위해서는 관찰에 기초해야 하고, 이러한 관찰은 가능한 한 외부 변인의 영향을 제한하기 위해 통제된 상황에서 이루어져야 한다. 과학적 이론은 명확하게 구체적이고 확인 가능한 개념을 사용해야 하고, 반복 실험이나 관찰을 통해 검증 가능한 가설을 제시해야 한다. Popper는 더 나아가 과학적이기 위해서는 진술이 반박 가능(refutable)해야 한다고 주장하였다. 그것은 옳다는 것을 보여 줄 수 있을뿐더러 틀리다는 것이 증명될 수 있어야 한다. 예를 들어, 달의 후면이 치즈로 이루어져 있다는 진술은 과학적 가설이다(Kline, 1981: 2). 달의 후면에 대한 관찰이 행해질 수 있었던 시간 이전에도 원칙적으로 그러한 진술을 검증하고 반박하는 것은 가능하였다. 우주 탐험 이전에 우리는 이 가설이 잘못되었다는 것을 알지만, 이것은 (시대에 뒤떨어진) 과학적 가설로 남는다. 하지만 인간에게 삶의 추동과 죽음의 추동이라는 두 가지 추동이 존재한다는 Freud의 주장은 검증하거나 반박할 수 없을 것이다.

Freud의 저술에서 매우 기본적인 측면을 포함하여 (가장 엄격한 비판가들은 거의 모든 것이) 이러한 요구를 충족시킬 수 없는 다른 이론들이 있다. 그러므로 이러한 근거에서 과학적 가설이라고 할 수 없다. 이것들은 과학적이라기보다는 철학적 진술이거나(종종 상위심리학이라고 불리는데, 신학적 진술이 형이상학이라고 불렸던 것과 같다) 제한된 관찰에 기초하고 있다. Freud의 많은 생각은 그가 치료시간에 듣고 보고 사색한 것에 기초하였다. 그러므로 정신분석에 근거한 모든 자료는 대부분 내담자의 보고에서 나온 것이고, 독립적인 다른 사람에 의해 타당화될 수 없다. 이는 당시에 상세하게 기록되지 않았고, 통제집단을 설정할 수 있다 하더라도 그 집단에서 나오는 정보와 비교될 수 없다. 그러므로 Freud가 제기한 많은 가설은 검증하기 어렵다. 이것이 그의 모든 생각이 틀렸다는 것을 증명하는 것은 아니지만 회의적이라는 인상을 지우기는 어렵다.

　Kline은 정신분석 이론이 중대한 비판에 개방적이라는 것을 받아들였다. 하지만 '그 이론은 이러한 비판으로 반드시 전적으로 파괴되지 않는 것'이라고 주장하였다(1981: 2). 우선 정신분석 몇몇 이론은 검증이 가능하다. Freud의 관찰에 관한 설명을 검증하는 것이 항상 가능하지는 않지만, Freud의 몇몇 관찰은 그것이 사실인지 검토될 수 있다. 예를 들어, Freud가 기술한 오이디푸스 단계가 타당한지 검증하는 것이 가능한데, 즉 남근 발달 단계의 소년(혹은 소녀)이 어머니(혹은 아버지)에게 명백한 애정이 있는지와 이후에 그것이 억압되는지에 대해서다. 하지만 오이디푸스 상황이 그 안에 발생 기원적 요소를 담고 있다는 Freud의 주장은 과학적으로 검증하기가 불가능하다. 즉, '원시적 무리'부터 내려온 유전자를 통해 흔적 기억이 전해졌다는 것이다. 여기에서 Freud는 선사시대 부족의 젊은이가 지배하는 남자를 죽였다는 것을 (어떤 증거 없이) 고찰하였다. 사실 현대의 유전 연구는 획득된 특성의 유전이 가능하지 않다는 것을 시사하여 이 이론을 더욱 받아들이기 어렵게 만들었다. Freud의 다른 설명은 검증이 불가능하고, 정신분석에서는 이미 상위심리학의 영역에 그러한 기술을 놓음으로써 충분히 정당화하였다. 유사하게 신학적이거나 미학과 같은 형이상학적인 진술은 증명되거나 반박될 수 없다. 그러나 Freud는 자신의 많은 이론에 대해 과학적 지위를 주장했다. 따라서 과학적 근거에서 그것에 도전할 가능성은 자연스럽게 검토되었고, 어떤 경우에는 충분하지 않다는 것이 발견되었다.

하지만 정신분석적 사고는 부분적인 것에 의해 옳거나 틀릴 수 있는 통합된 이론으로 볼 필요는 없다. 몇몇 정신분석 가설은 틀렸다는 것이 밝혀졌는데, 이것이 Freud 사고의 다른 부분을 손상시킬 필요는 없는 것이다. Freud의 상위심리학은 비과학적일 수 있지만, 검증될 수 있는 몇몇 함축적인 경험적 명제는 그렇지 않다. 그리고 몇몇 경험적 명제가 틀렸다고 증명되더라도 다른 것은 충분히 지지받을 수 있다.

그럼에도 불구하고 Freud의 명제를 검증할 때, 우리는 결과를 해석하는 방식에 조심해야 한다. 긍정적이고 부정적인 결과 모두 잘못된 연구 설계나 실행의 결과일 수 있다. Kline(1981)은 수많은 실험과 관찰을 검토하였는데, 검증한 결과를 통해 Freud의 명제가 과학적 근거가 있다고 하기 이전에 다음을 고려하는 것이 중요하다고 보았다. 첫째, 표집 절차와 통제집단을 사용해야 한다. 둘째, 검증은 이미 증명된 타당성이 있어야 한다. 셋째, 결과의 통계 분석은 유의미해야 한다. 마지막으로 실험은 정신분석 이론이나 다른 가능한 가설과 관련되어야 한다. Kline이 지적하는 것은 연구자가 제시하는 결과에 대한 설명과 다른 설명이 있을 수 있다는 것이다. 그는 시험을 본 다음에 남자들이 여자보다 연필을 더 많이 반환하는 경향이 있었다는 가벼운 연구 결과를 인용하였다. 이것을 남근 선망의 증거로 설명할 수도 있지만, '또한 여자가 남자보다 연필이 더 필요할 수 있다는 것, 여자가 남자보다 더 부정직할 수 있다는 것, 혹은 시험이 엄격해서 당황한 것을 나타낸 것이라고 할 수 있다.' (1981: 153)

Freud는 이론적 기초에 관한 연구를 어느 정도 분명히 예상할 수는 없었지만, 방법의 효율성 연구에서 제시될 수 있는 논쟁은 예상하고 반박하려고 하였다. 그는 분명히 정신분석이 과학이 아니라는 비난에 대해 예민하였고, 자신의 생각을 진정으로 받아들일 수 없다고 생각한 사람들에게 자신의 답변을 제시하였다. 그는 자서전에서 정신분석적 개념은 정확성이 부족하기 때문에 정신분석이 과학이 아니라고 종종 말했다는 것을 밝혔다. 그는 "논리적 체계 틀에서 사실에 부합하는 부분을 파악하려는 한, 분명한 기본 개념과 예리하게 이끌어진 정의는 정신과학에서만 가능하다."고 하였다(1925d: 242). 그는 더 나아가 동물학이나 식물학이 처음에는 동물이나 식물에 정확한 정의를 제공할 수 없었던 것과 비교하였다. 심지어 그 당시에 생물학은 '생명 개념에 특정한 의미를 제공할 수 없었다.' 고 기술하였다(1925d: 242). 그는 그의 과학이 불완전하고 충분하지 않다는 것과 '발견을 조금씩 찾아내고 문제를 단계적으로 해결해 나가야

한다.' 는 것을 받아들였는데(1925d: 242), 관찰을 통해 이것
을 하는 것 이외에 다른 방법이 없었기 때문이었다.

　Freud가 과학적 탐색방법에 대해 문외한이 아니었다는
사실을 기억하는 것은 중요하다. 그는 초기 신경학 연구에
서 실험방법을 잘 사용하였고, 이러한 특정 과학 영역에서
그의 논문은 아주 잘 받아들여졌다. 하지만 그는 그의 심리
학적 가설을 대규모로 검증하자는 제안을 하지 않았다. 그
의 원래 가설은 (드문 과학적 방법이 아닌) 관찰에 기초하여 이
루어졌지만, 이후의 관찰을 통해서만 확증이 이루어질 수
있었다. Freud는 비판을 알고 있었으며 증거를 검증해야 하
고 견고하지 않은 것을 버릴 필요가 있다고 종종 언급하였
다. 그러나 그가 주로 관찰에 의존하였던 탐색방법에는 특
별한 위험이 있다. 초기 가설을 설정하면서 Freud와 그의
추종자들은 대안적 설명을 고려하기보다는 이후의 내담자
자료를 원래 가설을 확증하는 것으로 쉽게 해석하였다.
Freud 자신이 이렇게 한 몇 가지 증거가 있다. 그의 인생 후
기에 대해 이야기하면서 늑대인간으로 알려진 내담자는
Freud와의 치료를 회상하였다.

　　그(Freud)가 모든 것을 나에게 설명하였을 때, 나는 그에
　게 "그래요, 동의합니다. 그렇지만 나는 그것이 옳은지 검토
　하려고 합니다."라고 말하였다. 그러자 그는 "그렇게 시작하

지 마세요. 비판적으로 보려고 하는 것 때문에 당신의 치료는 진전이 없을 것입니다. 나는 이제 당신이 그것을 믿든 안 믿든 간에 당신을 도울 것입니다."라고 말하였다. 그래서 나는 더 비판하려는 생각을 자연스럽게 그만두었다(Obholzer, 1980: 31).

이 사건을 긍정적으로 보자면, Freud는 아마 늑대인간이 주지화(intellectualization)를 하지 않도록 시도한 것이었다. 그러나 또한 Freud가 내담자에게 여러 의미를 강요했다는 증거가 있다. "내 이야기에서 꿈으로 무엇이 설명이 되었나요? 내가 알 수 있는 한 아무것도 없습니다. Freud는 모든 것을 꿈에서 유도한 원초적 장면으로 거슬러 올라갔지만 그러한 장면은 꿈에서 일어나지 않았습니다. 그것은 상당히 무리였어요."(Obholzer, 1980: 35)

Freud는 그의 이론의 깔끔함에 대해 확신하고 때로 흥분한 최초의 사람은 아니었고 마지막 사람도 아닐 것이다. 몇몇 심리학자를 포함하여 다른 과학자들도 마찬가지였다. Michel이 관찰하였듯이, 'Freud는 창의적이고 혁신적인 사상가였다. 그러나 …… 그는 정연한 과학적 방법론자는 아니었다.' (1996: 575) Crews는 『기억전쟁(*The Memory Wars*)』(1995)에서 "한 가지 구체적이고 중요한 방법론적 문제를 들자면, 암시에 의해 임상적 정신분석 자료가 오염된 것이다. …… 암시는 모든 심리치료와 거의 모든 의학치료에 보편적으로 존재한다. 물론 정신분석에서 독특한 것은 암시가 존재한다는 것이 아니라, 그것이 존재한다는 것을 알고 그것을 탐색하며 그 기반을 이해하고 영향을 최소화하려는 시도를 한다는 것이다."라고 기술하였다(Michel 1996: 575).

Freud 이론의 연구

Kline(1981)은 Freud 이론의 상이한 측면에 대한 다양한 연구를 잘 요약하였다. 그는 가능한 한 방법론이 견실한 연구들을 끌어 왔고 검증 가능한 Freud의 가설에 집중하였다. 예를 들어, 심리성적 발달에 관한 Freud의 이론에서 세 주요 가설은 다음과 같다.

1. 성숙한 성인에게는 성격 유형이 있다.
2. 이것은 특정한 양육방식에 기인하는 아이의 경험과 관련된다.
3. 입, 항문, 남근은 초기 아동기의 성감대다.

그 당시 Kline에게 알려진 모든 연구가 고려되었을 때, 증거들을 보면 '항문기' 성격에 대해서 강력한 지지가 있었고, '구강기' 성격에 대해서 적당한 지지가 있었지만, 다른 심리성적 증후군에 대해서는 증거가 없는 것처럼 보였다. 특정한 아이 양육 실제와 심리적 성격의 기원과 관련하여 젖 떼기와 구강기 성격, 항문기 성격과 항문기 성애의 관계에 관한 Freud의 이론은 단지 몇몇 연구에서만 지지되었다. 구강기 성애는 확증되었지만 성격과는 관련되지 않았다. 다른 연구들은 더욱 상식적인 설명을 주장하였는데(예를 들어, 질서를 중요시하는 부모는 질서를 중요시하는 아이를 낳는다), 이는 신 Freud 학파와 Freud 이후의 몇몇 사고를 지지하였다. 즉, 구강기와 항문기의 쾌에 대한 태도는 아이 성격의 기원이 되는 성감대를 어떻게 다루는가보다는 부모와 아이의 관계와 관련된다는 것이다.

　Freud의 유아기 심리성적 발달에 대해 부정적 증거가 많았는데도 Kline은 심리학적 가설을 검증하는 데에 상당한 어려움이 있다고 말하였다. 방법론적 문제는 Freud의 심리성적 이론을 지지하는 많은 연구가 왜 실패했는지를 설명할 수 있을 만큼 충분하다.

　Kline은 이와 비슷하게 다른 Freud의 개념에 관한 연구를 검토하였다. 우선은 핵심 가설을 분리시켰고, 다음은 Freud가 제시한 많은 주요 생각에 대해 강한 지지나 약한 지지를 보이거나 증거가 없는 연구를 열거하였다. 예를 들어, 오이디푸스 콤플렉스에 대한 몇몇 확증이 있었는데, Kline은 Freud가 오이디푸스 콤플렉스에 너무 많은 중요성을 부가하였다고 주장하였다. 하지만 오이디푸스 단계의 다른 국면인 거세 불안은 인상 깊게 지지되었다. 원초아, 자아, 초자아로 구성되는 세 유형의 심리 활동에 대한 몇몇 증거가 있는데, 여기에서 지지된 것은 구조라기보다는 과정이었다. Freud에게 가장 중요한 방어 기제인 억압은 강력하게 지지되었으나, 몇 가지 다른 방어들은 동일하게 확증되지는 않았다. Kline은 '반동형성'이라는 특정 방어가 정신분석에 폐를 끼쳤다는 것을 관찰하였다. 이것은 때로 나타나는 전도된 Freud 사고의 좋은 예로, 특정 감정이 존재하는 것이 '증명'되었지만 정반대가 가능한 것처럼 보이는 경우다. 이 그럴듯한 논쟁은 다음과 같이 될 수 있다. 극단적인 불결함은 항문기 성격을 나타낸다. 그러나 당신이 극단적인 청결함을 발견하면 그것은 명백히 불결함에 대한 반동을 나타낸다. 그리하여 여전히 항문기 성격이라는 것을 암시한다!

성적 상징주의는 꿈의 안과 밖에서 잘 지지되었다. 이것은 성적 승화의 표현으로서 예술과 문학에 관한 정신분석 이론이 어떤 가치가 있다는 것을 주장한다. 꿈과 그 성적 내용의 중요성이 증명되었지만, 연구는 Freud가 생각한 것보다 현재의 (명백한) 내용이 더 중요하다는 것을 시사하였다. 또한 특정 심리장애에 기저하는 원인에 대해 Freud가 제시한 몇몇 이론을 지지하는데, 예를 들어 편집증(paranoia)에 동성애적인 요소가 있다는 것과 거식증(anorexia)과 우울증의 병

인론에 관한 것이다.

이 문단에서 나는 Freud 개념의 타당성을 검토한 Kline 연구의 요약을 압축해서 제시하였다. 여기에서 독자에게 가용한 정보는 원래의 연구에서 조금 벗어나 있다. 그 자체는 이차적인 정보에 기초하여 Freud 이론을 확증하거나 반박하려는 시도에 대해 경고를 한다. 연구에 관심이 있는 사람과 통계와 방법론에 관심이 있는 사람은 Kline의 연구에 관심을 가질 것이다. 물론 그 자체는 포괄적인 연구를 위한 한 지침이라고 할 수 있다.

정신분석 담론의 위치

심리치료를 과학이라기보다는 예술로 보고, 준의학적 치료방법이라기보다는 일련의 대인관계 기술로 보는 사람은 이러한 연구에서 나타나는 정보를 어떻게 사용할지에 대해 의아해할 수 있다. 그들은 분명히 이론적인 공식화를 가지고 있고, 이론은 치료 자체에 대한 배경 정보를 제공한다. 그러나 치료 자체는 심리학적 구조와 심리사회적 발달 이론 그 이상이다. 특히, 이러한 '과학적' 의문이 상담 회기나 치료관계와 관련되는가?

내가 보기에 가장 효과적이라고 믿는 치료 회기에서('믿는'이라는 나의 표현은 과학적 접근이 아니라는 것을 드러낸다) 사용된 실제 언어와 치료자와 내담자에 의해 달성되는 통찰 수준은 Freud와 그의 추종자들이 인간의 마음 작용을 기술하고 설명하려고 사용했던 용어로 거의 표현되지 않는다. 원초아, 자아, 초자아로 기술된 기능은 연구에서 지지될 수 있고, 실제로 우리 마음의 작용방식의 주관적인 경험을 이해할 수 있다. 그러나 이것은 치료자와 내담자의 대화에서 거의 사용되지 않는 용어들이다. 몇 가지 Freud의 개념은 일반적인 용어에 들어가는데, 예를 들어 '신경증' '투사' 심지어는 '오이디푸스 콤플렉스' 등과 같은 것이다. 그러나 내담자에 의해 이러한 용어가 이해되었을 때에도 그것은 정신역동 지향의 치료자와 내담자의 정상적인 언어적 의사소통의 일환이 아니다. 설명과 해석은 말로 가장 잘 표현되고 특정 내담자에게 이해되는 개념을 사용한다. 임상 실제에서 이론적 공식화는 슈퍼비전과 치료자 간의 의사소통에서 사용되고, 내담자의 경험에서 방향 감각의 상실을 이해하려는 상담자나 치료자에게 일종의 '지도'를 제공한다.

Kline은 Freud의 연구를 통합된 전체보다는 많은 이론으로 구성된 것으로 접근하는 것이 더 유익할 것이라고 강조하였다. Freud가 확인하려고 시도한 몇몇은 유용하고 몇몇은 그렇지 않다고 증명되었으며, 더 사고할 가치가 있지만 몇몇은 증명되지 않은 채 있다. 내담자의 일부 측면과 작업한 치료자들은 (달리 말하자면, 자신의 이론과 치료 실제에 적합한 내담자를 선택하거나 모으는 입장에 있지 않은 사람들은) Freud의 연구가 상이한 내담자와 상이한 시기에 이루어졌다는 것을 발견하였다. 그러나 Jung 학파, Klein 학파나 대상관계 치료도 마찬가지다.

Kline에 의해 수집된 연구는 단일한 Freud의 개념을 일반화할 때 주의가 필요하다는 것을 보이는 데 유용하다. 이것은 특정 시기의 특정 사람에게 적용될 수 있지만, 모든 시기의 모든 사람에게는 적용 가능하지 않다. Freud 자신은 이것의 위험을 알고 있었다. 그는 한 논문에서 이에 대해 언급하였다. "이것은 정신분석의 평판을 나쁘게 할 그런 종류의 논문입니다. 당신은 모든 것을 오이디푸스 콤플렉스로 환원해서는 안 됩니다. 그만두세요!"(Kardiner, 1958: 50)

이 연구에서 드러난 것은 연구 결과를 어떻게 해석해야 할지에 대한 의문이다. 정확한 통계와 방법론이 중요하지만, 결국 과학적이고 객관적인 것을 추구하는 사람도 때로 특정한 결과를 바란다는 것이다. 이 장의 처음에서 지적했듯이, Freud의 연구는 무의식이 의식적 합리성에 지대한 영향을 미친다는 것을 강조하였고, 객관성이 가능한지에 대해 계속해서 의문시하였다. 이것은 물론 20세기의 과학적 방법도 인식한 그런 것이다.

· 물론 과학적 방법이 Freud 이론에 대한 비판에 접근하고 그것을 이해하거나 적용하는 가장 좋은 방법은 아닐 것이

다. 몇몇은 Freud의 이론이 과학적 이론과는 다른 수준에 있다고 주장한다. Riceour(1970)는 정신분석 이론에서 중요한 것은 관찰자가 아니라 주체에게 환경 변인이 어떻게 보이는가라고 주장하였다. 과학적으로 검증 가능한 양화는 사람들이 자신의 경험에 부과하는 주관적 의미를 다룰 수 없다. 사람들이 정신분석의 본질적 부분을 형성하는 경험에 제공하는 것은 그러한 의미다. Gill(1991) 또한 정신분석은 '해석학적(hermeneutic) 과학'이라고 주장한다. "그것은 의미를 해석하기 때문에 해석학이고, 또한 그것이 다루는 의미의 연관이 대개 인과적 연계이기 때문에 과학이다." (Brook, 1995: 519)

그렇다면 Freud 이론을 검증하는 많은 실험이 부정적인 결과를 산출하는 것은 놀랄 만하지 않다. 치료에서 내담자가 "나는 이것이 바보 같다는 것을 알지만 내 생각에 ……." 라고 말하는 것은 익숙한 경험이다. 어떤 사람은 그들이 느끼는 대답(이 경우에는 '바보 같다')을 반드시 제공할 필요는 없고 그들에게 기대되는 답변을 하는 설문지 연구에 이의를 제기한다. 게다가 사람들의 불안이나 환상 중 어떤 것은 '무의식적'이다(적어도 Freud 이론은 그렇다고 주장한다). 그것은 무의식적이기 때문에 그 환상은 영향을 미치고 힘이 있다. 우리는 그 무의식적 의미가 질문만으로 드러날 것이라고 기대하지 않는다. Freud는 질문하는 것을 포기하였을 때 금방 이것을 발견하였고, 보다 생산적인 방법인 자유연상으로 바꾸었다. 사람들이 질문을 받으면 해석하는 사람의 견해에 따라 상이한 해석이 가능한 대답을 제공한다. Kline은 거세 불안에 관한 실험을 인용하였는데(1981: 149-150), 190명의 5세 이상 소년 소녀 표본에서 어린 소녀가 거세되었다는 환상을 가졌다는 단서는 없었다. 유사하게 아이들 중 95%는 항문을 통한 출생이 불가능하다고 말하였다. 이러한 질문을 했을 때 이렇게 합리적인 답변이 주어진 것은 놀랍지 않다. 또한 어른들 생각에 '바보' 같이 여겨지는 아이들의 생각이나 환상에 접근하기가 훨씬 어렵다는 것이다.

Freud의 신경학에 관한 초기 연구는 자연과학의 좋은 예로서 세밀하고 독창적이었다. 그는 이러한 과학적 접근을 자연스럽게 그의 심리학 연구에 도입하였다. 이 새로운 영역에서 그의 관찰은 세밀하고 독창적인 것으로 남아 있다. 그의 연구를 돌아볼 때 이러한 관찰에서 나온 특별한 해석은 미묘한 변화를 보여 주는데, 자신의 생각이 여전히 엄격한 과학적 분야라는 것에서 마음과 인간의 철학, 상징, 신화와 상위심리학이 함께 섞인 것으로 변화하였다. 이러한 변화에도 불구하고 그는 신경증의 정신병리를 공식화하는 데 과학적 방법을 사용하려고 계속 시도하였다. Freud는 분명히 그의 이론이 과학적 연구의 일환으로 받아들여지기를 원하였지만, 이론이 그렇게 다루어진다면 많은 것을 잃을 것이다. 과학적 담론(discourse)은 흑백론적 구분으로 이끄는 경향이 있다. 즉, 한 이론은 지지되고, 다른 가설은 기각된다. Freud의 사고에 대해 그렇게 분명한 구분을 하면, 과학적 증거를 통해서가 아니라 그가 이해하려고 투쟁한 인간의 존재 문제에 대한 공감적 자각을 통해서 나오는 통찰의 기회를 잃어버릴 위험이 있다. 다음 장에서는 Freud의 정신분석이 사회과학, 문학과 역사적 비평과 함께 자체의 고유한 담론이라는 것을 분명히 한다. Freud의 오류는 그의 진실에 대한 추구에 대해 과학적 지위를 너무 강조한 것이었다.

물론 Freud는 다른 식으로 저술하는 것이 어렵다는 것을 알았다. 그는 자신의 이론이 과학적 전통 안에 놓이기를 바랐다. 그러나 그에게는 또한 하나의 분야에 담을 수 없는 것이 있었는데, 그것은 과학적 관찰만으로는 이해되기 어려운 영역이다. 그것은 그의 인류학과 종교에 대한 저술에서 가장 명백하지만, 더불어 그가 지금도 인간 마음의 '미스테리'로 불리는 것을 포함하고 설명하려고 시도한 많은 영역에 존재한다. 이 과제에 대한 그의 열정은 다음과 같은 회상에서 드러난다. "젊었을 때 나는 이 세상의 몇몇 수수께끼를 이해하고 아마도 그것을 해결하고자 하는 강렬한 욕구가 있었다."(Freud, 1927a/2002: 165) 70대에 그는 "의사로서 41년간 활동을 한 이후에 나 자신이 말해 주는 것은 내가 진정한 의미의 의사가 아니었다는 것이다. 나는 원래 방향에서 의도를 벗어남으로써 의사가 되었고, 내 인생의 위대한 승리는 긴 우회 끝에 처음의 방향으로 다시 돌아오게 되었다는 것이다."라고 회고하였다(1927a:/2002: 165).

Freud를 과학적 맥락보다는 더 넓은 맥락에 놓는 것이 옳을 것이다. 그리고 설명을 하는 과학자라기보다는 해석을 하는 예술가로 보는 것이 더 분명할 것이다. 우리는 마지막 장에서 Freud의 전체 영향을 평가할 것이다. Freud가 제공한 이론과 치료 실제에 있는 단점에도 불구하고, 그의 이론과 치료 실제의 구성 요소들은 우리 문화에 깊이 침투해 있다. 일련의 생각이 인기가 있다고 해서 그것이 진실이라고 보는 것은 상당히 위험하지만, 그렇게 많은 지적 영역에서 그로 인해 일어난 관심은 그가 얼마나 중요한지를 단적으로 보여 준다.

5 심리치료와 세상에 미친 Freud의 영향

그가 종종 틀렸고 때로 어리석었다면,

그는 이제 우리에게 더 이상 한 사람이 아니라

다른 삶을 안내하는

전체적인 견해다.

W. H. Auden, 'Sigmund Freud를 기리며'

Freud에 대한 평가

작가와 주제, 아이와 부모, 제자와 스승, 장기 내담자와 치료자 그리고 환자와 분석가는 공통되는 것이 있다. 대개 그들은 어떤 의미에서 심리적으로 서로의 마음속에 자리를 잡고 수개월 혹은 수년 동안 함께 지낸다. 그리고 그들은 그렇게 오랫동안의 친밀한 애착에서 불가피하게 생겨나는 애증 관계를 수립한다. 한편으로 이러한 관계는 서로 상세하게 알게 되면서 다양한 정도로 객관성을 잃을 수 있다. 더 넓은 맥락에서 상대를 보는 것이 어려울 수 있다. 아마도 Freud 는 자신이 사색한 것에 대해 잘 알고 있었기 때문에, 그가 거의 사실처럼 바꾼 예들은 이미 주목을 받아 왔다.

Freud 학파의 치료자와 분석가들은 그들의 스승과 수년에 걸쳐 집중적인 작업을 하고 개인적인 치료를 통해 간접적인 영향을 경험한다. 그런데 때로 자신의 훈련의 이론적 기반에 대해 편향되지 않은 성찰을 하는 데 필요한 거리를 유지하기 어려울 수 있다. Lomas는 Winnicott이 어떠한 분석가도 적어도 10년간의 일상적 치료 경험 없이는 권고된 기법을 벗어나서는 안 된다는 주장을 상기시켰다. 그는 이에 대해 상당히 다른 시각에서 본다. 즉, '대부분의 정신분석가가 처음에 취하지 말았어야 했던 기법적 접근에서 벗어나는 확신을 얻기까지 10년이 걸린다.' 는 것이다(1973: 147). 이제 Freud의 영향을 검토하려고 하지만, 나역시 Freud에 대해서 읽고 쓰고 때로는 거의 그에게 빠져 있었다는 것을 알기 때문에 평가하기보다는 칭찬하고, 차별하기보다는 이상화하려는 유혹이 있다. 나는 이미 Kernberg가 정신분석 교육에 대한 비판과 Freud를 이상화하는 경향에 대해 언급하였다. Freud의 영향에 대해 기술하고, 현대의 사상과 문화의 역사에 관한 철저한 연구 관점에서 기술한 많은 사람들이 권위 있는 용어로 그를 기술하였다. 따라서 그를 인용할 때에도 이상화의 부담을 피하기는 어렵다. Eysenck나 Crews의 부정적인 목소리가 있지만, 훨씬 많은 사람들이 Freud가 20세기의 사고에 강력하고 심오한 공헌을 하였다고 긍정적으로 평가하고 있다.

Eysenck는 어느 정도 불신과 반감이 있었지만, '정신분석은 잘 알려진 유일한 유형의 심리학이다. 실제로 대부분의 사람에게 정신분석은 심리학이다.' 라는 사실을 인식하였다(1963: 66). 그는 Freud와 그 추종자를 '과학자라기보다는 예언자' 집단으로 보았다(1963: 67). Eysenck와 같은 용어를 사용하여 Rieff는 Freud의 위치를 다르게 평가하였다. "운명의 예언자도 아니고 Marx도 Darwin도 아니며, 인간의 조건에 중요성을 부여한 그 어떤 사람도 아니다." (1959) Eysenck는 Freud의 생각을 '이단' 이라고 비판하였는데(1963: 66), 그것이 종교적 진술과 같다면서 비난조로 기술하였다(1963: 68). 대조적으로 Kazin은 다소 광범위하지만 어느 정도 진실이 담긴 진술로 "정신분석적 문학은 사람들이 고통받는 이유를 설명해 주고 위로받을 수 있는 곳으로 성경을 대신하였다."라고 언급하였다(1958: 15). 그리고 Rieff의 평가는 Freud가 '새로운 믿음을 찾기 위해 미해결된 믿음으로 고통받는 사람을 돕지 못할 것이다. 그는 단지 우리의 불신에 대해서만 우리를 도울 수 있다.' 고 하였다 (1973: 33). 다시 Eysenck는 그의 비판적 에세이 중 하나에 '정신분석—신화인가, 과학인가' 라는 제목을 달았다(1963: 66-81). 동일한 개념을 사용하였지만 소설가인 D. M. Thomas는 소설 *The White Hotel*의 서문에서 Freud를 '정신분석이라는 위대하고 아름다운 현대의 신화를 발견한 사람' 으로 긍정적인 기술을 하였다(1981: 6). 이렇게 긍정적인 의미에서 사용된 신화는 정신분석 이론 전체의 이면에 있는 의미에 대한 추구를 적절히 기술한다. 우리는 Freud의 많은 구체적 개념과 '과학적' 구성의 이면에 있는 상상적 진실의 유형을 보여 주기 위해 은유와 상징을 사용할 수 있다. Thomas는 '정신분석의 과학적 타당성을 의문시하려는 것' 은 아니라고 말하면서 정신분석을 '숨겨진 진실의 숨겨진 시적 표현' 이라고 강조하였다(1981: 6).

  Freud의 연구에 대한 이와 같은 긍정적 평가가 결국 옳은지와 무관하게, 그의 연구가 20세기의 서구 문화에서 지식인뿐만 아니라 일반 사람에게도 엄청난 충격을 주었고 현재에도 더욱 확장되고 있다는 것을 거부할 수는 없다. 표준판 전집이 2001년에 페이퍼백으로 출간되었고, Penguin Classics에서 Freud의 새로운 번역이 2002년부터 출간되고 있다는 것은 중요한 일이다. 그의 저술은 예전처럼 지금도 여전히 살아 있다. 심지어 중요한 비판가인 Eysenck도 많은 나라에서 정신분석이 정신의학의 주도적인 학파가 되었고, '소설가, 영화 제작자, 저널리스트, 교사, 철학자, 심지어는 일반 대중'에게도 널리 알려졌다고 기술하였다 (1963: 66).

앞서 제4장을 통해 Freud의 인생과 연구에 대해 적절한 그림을 전달하기 어려웠다면, 이 마지막 장에서 그의 전체 영향을 기술하는 과제는 더욱 힘들 것이다. 이것은 Freud의 영향이 심리치료와 상담에만 국한될 수 없기 때문이다. 나는 이론의 발달과 치료에 대한 Freud의 지속적인 영향, 특히 정신분석적이고 정신역동적인 학파의 치료에 자연스럽게 주안점을 두어서 그의 사고가 끼친 영향에 적절하게 주목하려고 하였다. 그러나 나 또한 그의 많은 생각이 철학, 문학 비평, 역사, 신학, 사회학뿐만 아니라 서구 문화의 예술과 문학 분야에서 왔다는 사실을 짧게나마 논의해야 할 것이다. 종교적 믿음의 쇠퇴와 이로 인한 기독교 문화의 쇠퇴로 인한 공백 상태에서, Badcock이 기술하였듯이 정신분석적 혁명이 르네상스를 넘어선다는 것은 다소 과장된 주장이다. "정신분석은 가톨릭교가 했던 것보다 훨씬 더 완벽하고 효과적으로 문화의 일반적인 르네상스를 생성할 것이다."(1980: 253) Badcock은 Freud를 이상화하는 경향이 있었지만 그 감정은 이해할 만하다.

심리치료와 상담 영역 안에서, 그리고 더 넓은 문화 영역에서 영향받은 상이한 영역들은 정신분석, 과학 그리고 Freud가 그렇게 소중히 여겼던 예술이 서로 관련되었다는 증거다. 그는 분명히 정신분석이 의학뿐만 아니라 다른 학문에도 더 넓게 적용되기를 바랐다. 그는 분석적 훈련이 '문화, 역사, 신화학, 종교심리학과 문학 연구'를 포함해야 한다고 생각했다(1926e/2002: 154). 또한 그는 무의식에 관한 이론으로서 정신분석이 '인간의 문화와 그 거대한 제도(institution), 즉 예술, 종교, 사회제도 발생의 역사와 관련되는 모든 영역의 지식에 필수불가결하게 되었다.'고 여러 번 주장하였다(1926e/2002: 156). 이와 비슷하게 자서전에서도 Freud는 정신분석이 의학에서처럼 교육 영역에서도 중요하다고 주장하였다(1925d: 259).

정신분석의 발달

나는 이미 Freud에게서 파생된 몇 가지 발달에 대해 언급하였다. 제4장에서 그에 대한 비판을 요약하였으며, 동시에 Freud 이론에서 특정 부분의 편협함에 대해서도 언급하였다. 정신분석에 미친 Freud의 영향은 너무나 광범위하기 때문에 정신분석의 발달을 이끄는 영향력 있는 사람의 생각 속에서 길을 잃기 쉬울 것이다. 그러나 모든 심리치료에서 그의 연구의 영향을 과장할 위험이 있기 때문에, 정신분석 안에서 출발했지만 정신분석과 거리를 둔 사람들에게 우선 주목해야 할 것이다. 그들의 독특한 공헌은 결코 무시될 수 없는데, 특히 그들은 종종 이론이나 치료 실제에서 Freud의 도식 안에서 놓쳤거나 과도하게 강조된 것을 수정하였기 때문이었다. 그러나 그들 모두에서 Freud의 영향을 볼 수 있다.

제4장에서 Adler와 Jung을 언급하였는데, 그들은 정신분석 운동이 초기 단계에 있을 때 Freud에게서 떨어져 나온 사람들이다. 신 Freud 학파와 같은 다른 사람들은 Freud의 사망 이후에 정신분석의 주요 흐름에서 점차 멀어졌다. 정신분석에서 출발하여 심리치료와 상담에서 핵심적인 역할을 하는 인물이 많다. 그 중 몇몇은 이 시리즈의 책에서 다루어졌다. 여기에는 Fritz Perls와 게슈탈트 치료(Clarkson & Mackewn, 1993), Wilhelm Reich와 생물 에너지학, Albert Ellis와 합리-정서적 치료(Yankura & Dryden, 1994), Eric Bern과 교류 분석(Stewart, 1992), 심지어는 Carl Rogers와 인간 중심 치료(Thorne, 2003) 등이 있다. 이 치료자들은 때로 Freud의 이론이나 치료 실제에 대한 반작용으로 그들 자신의 방법과 이론적 틀을 개발하였다. 어떤 경우 그들은 제도화된 정신분석에 반대하였는데, 조직이 그들 자신의 선구적인 작업을 수용할 수 없었기 때문이었다.

정통 정신분석에는 Freud 이론의 다양한 측면에 영향받은 다양한 집단과 함께 험난하고 혼란스러운 역사가 있다. 다음에서는 단순히 Freud 연구의 풍부하고 다양한 발달을 기술할 것인데, 이것들은 다른 관점에서 보면 때로 일련의 집단 내부의 불화처럼 보인다. 정신분석 안에서 내분에 의한 서로 다른 주장은 종종 Freud의 원래의 생각에서 기인한다. 그리고 정신분석 운동 내에서 서로 다른 주장은 일반적인 정신역동 심리치료와 상담에 영향을 미쳤다. 다행히 대부분의 훈련과정 특성과, 상담과 심리치료의 많은 치료 세팅은 정신역동적 통합의 형태를 장려하였다. 이것은 상이한 정신분석 학파에서 치료자와 내담자 모두를 위해 가장 적절한 것을 이끌어 낼 수 있다.

자아심리학

성격 구조에서 자아의 위치에 대한 Freud의 지대한 관심은 (예상할 수 있듯이) 영국에서는 그의 딸인 Anna의 연구에 특히 영향을 미쳤고(1936), 미국에서는 Heinz Hartmann (1939)과 Kris, Jacobson, Spitz, Mahler, Kernberg 등에게 영향을 주었다. 이들은 '자아심리학(ego psychology)' 을 강조하였다. 그리고 Kohut에게도 다소의 영향을 미쳤는데, 이 경우는 '자기심리학(self psychology)' 으로 알려졌다

(Blanck & Blanck, 1994 참고). '자아'를 이해하는 데 충분한 근거가 된 것은 Freud의 추동/구조 모델(drive/structural model)이다. Anna Freud는 특히 Freud의 방어기제에 더 많은 내용을 추가하였고(1936), 아이와 엄마 간의 실제 관계에 대해 깊은 인식을 하였다. 자아심리학에서 아이에게 미치는 외부 세계의 효과, 특히 주위 환경에서 어른은 아마도 Freud와 Melanie Klein이 인식한 것보다 아이의 발달에 더 많은 영향을 주는 것으로 이해되었다.

정신분석의 주류에 미친 Freud의 영향은 영국보다 미국에서 훨씬 더 강하였다. 영국에서는 Freud 학파가 한편으로는 Klein 학파와 다른 한편으로는 중도 집단과 경쟁해야 했다. 미국에서 Hartmann은 Fromm, Horney, Thompson과 Sullivan과 같은 문화주의 학파에 대해 강력하게 반대하였다. 그는 Freud의 추동 모델의 틀에 그들의 통찰을 포함하려는 시도를 하였지만, 그들이 Freud 사고의 복잡한 구조를 단순화하고 축약시켰다고 비난하였다. 이러한 통합적 입장은 또한 Margaret Mahler(그리고 그녀의 분리-개별화에 관한 연구)와 Edith Jacobson(그리고 그녀의 '자기'에 관한 저술, 1964) 같은 Freud 학파의 추동 이론가에서 발견된다. 그들은 Freud보다 대상관계의 내적 세계에 대해 충분히 발달된 견해를 가지고 있었다. 다시 Hartmann, Mahler와 Jacobson은 Otto Kernberg의 이론(1976, 1980)의 특정

부분에 영향을 미쳤는데, 그는 Freud의 사고가 어떻게 변화해 가는지를 보여 주었고 이후 세대의 분석가에게 지속적으로 영향을 미쳤다. Kernberg 또한 "자신의 연구를 '대상관계 이론'이라고 밝힌 유일한 미국의 정신분석가"였지만, '자신을 추동/구조 모델을 발전시키는 전통 안에 위치' 놓았다.' (Greenberg & Mitchell, 1983: 327)

Klein 학파

Anna Freud처럼 Melanie Klein은 Freud의 기법을 수정하여 아이들과 더 잘 작업할 수 있었다(Klein, 1932). 그녀는 놀이와 순전히 언어적인 것의 대체물을 통해 어린아이의 무의식에 접근하는 것이 가능하다고 생각하였다. 아이들의 환상(fantasy, 그녀는 'phantasy'라고 쓰는 것을 좋아했다)에서 수집한 자료를 보면 가학증, 불안, 죄책감과 관련된 주제가 두드러졌다. Klein은 Freud의 죽음 추동 이론에 강하게 영향을 받았는데, Guntrip에 의하면 그녀는 그것을 '가장 비타협적으로' 채택하였다(1961: 198). Klein과 그녀의 동료들이 Freud의 추동 이론에 '고집스럽게' 집착하였지만, Guntrip은 그녀의 공격성 이론이 본능적인 것이라고 생각하지는 않았다(1961: 208).

실제로 Guntrip은 Klein의 공헌이 심리생물학적이고 본능적인 이론에서 벗어나 심리역동적인 개념으로 향하게 한 것이었다는 평가를 하였다(1961: 207). 그러나 그녀는 Freud의 초자아 개념을 받아들였고 그것을 박해하는 부모 이미지에 확장시켰다. 이것은 '내적 대상(internal objects) 의 이론에 때맞추어 전개되었던 설명'이었다(Guntrip, 1961: 197). 그녀는 또한 Freud의 초자아 개념과 오이디푸스 콤플 렉스를 받아들였지만, 그 기원을 더 초기인 유아의 출생 후 2년에 두었다.

Melanie Klein의 이론과 치료 실제의 발달에서 그녀는 Freud의 친한 동료이자 그의 전기 작가인 Ernest Jones의 지지를 받았다. 그는 Freud의 특정 측면, 특히 여성의 심리 발달에 대해 비판적이었다. 그는 Klein을 런던으로 초청하 였고, 그녀는 1926년에 그곳에 정착하였다. Freud 자신은 그녀에 대해 '공적으로는 온건' 하였지만, 그녀가 지향한 방 향은 싫어하였다.' (Roazen, 1979: 473) Melanie Klein과 그녀의 추종자들은 그들이 Freud의 진정한 후계자라고 생 각하였다. 그녀는 다소 역설적으로 유럽의 기원을 가지고 있었지만, 그들은 영국 학파(English school)로 알려졌다.

한편으로는 Klein 학파, 다른 한편으로는 Anna Freud의 지지자들 모두 Freud의 이론을 확장하였다고 주장하였다. 이것은 특히 제2차 세계대전 동안에 런던에서 있었던 '과학 논쟁(Scientific Controvercies)' 이라 완곡하게 불린 것에서 이루어졌다. 두 파벌 간의 작은 전쟁은 때로 매우 매서웠는데, 『Freud-Klein 논쟁 1941-1945(*The Freud Klein Controversies 1941-1945*)』에 자세하게 기록되어 있다(King & Steiner, 1991). 아동 분석의 기법에서 Klein과 Anna Freud 간의 불일치는 1920년대에 시작되었고 주된 이념적 분열로 확대되었다. 대상관계 이론의 변천에 관하여 Freud 이후의 핵심적 사상가들을 잘 요약한 Greenberg와 Mitchell은 Klein이 "건전한 정신분석 이론과 치료 실제의 기본 원리를 왜곡하고 배반한 것에 대해 많은 정신분석 저자들에 의해 비난을 받았다."고 하였다(1983: 120). 그들은 Klein을 Freud의 시각에서 벗어났지만 또한 진정으로 Freud의 시각에 남아 있는 것으로 평가하였고, 그녀를 추동 이론과 대상관계 이론 간의 주요 중간 인물로 보았다. Guntrip은 "Freud에게서 '벗어난 것'이라고 생각되는 것이 실제로는 Freud 자신이 자기에게서 가장 벗어난 급진적 발달로 이루어진다."는 것을 강조하였다(1961: 207).

영국에서 이러한 Freud의 추종자들은 오랫동안 내부 갈등이 있었고, 때로 국제 정신분석 단체를 분열시키거나 영국의 정신분석 운동을 와해시키겠다는 위협을 하였다. 미국에서는 Melanie Klein의 영향력이 훨씬 적었고, Winnicott과 같이 양쪽에 관여하지 않은 제3의 '중간 집단'을 대표하는 사람들에게 더 관심이 있었다. 그들은 대상관계 이론으로

알려진 입장과 같은 태도를 취했지만, Freud의 원래 연구가
그들에게 중요하다는 것을 인식하고 있었다.

대상관계 이론

어떤 사람은 유보할 수도 있겠지만, Melanie Klein의 연
구는 Fairbairn(1952), Winnicott(1958), Guntrip(1961,
1968)의 중요한 공헌과 함께 더 분명하게 정의된 대상관계
이론을 시작하게 하였다. 대상관계 이론의 발달에 미친
Freud의 영향은 직접적이었는데, 제2장에서 대상관계 이론
의 발달에 이정표를 세운 Freud의 이론적 측면을 볼 수 있
듯이 단지 Melanie Klein을 통해서만 전파된 것은 아니었
다. 영국 정신분석 이론의 주요 공헌자인 네 명 모두 Freud
의 연구에 대한 그들의 연관성을 분명히 하였다. 내가 여기
에서 특별히 관심을 기울인 것은 그들에게 미친 Freud의 영
향이다.

Klein은 아동 분석에서 자신의 고유한 기법을 분명하게
제창하였지만, Winnicott(Jacobs, 1995)은 심하게 퇴행된 내
담자와 더 집중적으로 작업하는 자신의 고유한 스타일을 개
발하였고 아이와의 작업에서도 그러하였다. 그는 아마도
Klein보다는 Freud를 자신의 스승으로 여긴 것 같다.
Greenberg와 Mitchell은 그가 Freud와 사고의 연속성을

유지하려고 얼마나 노력했는지를 자주 강조하였다. 사실 그는 많은 독창적인 공헌을 하였다. 많이 언급되는 Winnicott의 '중간 대상(transitional object)' (예: 곰 인형) 개념과 그것을 통해 창조되어 아이의 통제하에 엄마가 존재한다는 '환상(illusion)' 개념은 Freud의 영향의 흔적을 보여 준다. 우선 중간 대상은 Freud의 관찰과 맥을 같이하는데, 그의 손자는 유모차에서 장난감을 던지고 되찾으면서 어머니가 오고 가는 것을 '통제(master)' 하였다. Freud의 '환상' 개념은 Winnicott의 것과는 다소 다르다. Freud는 환상으로부터 자유롭고 싶은 욕구를 강조하였고, 종교를 퇴행적 현상으로 관련지었다(1927c). Winnicott은 환상을 창조할 수 있는 것에서 생겨나는 자유를 강조하였고, 환상과 탈환상이 성인기를 통해 외부와 내부 현실을 관련짓는 끊임없는 시도의 일부가 되는 방식을 강조하였다(환상과 믿음에 관한 나의 책을 보라. Jacobs, 2000).

Fairbairn의 임상 실제는 고전적 정신분석이었지만, Greenberg와 Mitchell이 지적하였듯이 그는 '대부분의 분석가들이 내담자와의 작업에서 다른 사람과의 관계에 관심을 두지 않았다는 주장에 대해 당연히 분개하고 있다고 느꼈다. …… 그의 관심은 그들이 내담자와의 임상 경험을 가장 기본적인 이론적 원리에 적용하지 못하는 것에 있었다.' (1983: 151)

Fairbairn은 Freud의 많은 개념적 틀을 주저하지 않고 거부하였지만, Freud 용어의 대부분을 유지하였다. 그는 리비도 개념을 채택하였지만 그 목표를 변화시켰는데, 리비도는 쾌를 추구하기보다는 대상을 추구하게 되었다. 결국 그는 '(리비도가 아니라) 리비도 능력에서 대상을 추구하는 개인'을 우선시하였다. 즉, '쾌는 대상에게 안내 표지판이지만 대상이 목표다.' (Guntrip, 1961: 305) Fairbairn은 또한 원초아에서 자아가 생겨나고 이후에 초자아가 수립된다는 Freud의 구성을 거부하면서 통합적인 자아를 주장하였다. 이것은 인생 초기에 세 부분으로 분열되는데, 관계를 약속하는 대상과 관련된 자아 부분, 거부하는 대상과 관련된 자아 부분 그리고 중심 자아(central ego)다.

　　Fairbairn과 Winnicott은 아이의 외부 환경의 중요성을 강조하는데, Klein보다 실제 경험으로 일어난 외상과 관련된 Freud의 초기 생각에 더 가깝다. 결국 그들은 Klein보다 Freud의 수정된 입장을 덜 중요하게 여겼다. 이 입장은 신경증이 실제 외상적 경험보다는 내재화된 환상, 소망과 두려움으로 인한 갈등에서 생겨난다는 것이다. 심리 발달에서 아버지의 위치에 대한 Freud의 강조는 도중에 다소 약화되었다. Winnicott도 Fairbairn도 아버지의 역할을 강조하지는 않았다. 예외적으로 Winnicott은 양육 커플(어머니와 아이)의 지지자라는 표현을 하였고, Fairbairn은 '가슴 없는 부모'의 역할을 기술하였다(1952: 122). Freud의 추종자들은 그에게 어머니에 대한 강조가 부족한 것을 바로잡았지만 두 번째의 부모를 무시하였다. 최근에는 이러한 관심의 부족이 변화하고 있다(Machtlinger, 1981; 그리고 Samuels, Jung 학파 관점에서, 1985).

Klein 이후에 Winnicott과 Fairbairn은 아마도 대상관계 이론에 가장 중요한 공헌을 한 사람일 것이다. 그들은 Klein의 '영국 학파(English school)'와는 구분되는 '영국 학파(the British school)'의 일부를 구성하였다. 둘 다 일련의 생각과 많은 문제들을 공유하고 있다. 그들은 Freud의 영향을 받았다는 사실 이외에도 많은 공통점이 있다. 각각은 또한 Guntrip의 분석가였는데, Guntrip은 그들의 치료 스타일을 잘 기술하였다(1975). 대상관계 이론의 요약과 발달에 대한 공헌과는 별도로, Guntrip의 공헌은 분열적(schizoid) 경험에서 대상으로부터의 철수(retreat)를 확인한 것이었다(Guntrip, 1968).

Guntrip은 인간 존재의 깊이 있는 독특한 경험과 '영혼 자기(spiritual self)'(그는 이전에 목사였다)에 대해 관심이 있었기 때문에, 그에게 종교에 대한 Freud의 반감은 불편하였다. 또한 사회학자 Bocock은 Freud의 선구적 연구를 주로 사용했던 교회의 많은 사람들이 종교적인 믿음과 행동의 무의식적 동기를 아주 정확하게 분석하였던 Freud를 따르는 것이 얼마나 어려운지를 보았다(Bocock, 1983: 134). 흥미로운 것은 정신분석 안에서 몇몇 사상가는 신학과 관련된 다소 헛된 논쟁을 넘어서 영적이고 신비로운 것에 대한 관심으로 옮겨 간 것이다(예: Symington & Symington, 1996에서 Bion을 보라. Eigen, 1998).

이제 대상관계 이론은 정신분석적 사고에서 중심적인 위치를 차지하였고, Freud 이후의 이러한 주요 공헌과 Freud 자신의 이론 간의 정확한 관계를 푸는 것은 그리 단순하지 않다. 이것은 때로 시간과 스타일에서 Rembrandt와 Picasso만큼 동떨어진 두 예술가의 관계를 찾는 것과 유사하다. 언뜻 보기에 그들은 관계가 없는 것처럼 보인다. 하지만 좀 더 자세히 살펴보면, Picasso의 몇 가지 작업에는 Rembrandt가 직접적으로 영향을 준 분명하고도 명백한 징후가 있다. Freud의 연구는 현대 정신분석 이론의 토대일뿐만 아니라 부분적으로는 위엄 있는 영향력을 유지하고 있다. Greenberg와 Mitchell은 "정신분석 이론은 단순히 덧붙여지지 않는다. 그것은 독특한 생각과 자료의 결정체로 구성되어 있고 종종 겹치기도 하지만 상이한 중심과 조직 원리를 가진다."고 하였다(1983: 219-220).

Freud 이후의 이론에 미친 그의 영향에 대한 개관은 영국과 미국의 정신분석에 국한되었다. 다른 치료 학파나 모델에서와 마찬가지로, Freud의 선구적인 작업에 빚을 많이 지고 있는 중요한 공헌들과 함께 정신분석은 일본, 아르헨티나(특히, Racker, 1968), 프랑스 등 온 세상으로 퍼져나갔다. 프랑스에서 Lacan(예: 1979)은 독특한 기여를 하였는데, 그는 Freud의 원래 개념으로 돌아가자는 주장을 하였고 자아심리학과 대상관계 이론에 비판적이었다(Roudinesco, 1990 참고).

집단치료

집단치료의 발달을 전적으로 Freud에게 돌릴 수는 없지만, 그가 집단심리학에 대해 썼을 때 집단치료의 가능성에 대해 시사하였다(1921c). 그 제목은 약간 혼란스럽다. 'Massenpsychologie'는 집단심리학이나 대중심리학으로 번역될 수 있고, 이 책의 대부분에서 그가 강조한 것은 군대와 교회 같은 거대 조직에 있기 때문이다. 그럼에도 불구하고 Schermer가 논의하였듯이, '그가 다양한 문화집단에 대해 언급하고 전이에서 부모-아이 감정과 형제간의 경쟁이 재현되는 것을 언급한 것은 그가 집단이 작든 크든 간에 일반적으로 원초적 퇴행이 일어나는 집단에 대해 말하였다는 것이다.' (1994: 13) 또한 처음으로 Freud가 정신분석이 개인심리학과 집단심리학 모두에 관한 것이라고 간주하였다고 했다(1994: 14).

집단치료는 개인치료처럼 다양한 이론적 기반에서 발달

하였고, (런던의 Tavistock Institute of Human Relations와 같은) 정신분석적 집단치료는 정신병적 불안에 대한 방어로서 Bion의 집단 행동에 대한 이해에서 기원하였다(1961). 이것은 Freud 학파보다는 Klein 학파에 더 가깝다. 그러나 분석적 집단치료에 대한 다른 시각이 집단 분석 연구소(Institute of Group Analysis)에 의해 제시되었는데, Foulkes와 Anthony의 핵심적 '창시' 작업은 'Freud의 고전적 정신분석 기반에 확고하게 기초' 하였다(1957: 17). Foulkes와 Anthony는 분석적 집단치료와 비분석적인 집단치료를 구분하였는데, '치료자의 분석적 태도(와 정신분석 경험에서 발달된 개입의 안내 원리), 역동적 무의식에 대한 관심, 저항, 방어 반응, 전이 등의 해석' 으로 구분된다(1957: 22). 하지만 그들은 분석적 집단 심리치료를 '정신분석' 이라고 부르기를 주저하였다. 그들은 정신분석을 '주로 생물학적이고 발생 기원적인 접근' 으로 보았는데, '집단 상황이 강력하고 완전히 새롭게 수정된 기법을 생성' 하기 때문이었다(1957: 23). 그들은 개인 정신분석과 집단 분석의 유사점과 차이점을 충분히 비교하였다(1957: 52). 어떤 특성은 동일하고(예: 언어적 의사소통, 억압된 것을 의식화하는 것), 어떤 특성은 포함된 숫자에서만 다르며(예: 집단에서 중다 전이관계), 다른 특성은 꽤 다르다(예: 개인 상황에서는 퇴행이 장려되지만, 집단 상황에서는 그렇지 않다. 분석가는 개인치료에서 비교적 익명성을 유지하지만, 집단 분석에서는 보다 현실적이고 상호적이다.).

Freud와 페미니스트 치료

나는 이미 Freud가 여성심리학에 대해 미흡하고 때늦은 검토를 한 것에 대해 강력하게 비판하였다. 동시에 나는 많은 페미니스트 치료자들이 정신분석 전통 내에서 그들 자신의 입장을 발전시킨 것에 주목하였고(Chodorow, 1978, 1989, 1994, 1996; Dinnerstein, 1987; Eichenbaum & Orbach, 1985), 이러한 치료자들을 많이 언급할 수 있다. 그중에 특히 Juliet Mitchell(1974)을 언급할 필요가 있는데, 그녀는 대상관계 이론보다 Freud의 추동/갈등 모델에 더 주목하였다.

Dinnerstein은 '유아의 오랜 의존은 인간 상황의 많은 모호성, 복합성, 내적 모순의 기초가 된다.' 고 한 Freud에 동의한다(1987: 29). "여성에 대한 반감의 최초 기원은 유아가 어디에서 자기 자신이 끝나고 외부 세계가 시작되는지에 관한 분명한 생각이 있기 이전의 시기에 있다." (1987: 93) 그녀는 다시 Freud처럼 유아의 친밀성을 받아들이는데, 이것은 어머니로부터 분리가 일어나면 상실된다. 그리고 그녀는 어머니와의 하나됨의 상실을 애도하는 것에 더 주목할 필요가 있다고 주장하였다. Dinnerstein은 Freud와는 다르게 가

부장적 사회에 비판적이었지만, 그녀는 그것을 유아기의 무력감(helplessness) 경험으로 일부 해석하였다. "요약하자면, 남성의 세상 규칙은 신체적으로 강하고 기동력이 있는 악한 남성이 신체적으로 약하고 무거운 부담을 진 선한 여성에게 강요한 공모가 아니다. …… 이것은 남성과 여성 둘 다에게 만성적인 부담이 되어 왔다."(1987: 176-177) 남성 또한 이것으로 고통받았고, 그 안에서 'Freud의 고통은 그에게 인간의 성별과 인간의 문제 간의 관계를 밀접하게 관련짓는 쪽으로 큰 걸음을 내딛게 하였다.' (1987: 180) 하지만 Freud 자신은 이러한 연계를 보지는 못하였다.

Dinnerstein 연구의 몇몇 측면에서 그녀는 Freud의 에세이, 특히 여성심리학에서 발견되는 암시를 확장하였다. 그녀는 여성의 대상 사랑이 여성에게서 남성에게로 변화한다는 Freud의 견해에 동의하였다. 그녀는 소녀의 사랑이 소년보다 두 부모에게 더 고르게 향하고, 여성의 이성적 질투는 동성애적 흥분에 의해 남성의 것보다 더 복잡하다고 생각하였다. 그리고 '소녀는 어머니가 그녀에게 남근을 주지 않았다(즉, 그녀에게 여성의 세계를 가져다주었다)고 비난한다.' (Freud, 1933a: 381)는 Freud의 주장에 대한 몇몇 증거를 발견하였다. Dinnerstein은 '소녀가 어머니를 향해 남근이 없다는 것을 비난한다는 Freud의 진술에는 중요한 진실' (1987: 52)이 있지만, 남근의 가치는 '물놀이 장난감이나 마술적으로 발기하는 특성이라기보다는 …… 그것이 제공하는 사회적 특권'에 있다고 평가하였다(1987: 52n). 소녀에게 아버지는 '그를 통해 더 넓은 세계에 도달하는 인물'이다(1987: 50). 그녀는 또한 세상에서 그리 환영받지 않는다는 것도 배운다. Dinnerstein은 또한 Freud의 죽음의 추동에서 어떤 가치를 발견하였다. 이것이 논쟁의 여지가 있다는 것을 받아들였지만, '문명 질환의 기본적인 상태와 진단'을 확인하는 진술의 몇 가지 특성을 발견하였다(1987: 123).

Chodorow 또한 Freud 이론의 특정 국면에 강하게 영향을 받았다. "부르주아의 결혼, 성 차별, 아이 양육의 심리적 파괴성에 관한 Freud의 설명은 여전히 탁월하다."(1978: 40) 그녀는 "정신분석 이론은 편향되기는 하였지만 우리 사회의 여성 심리의 기본 측면을 이해하는 데 가장 일관적이고 설득력 있는 성격발달 이론으로 남아 있다.'고 기술하였다(1978: 142). 그녀는 딸이 아들보다 어머니와 더 지속적이고 밀접한 관계를 가진다는 것에 동의하고, '타인과의 관계를 통해 더욱 스스로의 입장을 분명히 하게 된다.'고 하였다(1978: 93). 그러므로 소녀는 이것에 의해 방해받지 않고 관계 능력이 풍부해진다. 그리고 몇몇 페미니스트 저자는 정신분석 모임 내에서 이성애를 기준이 되는 것으로 강조하여 비판받았지만(O'Connor & Rian, 1993), Chodorow는 Freud의 인식을 제시하면서 성의 다양성을 기술하였다.

그는 우리에게 성의 심리학과 사회 조직 내에서의 가능한 위치의 범위를 제시한다. 성과 발달에 관한 그의 저술, 그의 사례, 그의 사회 이론에서 여성은 어린 소녀이고, 딸의 어머니이고 아들의 어머니며, 어머니의 딸이고 아버지의 딸이다. 그들은 모두 이성애적이고 레즈비언이며 성적으로 억제되거나 무관심하다. 그들은 어머니를 보모, 하녀, 가정교사로 여긴다. 그들은 아내, 어머니의 상징이거나, 욕구가 많거나 두려운 남성에게 매춘부 같은 성적 대상이다(1994: 3-4).

정신분석, 사회학 그리고 철학

심리치료와 상담의 세계를 넘어서 많은 상이한 학문 분야뿐만 아니라 미디어에서 Freud를 끊임없이 언급하는 것을 보면, Freud와 그의 이론이 현대 문화에 중요한 영향을 미쳤다는 것은 분명하다. 몇몇 그의 이론은 다른 분야에서 필요한 개념과 연결되었다. 예를 들어, Freud의 사회화에 관한 사고나 마음의 구조에 관한 상위심리학은 각각 사회학과 철학에 직접적인 연관성을 가졌다. 게다가 분리된 분야로서 정신분석은 자체의 담론을 가지고 서구 문화와 사상에 특별한 영향을 미치면서 철학자, 사회학자, 역사학자에게 풍부한 연구 분야가 되었다(예: Berger, 1965; Turkle, 1979). 물론 때로 정신분석에서 이러한 두 관심 분야는 분리될 수 없

다. '중요한 사회학자' 시리즈(Bocock, 1983)나 철학 교수
가 쓴 '현대의 대가들' 시리즈(Wollheim, 1971)에서 Freud
에 대해서만 다룬 책이 보이는 것은, 각각의 분야에서 그의
지위가 어떠한지를 알 수 있고 그가 확실히 주목받을 만한
가치가 있다는 것을 나타낸다. Freud에 관한 Bocock의 연
구 서문에서 시리즈 편집자는 사회화에 관한 Freud의 사고
를 의문시하지 않았다.

이 분야에서 많은 연구가 있었다. Talcott Parsons 같은
사회학자와 Erikson과 같은 사회심리학자는 Freud의 이론
을 자신의 연구의 기초로 받아들인다. 유사하게 성과 문화의
관계에 관한 Freud의 이론은 이념적 지배에 관한 급진 사회
학 이론에 통합될 수 있다는 것이 입증되었고, 성과 성역할에
관한 광범위한 토론을 지속하게 하였다. …… 마지막으로 정
신병리에 대한 임상적 관심은 …… 심리장애의 사회학에 직
접적으로 적용된 것이 유사하게 발견되었다(Bocock, 1983: 8).

몇몇 저자는 'Freud가 무의식적 소망의 기본적인 생각,
합리성 개념의 필요성, 정신분석의 사회문화적 측면에 대해
강조한 것'을 유지하는 Freud 사회학 이론이라 불리는 것을
발달시켰다. 그러나 Bocock 자신은 Parsons, Habermas,
Marcuse와 같은 사회학자들이 '기존의 사회학 이론에 접목

시키고 이를 발전'시키기 위하여 항상 Freud의 이론을 사용하였다고 결론지었다(Bocock, 1983: 138).

현대 철학에서 Freud 사고에 대한 논쟁은 Wittgenstein과 Popper가 계기가 된 논리실증주의자들을 포함한다. 그들은 Freud처럼 비엔나 출신이었고, 'Freud 주의가 검증이 불가능한 명제에 과도하게 의존하는 것에 대해 신중한 경고' 를 하였다(Biddiss, 1977: 262-263). 그들은 정신분석적 담론을 종교적이고 도덕적인 사고에서 사용되는 언어와 동일한 수준에 놓았다. 정신분석에 대해 더욱 열광적인 다른 사람들이 있다. 예를 들어, 과학철학자인 John Wisdom은 정신분석의 철학적 국면에 대해 상당히 많은 책을 출간하였다(Wisdom, 1963). 다음으로 정신분석이 철학자를 이해하는 데 적용되었는데, 한 예를 들자면 Kant 철학의 무의식적 원천을 검토한 것이 있다(Feuer, 1970: 76-125).

Freud의 정신분석 연구를 다른 분야에 적용한 것은 또한 신학자 Paul Tillich(1957)의 연구에서 볼 수 있고, 심리 전기(Runyan, 1982)와 심리 역사(Albin, 1980)처럼 짝을 이루는 연구에서도 볼 수 있다. 이 둘은 Erik Erikson(1950)에 의한 Freud의 확장된 심리사회적 접근에서 끌어 왔다. Freud의 사고와 자신의 특정 연구 영역을 통합하는 데 관여한 사상가는 너무 많아서, 결국에는 20세기 문화에 미친 Freud의 광범위한 영향에 의미를 부여하는 것을 그만둘 수도 있다. 하지만 Jean Piaget와 인지발달 심리학, Chomsky, Lacan과 언어학 연구, Levi-Strauss, Margaret Mead와 인류학을 언급해야 할 것이다. 사상 역사가인 Michael Biddiss가 Freud의 연구를 '20세기 초반의 가장 지적인 혁명 중 하나'로 기술할 수 있다고 한 것은 당연하다(1977: 56).

하지만 Freud가 종종 정당한 영향을 미쳤다면 그의 탐색은 일반적인 지적 흐름의 일부가 되었을 것이고, Freud의 탐색이 다른 분야에서 일어나고 있었던 의문과 나란히 있었다는 것을 명심하는 것은 중요하다. 이러한 많은 분야는 동일한 결론에 도달하면서 수렴되지만, 누구도 우선권을 주장할 수는 없다. 예를 들어, Freud가 자체의 비논리성 규칙을 가지는 무의식적 과정에 의해 결정되는 인간 마음의 비합리성에 대해 주장한 것은 확실성과 과학적 낙관주의에 대한 도전이었다. Freud는 또한 무의식의 패턴을 찾으려고 하였다. 동시에 일어났지만 독립적인 운동으로, 특히 물리학 영역에서 깨지기 쉬운 근거를 가진 구성 개념으로 인식된 과학 법칙이 도전을 받았고, 상대성과 같은 새로운 패턴이 발전되었다. 유사하게 철학, 정치학(무정부주의), 사회학, 예술(아마도 Salvador Dali에서 가장 'Freud적'으로 보이는 초현실주의와 같은), 문학(예: Proust와 Joyce), 음악(예: Schoenberg)에서 일어난 유사한 운동은 모두 '현실에서 의미 있는 여러 측면들이 관습적으로 생각되는 경험보다 Freud가 제시한 꿈의 세계에 더 가까울 수 있다는 것'을 암시할 수 있다 (Biddiss, 1977: 177). Biddiss는 또한 "궁극적으로 사고, 정서, 행동을 분리할 수 없다는 설명은 이 시대의 가장 인상적인 지적 노력 중의 하나였고, Freud와 Freud 이후의 가장 명백하고 극적인 연구를 넘어서는 영역에서도 지속된다."고 강조하였다(1977: 19).

정신분석, 문학, 예술

나는 장난스럽게 Freud의 연구에서 D. M. Thomas의 소설 *The White Hotel*에 있는 사례를 포함시켰다. 이 소설의 저자가 Freud의 사례를 '무엇보다도 대가다운 문학 작업'(Thomas, 1981: 6)으로 칭찬하였듯이, 이 사례는 Freud의 저술과 생각을 표현하는 데 대가답기는 하다. 그러나 사실 이는 전적으로 허구적이다. 사실과 허구 간의 관계는 인간의 성격, 인간관계, 말을 통한 의사소통에 중점을 둔다. 성격의 특성과 구조, 생활 사건의 정서적 충격을 그리려는 시도를 한 Freud는 19세기 소설의 심리적 자각과 맥을 같이 한다. Fromm은 Freud를 '앞선 소설가들처럼 성격을 예술적으로 분석하기보다는 과학적으로 분석한 최초의 사람'으로 보았다(1980: 55).

Freud 자신은 창조적인 예술가의 심리에 관심이 있었다.

그는 소설가가 내적 주제를 작업하고, 글이라는 매개체를 통해 내적 개인 드라마를 더 건설적이지만 신경증의 표현과 유사하게 표현한다는 것을 관찰하였다(1908e). 소설은 개인적인 관계와 내적이고 외적인 갈등의 다소 위장된 표현인데, 때로는 저자 안에 나타나고 때로는 저자와 아는 사람 안에 나타난다. "일반적으로 심리 소설의 특성은 확실히 현대 작가의 성향에 기인한다. 그들은 자기 관찰에 의해 자신의 자아를 많은 부분 자아(part-ego)로 나누고, 결국 심리생활에서 갈등 상황을 여러 영웅으로 의인화하였다."(Freud, 1908e: 138) 사실과 허구는 종이 한 장 차이이고, 의식적이고 무의식적으로 위장하는 예술로 꾸며진다. *The White Hotel*에서 Thomas의 사례는 Freud가 그것을 쓰지 않았다는 점에서 허구일 수 있지만, Freud가 옳았다면 그것은 또한 전적으로 허구가 아니다. 그것은 부분적으로 Thomas 자신의 경험의 산물이다.

예술가의 창작물을 이해하는 작업이 또한 예술가를 해석하는 한 방법이 된다는 것은 놀라운 일이 아니다. Gay는 Freud의 문학에 대한 연구를 적절하게 요약하였는데, 문학이 '미적 경험의 세 주요 차원, 즉 주인공의 심리, 독자의 심리, 제작자의 심리'를 건드린다는 것이다. 이들 차원은 반드시 서로를 함축하거나 설명할 필요는 없다(1989: 318). Wright가 관찰하였듯이 내담자와 독자, 문학비평가와 분석가의 의도 사이에는 밀접한 관련성이 있다. "둘 다 …… 결정할 수 없는 의미를 찾으려고 애쓴다. 모호성, 양가성, 환상, 착각과 놀이(나중에 그녀는 이 목록에 농담을 부가하였다)는 공통되는 필수 수단이다."(1984: 175)

20세기의 많은 소설을 읽어 보면 등장인물과 저자의 의식에 프로이트식의 이해가 많이 들어 있다는 것은 분명하다. 소설 *Possession*에서 영문학 강사는 다음과 같이 그러한 영향의 특징을 나타내고 요약하지만, 그 정도를 설명할 필요는 없을 것이다.

모든 시대에는 사람들이 원하든 그렇지 않든 간에, 미래에도 계속해서 진실이든 그렇지 않든 간에 사람들이 싸울 수 없는 진실이 있다. 우리는 그것을 좋아하든 그렇지 않든 간에 Freud가 발견한 진실 안에 살고 있다. 그러나 우리는 그것을 수정해 왔다. 우리는 그가 인간의 본성에 대해 틀릴 수 있다고 가정하는 데(상상하는 데) 자유롭지 못하다. 분명히 그렇지만, 큰 테두리 내에서는 그렇지 않다(Byatt, 1990: 254).

Byatt는 문학비평가이면서 소설가이다. 소설가가 정신분석 이론에 의해 영향을 받았듯이, 비평가도 정신분석적 방법에 의해 상당한 영향을 받았다. Felman(1982)은 문학과 정신분석이 서로의 '무의식'을 구성한다는 의미에서 연결된다고 주장하였다. 몇몇 정신분석가와 비평가는 정신분석적 해석방법을 작가, 예술가와 그들의 창작물에 직접 적용시켰다. Freud의 *The Gravida*(1907a), Leonardo da Vinch(1910c) 혹은 Michelangelo의 「'모세'(1914b)에 대한 연구」, Bonapart의 「Edgar Allan Poe 연구」(1949), 혹은 D. H. Lawrence의 「미국 문학 연구」(1977)는 Wright가 예술에 대한 '원초아 심리학' 접근이라고 부른 것을 채택하였다. 즉, 예술을 억압된 것의 귀환, 유아적인 소망의 표현으로 보는 것이다(1984: 37). 다른 사람들은 자아심리학적 접근을 채택하여(Kris, 1952), '예술적 행위가 유아적 요소와의 통제된 놀이에서 유래한다.'는 것을 보여주었다(Wright, 1984: 56).

문학에 대한 전통적인 정신분석 접근보다 이제 문학비평에서 더 큰 영향을 미치고 있는 것은 정신분석의 구조적 접근이다. 이것은 프랑스의 정신분석가 Lacan의 연구에 강하게 영향받았고, '고전적인 응용 정신분석에서처럼 하나가 다른 것을 지배하지 않고' 텍스트 및 텍스트와 독자 간의 상호작용에 훨씬 더 많이 적용되었다(Wright, 1984: 131). 많은 프랑스 정신분석가가 Freud 이후 가장 위대한 정신분석적 사상가로 여기는 Lacan은 Freud에게 깊이 관여하였는데, 특히 Freud가 드러내었던 일련의 대립에 관해서였다. "정상/병리, 미치지 않은/미친, 현실/상상, 경험/꿈, 의식/무의식, 삶/죽음 …… Freud의 연구는 이러한 대립을 파괴하였다. …… 주변으로 벗어난 용어에 대한 이해는 가상의 중요한 용어를 이해하는 조건이 되었다."(Culler & Wright에서 인용, 1984: 138) 유사하게 예술(특히, 초현실주의 작품)과 영화(예: Kaplan, 1990)와 관련하여 기법적으로 구조주의와 후기 구조주의 정신분석 비평으로 알려진 것이 사용되었다. 이것은 모두 정신분석을 전문적으로 응용한 것으로 그 자체의 설명이 필요하지만, 여기에서 적절히 요약하기는 불가능하다. 몇몇 경우(예: Lacan의 연구, 1979) 고도로 혁신적인 사상가들이 사용하는 개념적 틀과 언어를 이해하는 것이 어렵지만(그러나 Turkle을 보라, 1979), 그 자체가 Freud의 사고가 예술을 분석하는 데 가졌던 큰 의미를 변화시키지는 않는다.

Freud 영향의 중요한 특징

Freud의 이론은 정신분석과 심리치료의 발달과 다른 형태의 지적인 추구에 명백한 영향을 미쳤다. 또한 Freud의 사고와 기법은 더욱 일반적인 치료 영역에 들어가게 되었는데, 심지어 공공연히 정신분석적이 아니라고 하는 학파 내에서도 치료방법을 훈련받는 경우에 해당된다. 자신을 정신역동적이라고 하는 사람들은 그들이 Jung 학파의 이론을 선호한다고 하더라도 대부분 Freud 학파, Klein 학파, 대상관계 이론을 분명히 활용한다. 정신역동적이라고 하는 어떤 사람은 정신분석 모델을 강하게 고수하는 사람도 있고, 나와 같은 사람은 통합적 입장을 비판적으로 지향하는 토대로 정신분석을 활용하려고 한다. 그러므로 치료자나 상담자는 어떤 경우에 그 기원을 인식하지 못하고 Freud의 원리와 개념을 광범위하게 혹은 최소한 활용할 수 있을 것이다. 투사, 분열, 억압, 전치, 부인과 같은 용어, '부분'이나 원초아, 자아, 초자아와 같은 성격 구조 측면, 강박적 성격, 히스테리, 의존성, 관음증(voyeurism), 노출증(exhibitionism), 대물도착증(fetishism)과 같은 기술적 용어, 혹은 '전이'와 '역전이' 같은 엄밀한 정신분석적 용어 등 모든 것은 Freud 학파의 모임을 넘어서 치료자 간의 대화에서, 슈퍼비전에서, 심지어는 내담자가 사용하는 언어에서 어김없이 나타난다.

지금까지의 보다 객관적인 입장에서 벗어나 Freud의 이론과 치료 실제의 거대한 보물 창고에서 소중하다고 강조할 수 있는 것은 무엇인가? 우리는 치료 회기 자체 내에서 자유연상을 사용한 것이라고 할 수 있다. 이것은 아무 생각 없이 심리치료 용어를 사용하라는 의미가 아니라, 내담자가 더욱 자발적이도록 격려하며 Freud가 자유연상에 대응하는 것으로 본 고르게 떠 있는 주의를 가지고 치료자가 경청하도록 격려한다는 의미에서다. 우리는 또한 치료적 관계의 중심적 역할을 선택할 수 있다. 특히, 이것은 치료 효과에서 가장 중요한 요인으로 발탁되었으며, 내담자의 과거뿐만 아니라 치료자의 과거도 반영하고, 전이와 역전이 현상을 통해 내담자와 치료자의 외부 관계와 내재화된 관계를 반영하는 요소를 포함한다(Racker, 1968). "이러한 현상을 관찰한 것은 Freud의 천재성이었다."(Fromm, 1980: 39) 우리는 또한 이러한 전이 현상에서의 통찰이 일상생활에 확장되기를 원한다.

우리가 내담자를 이해할 때 Freud가 성격 부분 간의 갈등을 인식한 것이 중요하다고 할 수 있다. 또는 관계에서 표현되는 상이한 충동을 인식한 것이 중요하다고 할 수 있는데, 이는 특히 에로스와 타나토스, 성과 공격성, 사랑과 죽음이다. 실제로 표현된 것이든, 전치되거나 승화된 것이든 간에 모두는 Freud에게 그러하였듯이 우리에게도 인간이 되어가는 부분이다. 우리는 아동기 경험이 중요하다는 것을 알게 되었다. 이것은 다시 아이의 감정과 요구, 어른 안에 있는 아이에 대한 자각을 고조시킬 수 있다. 유사하게 현재에 미치는 과거의 일반적인 영향을 무시하기는 어려울 것이다. 외적이든 내적이든, 부분 대상이든 전체 사람이든 간에 삼각 구도관계에서 나타나는 상징적이고 지속적인 의미, 이야기의 가치, 언어의 풍부함 또한 매우 중요한 부분일 것이다.

치료자와 상담자로서 자신을 이해하기 위해 우리는 자기자각에 대한 필요성을 강조하는 Freud를 따를 수 있고, 신뢰하는 동료의 도움으로 지속적인 자기 분석을 할 수 있다. 우리는 무의식의 중요성과 "생각와 존재 간의 불일치, 즉 Freud의 발견은 우리가 생각하는 것이 존재하는 것과 같지 않을 수 있다는 것이었다."(1980: 23)라고 Fromm이 강조한 것을 어리석게 망각할 수 있다. Freud가 합리성을 불신하는 것에서 우리는 역설적인 진실을 볼 수 있는데, '대부분 우리는 우리 생각이 현실을 나타낸다고 생각하는 자기기만의 세계에 살고 있다.'는 것이다(Fromm, 1980: 23). 객관적이려는 노력, 통찰이라고 불리는 상이한 유형의 앎의 가능성과 직관에 열려 있는 것의 결합은 치료자가 본받고자 하는 Freud 모델의 필수적인 부분이다.

각 치료자는 Freud의 보물 창고에서 자신의 고유한 선택을 할 것이다. 부인할 수 없는 것은 Freud를 위한 Auden의 기념시에서처럼, 그와 그의 연구는 특히 우리가 자유롭게 동의하거나 동의하지 않을 수 있는 '전체적인 견해'를 창출하였다.

보다 넓은 세계

몇몇 Freud의 사고와 특정 정신분석 개념은 예술과 문학 작품을 창조한 사람을 통해, 그리고 극장, 영화와 텔레비전을 통해(심지어는 광고를 통해) 학문 분야나 심리치료 체계보다 훨씬 더 많은 청중에까지 영향을 미치고 있다. Freud가 드러내고자 한 것은 그 자신의 용어를 통한 연구가 아니더라도 (도중에 때로는 왜곡되어서) 대중 문화와 의식에까지, 그리고 내가 이러한 구절을 사용할 수 있다면 대중의 무의식에까지 펼쳐졌다. 심지어는 정신분석의 대중적 각색도 있는데, 이것은 행동을 '해석'할 때 분석가를 모방한다.

심리치료와 상담 영역에서 이 정도의 성과를 거둔 사람은 아무도 없었다. 내가 처음부터 언급하며 시작했듯이, 이것은 상담자나 치료자가 어느 부류에 속하든지 Freud의 영향을 무시하는 것이 불가능하다는 것을 의미한다. 심지어 대중적 형태로만 이해될 수 있더라도 그러한데, 거의 모든 내담자의 문화적 배경의 일부로 일상의 회기에 내담자들이 이를 가져오기 때문이다. 오이디푸스 콤플렉스가 단지 Freud의 상상으로 지어낸 것일지라도, 이것은 많은 사람들의 의식의 일부가 되었다. Freud가 인간의 심리를 바르게 이해한 것처럼 느낄 때, 이는 몇몇 그의 생각이 '적합'하게 보이는 이유를 설명해 줄 것이다. 그러나 그것이 틀렸더라도 그의 생각은 인식을 유발하였고, 아마도 우리 자신을 이해하려는 시도를 지지할 것이다. Freud가 말한 것 혹은 말했다고 생각되는 것은 대중적인 영향력이 있었기 때문에, 때로 사람들이 나타내는 의견은 치료자나 상담자에게 내담자가 자신의 내적 경험과 외부 사건이 그들에게 미친 영향의 의미에 관한 무언가를 말해 준다.

　Freud가 Colossus처럼 20세기를 지배하였다면 그를 이상화하고 그의 연구에 찬사를 보내며 그의 영향을 일반화하려고 하겠지만, Freud 자서전의 마지막 문단에 있는 자신에 대한 겸손한 평가를 보는 것은 신선할 것이다. "이제 내가 평생 노력해 온 잡동사니를 되돌아보면 내가 많은 것을 시작했고 많은 주장도 제안했다고 말할 수 있다. 앞으로 이를 통해 무언가가 나올 것이다. 나 자신은 그것이 대단한 것이 될지 아닐지는 말할 수 없다." 1935년에 편집한 것에서 그는 "그러나 내가 우리의 앎에서 중요한 진전을 이루는 어떤 길을 열어놓았다는 희망은 표현할 수 있을 것이다."라고 마지막 문장을 덧붙였다(1925d: 255).

| Sigmund Freud의 주요한 연구업적 목록(연대 순) |

Freud, S. (1916-17). *Introductory Lectures on Psychoanalysis.* Penguin Freud Library, Volume 1.

Freud, S. (1933a). *New Introductory Lectures on Psychoanalysis.* Penguin Freud Library, Volume 2.

Freud, S. (1910a/2001). *Five Lectures on Psychoanalysis.* Standard Edition, Volume XI, London: Virago; also found in Two Short Accounts of Psychoanalysis (1962), London: Penguin.

Freud, S. & Breuer, J. (1895d). *Studies on Hysteria.* Penguin Freud Library, Volume 3.

Freud, S. (1905e). 'Dora' and (1909b) 'Little Hans', Penguin Freud Library, Volume 8.

Freud, S. (1909d). 'The Ratman'; (1911c, 1912a) Schreber; (1918b) 'The Wolf Man'; and *The Psychogenesis of a Case of Homosexuality in a Woman* (1920a). Penguin Freud Library, Volume 9.

Freud, S. (1911e/2002). 'On the uses of dream interpretation in psychoanalysis', in *Wild Analysis* (2002). London: Penguin Classics.

Freud, S. (1912b/2002). 'On the dynamics of transference', in *Wild Analysis* (2002). London: Penguin Classics.

Freud, S. (1912e/2002). 'dvice to doctors on psychoanalytic treatment', in *Wild Analysis* (2002). London: Penguin Classics.

Freud, S. (1913c/2002). 'On initiating treatment', in *Wild Analysis* (2002). London: Penguin Classics.

Freud, S. (1914g/2001). *Remembering. Repeating and Working Through*. Standard Edition, Volume XII. London: Virago.

Freud, S. (1937c/2002). 'Analysis terminable and interminable', in *Wild Analysis* (2002). London: Penguin Classics.

Freud, S. (1937d/2002). 'Constructions in analysis', in *Wild Analysis* (2002). London: Penguin Classics.

Freud, S. (1900a). *The Interpretation of Dreams*. Penguin Freud Library, Volume 4.

Freud, S. (1901b/2002). *The Psychopathology of Everyday Life*. London: Penguin Classics.

Freud, S. (1905d). *Three Essays on the Theory of Sexuality*. Penguin Freud Library, Volume 7.

Freud, S. (1925j). *Some Psychical Consequences of the Anatomical Distinction between the Sexes*. Penguin Freud Library, Volume 7.

Freud, S. (1931b). *Female Sexuality*. Penguin Freud Library, Volume 7.

Freud, S. (1907b). *Obsessive Actions and Religious Practices*. Penguin Freud Library, Volume 13.

Freud, S. (1927c). *The Future of an Illusion*. Penguin Freud Library. Volume 12.

Freud, S. (1923b). *The Ego and the Id*. Penguin Freud Library. Volume 11.

Freud, S. (1930a/2002). *Civilization and Its Discontents*. London: Penguin Classics.

Masson, J. (Ed.) (1985). *The Complete Letters of Sigmund Freud to Wilhelm Fliess*. Cambridge, Mass.: Belknap Press.

| 참고문헌 |

Albin, M. (Ed.) (1980). *New Directions in Psychohistory.* Lexington, Mass: Lexington Books.

Alexander, F., & French, T. M. (1946). *Psychoanalytic Therapy: Principles and Application.* New York: Ronald Press.

Badcock, C. R. (1980). *The Psychoanalysis of Culture.* Oxford: Blackwell.

Barron, J. W., Beaumont, R., Goldsmith, G. N., Good, M. I., Pyles, R. L., Rizzuto, A.-M. & Smith, H. F. (1991). Sigmund Freud: The Secrets of Nature and the Nature of Secrets. *International Review of Psycho-Analysis, 18*: 143-163.

Berger, P. (1965). 'Towards a sociological understanding of psychoanalysis', *Social Research, 32:* 26-41.

Bettelheim, B. (1983). *Freud and Man's Soul.* London: Chatto and Windus.

Biddiss, M. D. (1977). *The Age of the Massess.* London: Penguin Books.

Bion, W. R. (1961). *Experience in Groups and Other Papers.* London: Tavistock Publications.

Blanck, G., & Blanck, R. (1994). *Ego Psychology: Theory and Practice* (second edition). New York: Columbia University Press.

Blum, H. P. (1992). Report on the Sigmund Freud archives. *Bulletin of the International Psychoanalytic Association, 73:* 410-411.

Bocock, R. (1983). *Sigmund Freud*. London: Tavistock Publications/Horwood.

Bonaparte, M. (1949). *The Life and Works of Edgar Allan Poe*. London: Imago.

Bonaparte, M., Freud, A., & Kris, E. (Eds.) (1954). *The Origins of Psychoanalysis: Letters to Wilhelm Fliess, Drafts and Notes 1877-1902*. London: Imago.

Brennen, C. (1993). Dreams in clinical psychoanalytic practice. In S. Flanders (Ed.), *The Dream Discourse Today*. London: Routledge.

Brook, A. (1995). Explanation in the hermeneutic science. *International Journal of Psycho-Analysis, 76:* 519-532.

Byatt, A. S. (1990). *Possession*. London: Chatto and Windus.

Carvalho, R. (1982). Paternal deprivation in relation to narcissistic damage. *Journal of Analytical Psychology, 27*.

Casement, A. (2001). *Carl Gustav Jung*. London: Sage Publications.

Cheshire, N., & Thoma, H. (1991). Metaphor, neologism and "Open Texture": implications for translating Freud's scientific thought. *International Review of Psycho-Analysis, 18:* 429-455.

Chodorow, N. (1978). *The Reproduction of Mothering*. London: Yale University Press.

Chodorow, N. (1989). *Feminism and Psychoanalytic Theory*. New Haven, CT: Yale University Press.

Chodorow, N. (1994). *Femininities, Masculinities, Sexualities*. London: Free Association Books.

Chodorow, N. (1996). Theoretical gender and clinical gender: epistemological reflections on the psychology of women. *Journal of the American Psychoanalytic Association, 44S:* 215-238.

Clark, R. (1980). *Freud: The Man and the Cause*. London: Cape/Weidenfeld and Nicolson.

Clarkson, P., & Mackewn, J. (1993). *Fritz Perls*. London: Sage Publications.

Coren, A. (2001). *Short-Term Psychotherapy: a Psychodynamic Approach*. London: Palgrave.

Crews, F. (1995). *The Memory Wars: Freud's Legacy in Dispute*. New York: New York Review of Books.

Deutsch, H. (1940). Freud and his pupils—a footnote to the history of the psychoanalytic movement. *Psychoanalytic Quarterly, 9:* 184-194.

Deutsch, H. (1973). *Confrontations with Myself*. New York: W. W. Norton.

Dinnage, R. (1989). *One to One*. London: Penguin Books.

Dinnerstein, D. (1987). *The Rocking of the Cradle and the Ruling of the World*. London: The Women's Press.

Dupont, J. (Ed.) (1995). *The Clinical Diary of Sandor Ferenczi*. Cambridge, Mass.: Harvard University Press.

Efron, A. (1977). Freud's self-analysis and the nature of psychoanalytic criticism. *International Review of Psycho-Analysis, 4:* 253-280.

Eichenbaum, L., and Orbach, S. (1985). *Understanding Women*. London: Penguin Books.

Eigen, M. (1998). *The Psychoanalytic Mystic*. London: Free Association Books.

Emde, R. N., and Fonagy, P. (1997). An emerging culture for psychoanalytic research? *International Journal of psycho-Analysis, 78:* 643-651.

Erikson, E. (1950). *Childhood and Society*. New York: Norton.

Eysenck, H .J. (1952). The effects of psychotherapy: an

evaluation. *Journal of Consulting Psychology, 40:* 317.

Eysenck, H. J. (1953). *Uses and Abuses of Psychology.* London: Penguin Books.

Eysenck, H. J. (1963). Psychoanalysis—myth or science? In S. Rachman (Ed.), *Critical Essays on Psychoanalysis.* Oxford: Pergamon.

Eysenck, H. J. (1965). The effects of psychotherapy. *International Journal of Psychiatry, 1:* 99-142.

Fairbairn, W. R. D. (1952). *Psychoanalytic Studies of the Personality.* London: Tavistock Publications.

Felman, S. (1982). To open the question. In S. Felman (Ed.), *Literature and Psychoanalysis: The Question of Reading, Otherwise,* Baltimore, MD: The John Hopkins Press.

Feuer, L. (1970). Lawless sensations and categorical defenses: the unconscious sources of Kant's philosophy. In C. Hanly & M. Lazerowitz (Eds.), *Psychoanalysis and Philosophy.* New York: International Universities Press.

Flanders, S. (Ed.) (1993). The Dream Discourse Today. London: Routledge.

Foulkes, S., & Anthony, E. (1957). *Group Psychotherapy: The Psychoanalytic Approach.* London: Penguin Books.

Freud, A. (1936). *The Ego and the Mechanisms of Defence.* London: Hogarth Press.

Freud, E. (Ed.) (1961). *Letters of Sigmund Freud (1873-1939).* London: Hogarth Press.

Freud, S. (1900a). *The Interpretation of Dreams.* Penguin Freud Library, Volume 4.

Freud, S. (1901b/2002). *The Psychopathology of Everyday Life.* London: Penguin Classics.

Freud, S. (1905d). *Three Essays on the Theory of Sexuality.* Penguin Freud Library, Volume 7.

Freud, S. (1905e). *Fragment of an Analysis of a Case of Hysteria*. Penguin Freud Library, Volume 8.

Freud, S. (1907a). *Delusions and Dreams in Jensen's 'Gradiva'*. Penguin Freud Library, Volume 14.

Freud, S. (1907b). *Obsessive Actions and Religious Practices*. Penguin Freud Library, Volume 13.

Freud, S. (1908d/2002). "Civilized" sexual morality and modern nervous illness. In *Civilization and its Discontents* (2002). London: Penguin Classics.

Freud, S. (1908e). *Writers and Daydreaming*. Penguin Freud Library, Volume 14.

Freud, S. (1909b/2002). Analysis of a phobia in a five-year-old boy ("Little Hans"). In *The 'Wolfman' and Other Cases* (2002). London: Penguin Classics.

Freud, S. (1909d/2002). Some remarks on a case of obsessive-compulsive neurosis (The "Ratman"). In *The 'Wolfman' and Other Cases* (2002). London: Penguin Classics.

Freud, S. (1910a/2001). *Five Lectures on Psychoanalysis*. Standard Edition, Volume XI. London: Virago; and in *Two Short Accounts of Psychoanalysis* (1962). London: Penguin.

Freud, S. (1910c). *Leonardo da Vinci and a Memory of His Childhood*. Penguin Freud Library, Volume 14.

Freud, S. (1910h). *A Special Type of Choice of Object Made by Men*. Penguin Freud Library, Volume 7.

Freud, S. (1910k/2002). On "Wild" psychoanalysis. In *Wild Analysis* (2002). London: Penguin Classics.

Freud, S. (1911b). *Formulations on the Two Principles of Mental Functioning*. Penguin Freud Library, Volume 11.

Freud, S. (1911c/2002). *The Schreber Case*. London: Penguin

Classics

Freud, S. (1911e/2002). On the uses of dream interpretation in psychoanalysis. In *Wild Analysis* (2002). London: Penguin Classics.

Freud, S. (1912a/2002). Postscript. In *The Schreber Case* (2002). London: Penguin Classics.

Freud, S. (1912b/2002). On the dynamics of transference. In *Wild Analysis* (2002). London: Penguin Classics.

Freud, S. (1912e/2002). Advice to doctors on psychoanalytic treatment In *Wild Analysis* (2002). London: Penguin Classics.

Freud, S. (1912f/2001). *Contributions to a Discussion on Masturbation.* Standard Edition, Volume XII, London: Virago.

Freud, S. (1912-1913). *Totem and Taboo.* Penguin Freud Library, Volume 13.

Frued, S. (1913c/2002). On initiating treatment. In *Wild Analysis.* London: Penguin Classics.

Freud, S. (1914b). *The Moses of Michelangelo.* Penguin Freud Library, Volume 14.

Freud, S. (1914d). *On the History of the Psychoanalytic Movement.* Penguin Freud Library, Volume 15.

Freud, S. (1914g/2001). *Remembering, Repeating and Working Through.* Standard Edition, Volume XII, London: Virago.

Freud, S. (1915a/2002). Observations on love transference. In *Wild Analysis* (2002). London: Penguin Classics.

Freud, S. (1915b). *Thoughts for the Times on War and Death.* Penguin Freud Library, Volume 12.

Freud, S. (1915d). *Repression.* Penguin Freud Library, Volume 11.

Freud, S. (1915e). *The Unconscious*. Penguin Freud Library, Volume 11.

Freud, S. (1916-1917). *Introductory Lectures on Psychoanalysis*. Penguin Freud Library, Volume 1.

Freud, S. (1917e). *Mourning and Melancholia*. Penguin Freud Library, Volume 11.

Freud, S. (1918b/2002). From the history of an infantile neurosis (The "Wolfman"). In *The 'Wolfman' and Other Cases* (2002). Penguin Freud Library, Volume 9.

Freud, S. (1920a). *The Psychogenesis of a Case of Homosexuality in a Woman*. Penguin Freud Library, Volume 9.

Freud, S. (1920g). *Beyond the Pleasure Principle*. Penguin Freud Library, Volume 11.

Freud, S. (1921c). *Group Psychology and the Analysis of the Ego*. Penguin Freud Library, Volume 12.

Freud, S. (1923a). *Two Encyclopedia Articles*. Penguin Freud Library, Volume 15.

Freud, S. (1923b). *The Ego and the Id*. Penguin Freud Library, Volume 11.

Freud, S. (1923e). *The Infantile Genital Organization*. *Penguin* Freud Library, Volume 7.

Freud, S. (1924d). *The Dissolution of the Oedipus Complex*. Penguin Freud Library, Volume 7.

Freud, S. (1924f). *A Short Account of Psychoanalysis*. Penguin Freud Library, Volume 15.

Freud, S. (1925d). *An Autobiographical Study*. Penguin Freud Library, Volume 15.

Freud, S. (1925e/2002). Resistance to psychoanalysis. In *Wild Analysis* (2002). London: Penguin Classics.

Freud, S. (1925j). *Some Psychical Consequences of the*

Anatomical Distinction between the sexes. Penguin Freud Library, Volume 7.

Freud, S. (1926e/2002). The question of lay analysis. In *Wild Analysis*. London: Penguin Classics.

Freud, S. (1927a/2002). Postscript to "The question of lay analysis." In *Wild Analysis* (2002). London: Penguin Classics.

Freud, S. (1927c). *The Future of an Illusion.* Penguin Freud Library, Volume 12.

Freud, S. (1927e). *Fetishism.* Penguin Freud Library, Volume 7.

Freud, S. (1930a/2002). *Civilization and Its Discontents.* London: Penguin Classics.

Freud, S. (1931b). *Female Sexuality.* Penguin Freud Library, Volume 7.

Freud, S. (1933a). *New Introductory Lectures on Psychoanalysis.* Penguin Freud Library, Volume 2.

Freud, S. (1933b). *Why War?* Penguin Freud Library, Volume 12.

Freud, S. (1937c/2001). *Analysis Terminable and Interminable.* Standard Edition, Volume XXIII. London: Virago.

Freud, S. (1937c/2002). Analysis Terminable and interminable. In *Wild Analysis* (2002). London: Penguin Classics.

Freud, S. (1937d/2002). Constructions in analysis. In *Wild Analysis* (2002). London: Penguin Classics.

Freud, S. (1939a). *Moses and Monotheism.* Penguin Freud Library, Volume 13.

Freud, S. (1940a). *An Outline of Psychoanalysis.* Penguin Freud Library, Volume 15.

Freud, S., & Breuer, J. (1895d). *Studies on Hysteria*. Penguin Freud Library, Volume 3.

Friedman, L. J. (1999). *Identity's Architect: a Biography of Erik H. Erikson*. London: Free Association Books.

Fromm, E. (1966). *The Art of Loving*. London: Unwin Books.

Fromm, E. (1980). *Greatness and Limitations of Freud's Thought*. London: Jonathan Cape.

Gay, P. (1987). *A Godless Jew*. London: Yale University Press.

Gay, P. (1989). *Freud: A Life for Our Time*. London: Macmillan.

Gay, P. (Ed.) (1995). *The Freud Reader*. London: Vintage.

Gill, M. (1991). Merton Gill speaks his mind. *The American Psychoanalyst, 25*(1): 17-21.

Gilligan, C. (1982). *In a Different Voice*. Cambridge, Mass.: Harvard University Press.

Goetz, B. (1975). That is all I have to say about Freud: Bruno Goetz's reminiscences of Sigmund Freud. *International Review of Psycho-Analysis, 2*: 139-143.

Graf, M. (1942). Reminiscences of Professor Sigmund Freud. *Psychoanalytic Quarterly, 9,* 465-476.

Grayling, A. C. (2002). Scientist or storyteller? *Guardian Review, 22* June 2002, 5-7.

Greenberg, J. R.,& Mitchell, S. A. (1983). *Object Relations in Psychoanalytic Theory*. Cambirdge, Mass.: Harvard University Press.

Guntrip, H. (1961). *Personality Structure and Human Interaction*. London: Hogarth Press.

Guntrip, H. (1968). *Schizoid Phenomena, Object Relations and the Self*. London: Hogarth Press.

Guntrip, H. (1971). *Psychoanalytic Theory, Therapy and the Self*. New York: Basic Books.

Guntrip, H. (1975). My experience of analysis with Fairbairn and Winnicott. *International Review of Psycho-Analysis, 2*: 145-156.

Hartmann, H. (1939). *Ego Psychology and the Problem of Adaptation*. New York: International Universities Press.

Hollitscher, W. (1939).The concept of rationalization—(some remarks on the analytical criticism of thought). *International Journal of Psycho-Analysis, 20*: 330-332.

Jacobs, M. (1995). *D. W. Winnicott*. London: Sage Publications.

Jacobs, M. (2000). *Illusion: a Psychodynamic Interpretation of Thinking and Belief*. London: Whurr.

Jacobson, E. (1964). *The Self and the Object World*. London: Hogarth Press.

Jones, E. (1964). *The Life and Work of Sigmund Freud*. London: Penguin Books (abridged edition of three volumes published by Hogarth Press).

Josephs, L. (1989). 'The world of the concrete—a comparative approach', *Contemporary Psychoanalysis, 25*: 477-500.

Jung, C. G. (1967). *Memories, Dreams and Reflections*. London: Collins (Fontana).

Kaplan, E. A. (Ed.) (1990). *Psychoanalysis and Cinema*. London: Routledge.

Kardiner, A. (1958). Freudthe—man I knew, the scientist, and his influence. In B. Nelson (Ed.), *Freud and the Twentieth Century*. London: Allen and Unwin.

Kazin, A. (1958). The Freudian revolution. In B. Nelson (Ed.), *Freud and the Twentieth* Century. London: Allen and Unwin.

Kernberg, O. (1976). *Object Relations Theory and Clinical*

Psychoanalysis. New York: Jason Aronson.

Kernberg, O. (1980). *Internal World and External Reality*. New York: Jason Aronson.

Kernberg, O. (1986). Institutional problems of psychoanalytic education. *Journal of the American Psychoanalytic Association, 34*: 799-834.

Kernberg, O. (1996). Thirty methods to destroy the creativity of psychoanalytic candidates. *International Journal of Psycho-Analysis, 77*: 1031-1040.

King, P., & Steiner, R. (Eds.) (1991). *The Freud-Klein Controversies 1941-45*. London: Routledge.

Klein, M. (1932). *The Psychoanalysis of Children*. London: Hogarth Press.

Kline, P. (1981). *Fact and Fantasy in Freudian Theory* (second edition). London: Methuen.

Kohon, G. (Ed.) (1986). *The British School of Psycho-Analysis. The Independent Tradition*. London: Free Association Books.

Kohut, H. (1971). *The Analysis of the Self*. New York: International University Press.

Kris, E. (1952). *Psychoanalytic Explorations in Art*. New York: International University Press.

Lacan, J. (1979). *The Four Fundamental Concepts of Psychoanalysis*. London: Penguin Books.

Lampl-de-Groot, J. (1976). Personal experience with psychoanalytical technique and theory during the last half century. *Psychoanalytic Study of the Child, 31*: 283-296.

Lawrence, D. H. (1977). *Studies in Classical American Literature*. London: Penguin Books.

Lear, J. (1996). The memory wars: Freud's legacy in dispute (Review). *Journal of American Psychoanalytic*

Association, 44: 580-587.

Lehmann, H. (1983). Reflections on Freud's reaction to the death of his mother. *Psychoanalytic Quarterly, 52*: 237-249.

Lomas, P. (1973). *True and False Experience.* London: Allen Lane.

Lomas, P. (1987). *The Limits of Interpretation.* London: Penguin Books.

McGuire, W. (Ed.) (1974). *The Freud/Jung Letters: The Correspondence between Sigmund Freud and C. G. Jung. London*: Hogarth Press/Routledge and Kegan Paul.

Machtlinger, V. J. (1981). The father in psychoanalytic theory. In M. E. Lamb (Ed.), *The Role of the Father in Child Development* (second edition, revised). New York: John Wiley.

Malan, D. H. (1963). *A study of Brief Psychotherapy.* London: Tavistock Publications.

Malan, D. H., & Osimo, F. (1992). *Psychodynamics, Training and Outcome in Brief Psychotherapy.* Oxford: Butterworth/ Heinemann.

Masson, J. (1984). *The Assault on Truth: Freud's Suppression of the Seduction Theory.* London: Faber.

Masson, J. (Ed.) (1985). *The Complete Letters of Sigmund Freud to Wilhelm Fliess.* Cambridge, Mass.: Belknap Press.

Michels, R. (1996). The memory wars: Freud's legacy in dispute. *Journal of American Psychoanalytic Association, 44*: 573-579.

Miller, A. (1986). *Thou Shalt Not Be Aware: Society's Betrayal of the Child.* London: Virago.

Millett, K. (1970). *Sexual Politics.* New York: Doubleday.

Mitchell, A. (1995). *A Question of Time: Essentials of Brief*

Dynamic Psychotherapy. London: Karnac Books.

Momigliano, L. N. (1987). A spell in Vienna-but was Freud a Freudian?—an investigation into Freud's technique between 1920 and 1938, based on the published testimony of former analysands. *International Review of Psycho-Analysis, 14*: 373-389.

Obholzer, K. (1980). *The Wolf-Man*. London: Routledge and Kegan Paul.

O'Connor, N., & Ryan, J. (1993). *Wild Desires and Mistaken Identities: Lesbianism and Psychoanalysis*. London: Virago.

Orgel, S. (1996). Freud and the repudiation of the feminine. *Journal of the American Psychoanalytic Association, 44*S: 45-67.

Ornston, D. G. (Ed.) (1992). *Translating Freud*. New Haven, CT: Yale University Press.

Person, E., & Ovesey, L. (1983). Psycho-analytic theories of gender identity. *Journal of the American Academy of Psychoanalysis, 11*(2): 203-226.

Popper, K. (1959). *The Logic of Scientific Discovery*. New York: Basic Books.

Rachman, S., & Wilson, G. (1980). *The Effects of Psychological Theory* (second edition). Oxford: Pergamon.

Racker, H. (1968). *Transference and Counter-Transference*. London: Hogarth Press.

Rainey, R.M. (1975). *Freud as Student of Religion: Perspective on the Background and Development of his Thought*. Missoula, MT: American Academy of Religion and Scholars' Press.

Rayner, E. (1991). *The Independent Mind in British Psychoanalysis*. Northvale, NJ: Jason Aronson.

Ricoeur, P. (1970). *Freudian Philosophy: An Essay in Interpretation*. New Haven, CT: Yale University Press.

Rieff, P. (1959). *Freud: The Mind of a Moralist*. New York: Viking.

Rieff, P. (1973). *The Triumph of the Therapeutic*. London: Penguin Books.

Riviere, J. (1958). A character trait of Freud's. In J. Sutherland (Ed.), *Psychoanalysis and Contemporary Thought*. London: Hogarth Press, pp. 145-149.

Roazen, P. (1979). *Freud and His Followers*. London: Penguin Books.

Rodman, F. R. (1987). *The Spontaneous Gesture: Selected Letters of D. W. Winnicott*. Cambridge, Mass.: Harvard University Press.

Roith, E. (1987). *The Riddle of Freud*. London: Tavistock Publications.

Roth, A., & Fonagy, P. (1996). *What Works for Whom? A Critical Review of Psychotherapy Research*. New York: Guilford.

Roudinesco, E. (1990). *Jacques Lacan and Co.: a History of Psychoanalysis in France, 1925-1985*. London: Free Association Books.

Rowan, J., & Jacobs, M. (2002). *The Therapist's Use of Self*. Buckingham: Open University Press.

Rubins, J. (1978). *Karen Horney: Gentle Rebel of Psychoanalysis*. London: Weidenfeld and Nicolson.

Runyan, W. M. (1982). *Life Histories and Psychobiography*. Oxford: Oxford University Press.

Rycroft, C. (1972). *A Critical Dictionary of Psychoanalysis*. London: Penguin Books.

Rycroft, C. (1985). *Psychoanalysis and Beyond*. London:

Chatto and Windus.

Samuels, A. (Ed.) (1985). *The Father: Contemporary Jungian Perspectives*. London: Free Association Books.

Sayers, J. (1991). *Mothering Psychoanalysis*. London: Hamish Hamilton.

Schafer, R. (1976). *A New Language for Psychoanalysis*. New Haven, CT: Yale University Press.

Schafer, R. (1983). *The Analytic Attitude*. New York: Basic Books.

Schermer, V. L. (1994). Between theory and practice, light and heat. In V. L. Schermer & M. Pines (Eds.), *Ring of Fire: Primitive Affects and Object Relations in Group Psychotherapy*. London: Routledge.

Segal, H. (1964). *Introduction to the Work of Melanie Klein*. London: Hogarth Press.

Segal, J. (1992). *Melanie Klein*. London: Sage Publications.

Stewart, I. (1992). *Eric Berne*. London: Sage Publications.

Symington, J., & Symington, N. (1996). *The Clinical Thinking of Wilfred Bion*. London: Routledge.

Thomas, D. M. (1981). *The White Hotel*. London: Penguin Books.

Thomas, D. M. (1982). A fine romance'; review article. *New York Review of Books, 29: 8.*

Thorne, B. (2003). *Carl Rogers*. London: Sage Publications.

Tillich, P. (1957). *The Dynamics of Faith*. New York: Harper.

Turkle, S. (1979). *Psychoanalytic Politics: Freud's French Revolution*. London: Burnett

Wallis, K. C., & Poulton, J. L. (2001). *Internalization*. Buckingham: Open University Press.

Weinstein, F. (1980). On the social function of intellectuals. In M. Albin (Ed.), *New Directions in Psychohistory*.

Lexington, Mass.: Lexington Books.

Welchman, K. (2000). *Erik Erikson: His Life, Work and Significance*. Buckingham: Open University Press.

Winnicott, D. W. (1958). *Collected papers: Through Paediatrics to Psychoanalysis*. London: Tavistock Publications.

Wisdom, J. (1963). *Psychoanalytic Technology*. London: Routledge and Kegan Paul.

Wollheim, R. (1971). *Freud*. Glasgow: Fontana/Collins.

Wright, E. (1984). *Psychoanalytic Criticism*. London: Methuen.

Yankura, J., & Dryden, W. (1994). *Albert Ellis*. London: Sage Publications.

Young-Bruehl, E. (1990). *Freud on Women*. London: Hogarth Press.

| 찾아보기 |

내 용

가학증 97, 110, 284
강박신경증 143
강박증상 97
개별화 130
거세 125, 131
거세 불안 132, 266
거식증 266
검열 89
게슈탈트 치료 281
격리 97
경계선 198
경청 144
고르게 떠 있는 주의 45, 306
고착 110
공격성 57, 307
과학 논쟁 285
과학자 273, 277
관계 모델 45
관음증 110, 306
교류 분석 281
구강기 112
구성 157

구조주의 305
근친상간 123
기본 규칙 45, 155
꿈 84

나르시시즘 28
남근 선망 261
남근기 113
남성성 247
내담자 145, 148
내담자 중심 154
내사 138
내사된 대상 138
내재화 138
내재화된 관계 107
내재화된 대상 139
내재화된 대상관계 125
내적 대상 285
노출증 110, 306
논리실증주의자 299
농담 87, 93
늑대인간 192

단기치료 224
대물도착증 97, 306
대상관계 이론 100, 114, 244, 286
대중심리 65
대치 165
대화 치료 151
동성애 98, 197, 247
동일시 34, 113, 131, 138

리비도 101

목표 제한적 치료 224
무력감 295
무의식 39, 84, 280, 303
문학 279
문학비평 304
문화주의 학파 283

박해망상 97
반동형성 97, 266
반복 강박 180, 187
방어 96
방어기제 60, 283
부분 대상 110, 113
부분 자아 302
부인 97, 306
분리 130
분석가 148

분열 290, 306
불안 284
비밀 유지 253

사랑 307
사례 연구 153
사회학 297
삶의 추동 258
삼자관계 126
상담 235, 255
상담자 145
상대성 300
상위심리학 83, 134, 297
상징 222
성 83, 307
성 추동 57
성기기 112
성기기 우선성 116
성도착 109
성적 대상 106
성적 목표 106
성적 외상 222
성적 학대 109
소망 충족 88, 211
소크라테스식 대화 213
숙달에 대한 추동 104
슈퍼비전 268, 306
승화 98, 120
신경증 41, 268, 271

실수 84, 92
심리성적 발달 264
심리신경증 102
심리장애 187, 298
심리장치 85
심리치료 235, 255, 267
심리학 271, 277

알고자 하는 욕구 36
앎에 대한 추동 104
압박기법 153
애도 138
약물치료 256
양가감적 126, 169
양성성 247
억압 53, 70, 82, 87, 266, 306
억압 이론 221
에로스 101, 307
엘렉트라 콤플렉스 128
여성 심리학 108
여성성 247
역전이 188, 306
연구방법 145
연구자 255
예술 279
예술가 273, 301
오이디푸스 콤플렉스 22, 46, 83,
 268
외상 158

우울증 201, 266
원초아 66, 86, 134
원형 이론 222
유혹 이론 47, 236
응용 정신분석 255
응축 85, 89
의존적 118
의학 모델 45
이르마의 주사 27
이상화 276
이성애 247
익명성 293
인간 중심 접근 154
인간 중심 치료 255, 281
인지심리학자 256

자가성애 103, 113
자기 분석 82, 212
자기 심리학 282
자기애적 118
자기애적 상처 116
자아 66, 134
자아 심리학 60, 282
자아 이상 138
자유연상 45, 271, 306
잘못된 작용 92
잠복기 112
잠재적 사고 88
저항 45, 82, 153, 156

전의식 86
전이 39, 152, 306
전어신경증 187
전체 대상 113
전치 89, 306
절제 규칙 233
정신병 140, 198
정신병리 271, 298
정신분석 40, 256, 277
정신분석가 83
정신역동 심리치료 250
정신역동 치료 255
정화 효과 43
죄책감 284
주지화 263
죽음의 추동 57, 258
중간 대상 288
중심 자아 289
쥐인간 192
증상 150
지금-여기 23
집단심리학 83
집단치료 292

철수 290
철학 297
초자아 66, 114, 134, 138
최면 39, 150
최소 97

추동 이론 83, 101, 284, 286
치료기법 145
치료자 148, 255
친밀성 294

쾌 원칙 140

타나토스 307
퇴행 292
투사 96, 268, 306

페미니스트 247
편집증 97, 266
피학증 105, 110

함입 113
합리성 308
합리-정서적 치료 281
합리화 210
항문기 112
항문기 성격 266
항상성 원리 102
해석 145, 156, 194
해석학 270
행동심리학자 256
행동화 188
현시적 내용 88
현실 검증 137
현실 신경증 102

현실 원칙 140

환상(fantasy) 47, 284

환상(illusion) 65, 211, 288

후기 구조주의 305

훈습 176

히스테리 38, 94

지은이 소개

Michael Jacobs

현재 영국의 Bournemouth대학 Institute of Health and Community Studies의 객원 교수로, Dorset에서 심리치료자로 개업 활동을 하고 있다. 이전에는 Leicester대학 Counselling and Psychotherapy Programme의 디렉터로 있었다. 저서로는 이 책과 같은 시리즈의 *D. W. Winnicott*(1995)과 *Psychodynamic Counselling in Action*(1999) 등이 있다.

옮긴이 소개

이용승

서울대학교 심리학과를 졸업하고 동 대학원에서 석사와 박사 학위(임상심리학 전공)를 받았다. 서울대병원에서 임상심리 수련과정을 수료하였고, 임상심리전문가 및 정신보건임상심리사(1급) 자격을 취득하였다. 현재 서울정신분석상담연구소의 부소장으로, 임상 현장에서 심리치료 활동을 하고 있다. 저서로는 「범불안장애」 「강박장애」(공저), 「자폐증」(공저)이 있으며, 역서로는 「남녀관계의 사랑과 공격성」(공역) 등이 있다.

상담과 심리치료 주요인물 시리즈 1

지그문트 프로이트 SIGMUND FREUD

2007년 8월 20일 1판 1쇄 발행
2016년 2월 20일 1판 3쇄 발행

지은이 • Michael Jacobs
옮긴이 • 이용승
펴낸이 • 김진환
펴낸곳 • (주)**학지사**
04031 서울특별시 마포구 양화로 15길 20 마인드월드빌딩
대표전화 • 02)330-5114   팩스 • 02)324-2345
등록번호 • 제313-2006-000265호

홈페이지 • http://www.hakjisa.co.kr
페이스북 • https://www.facebook.com/hakjisabook

ISBN 978-89-5891-508-9 93180

정가 15,000원